OS FUNDAMENTOS ÚLTIMOS DA CIÊNCIA ECONÔMICA

UM ENSAIO SOBRE O MÉTODO

Coleção Ludwig von Mises - volume 1

Ludwig von Mises

OS FUNDAMENTOS ÚLTIMOS DA CIÊNCIA ECONÔMICA

UM ENSAIO SOBRE O MÉTODO

Apresentação à Edição Brasileira por Alberto Oliva
Introdução à Edição Norte-Americana por Israel M. Kirzner
Posfácio à Edição Brasileira por Hans-Hermann Hoppe
Tradução de Márcia Xavier de Brito

LVM
EDITORA

Impresso no Brasil, 2024

Título original: *The Ultimate Foundation of Economic Science: An Essay on Method*
Copyright © 1962 by Van Nostrand © 1977 by Foundation for Economic Education © 2006 by Liberty Fund
Copyright do texto de Israel M. Kirzner © 2002 by Foundation for Economic Education
Copyright do texto de Hans-Hermann Hoppe © 2006 by Ludwig von Mises Institute

Os direitos desta edição pertencem ao
Instituto Ludwig von Mises Brasil
Rua Leopoldo Couto de Magalhães Júnior, 1098, Cj. 46
04.542-001. São Paulo, SP, Brasil
Telefax: 55 (11) 3704-3782
contato@mises.org.br · www.mises.org.br

Editor Responsável | Alex Catharino

Curador da Coleção | Helio Beltrão

Tradução | Márcia Xavier de Brito

Revisão da tradução | Claudio A. Téllez-Zepeda

Tradução do posfácio | Paulo Polzonoff

Revisão ortográfica e gramatical | Gustavo Nogy & Carlos Nougué

Revisão técnica e Preparação de texto | Alex Catharino

Revisão final | Márcio Scansani / Armada

Produção editorial | Alex Catharino

Capa e projeto gráfico | Rogério Salgado / Spress

Diagramação e editoração | Spress Diagramação

Elaboração do índice remissivo | Márcio Scansani

Pré-impressão e impressão | Gráfica Viena

Dados Internacionais de Catalogação na Publicação (CIP)
Angélica Ilacqua CRB-8/7057

M678s Mises, Ludwig von, 1881-1973
    Os fundamentos últimos da ciência econômica: um ensaio sobre o método / Ludwig von Mises; apresentação de Alberto Oliva; introdução de Israel M. Kirzner; posfácio de Hans-Hermann Hoppe; tradução de Márcia Xavier de Brito. – São Paulo, SP: LVM Editora, 2020.
    352 p. (Coleção von Mises ; volume 14)

    ISBN: 978-85-93751-83-7
    Título original: The ultimate foundation of economic science: an essay on method

    1. Ciências sociais 2. Filosofia 3. Economia 4. Escola austríaca 5. Conhecimento 6. Epistemologia 7. Metodologia I. Título II. Oliva, Alberto III. Kirzner, Israel M. IV. Hoppe, Hans-Hermann V. Brito, Márcia Xavier de

20-1495   CDD 300

Índices para catálogo sistemático:
1. Ciências sociais 300

Reservados todos os direitos desta obra.
Proibida toda e qualquer reprodução integral desta edição por qualquer meio ou forma, seja eletrônica ou mecânica, fotocópia, gravação ou qualquer outro meio de reprodução sem permissão expressa do editor.
A reprodução parcial é permitida, desde que citada a fonte.

Esta editora empenhou-se em contatar os responsáveis pelos direitos autorais de todas as imagens e de outros materiais utilizados neste livro.
Se porventura for constatada a omissão involuntária na identificação de algum deles, dispomo-nos a efetuar, futuramente, os possíveis acertos.

012 Nota à Edição Brasileira
Alex Catharino

016 Prefácio à Edição Brasileira
O Legado de Mises à Reconstrução Epistemológica das Ciências Sociais
Alberto Oliva

074 Introdução à Edição Norte-americana de 1977
Israel Kirzner

Os Fundamentos Últimos da Ciência Econômica
Um Ensaio sobre o Método

082 Prefácio do Autor

088 Algumas Observações Preliminares sobre a Praxiologia

1 - O Substrato Permanente da Epistemologia

2 - Sobre a Ação

3 - Sobre a Economia

4 - O Ponto de Partida do Pensamento Praxiológico

5 - A Realidade do Mundo Exterior

6 - Causalidade e Teleologia

7 - A Categoria da Ação

8 - As Ciências da Ação Humana

Sumário

101 Capítulo 1
A Mente Humana
1 - A Estrutura Lógica da Mente Humana
2 - A Hipótese sobre a Origem das Categorias *a priori*
3 - O *a priori*
4 - A Representação *a priori* da Realidade
5 - Indução
6 - O Paradoxo do Empirismo de Probabilidade
7 - O Materialismo
8 - O Absurdo de Qualquer Filosofia Materialista

137 Capítulo 2
O Fundamento Ativo do Conhecimento
1 - Homem e Ação
2 - Finalidade
3 - Avaliação
4 - A Quimera da Ciência Unificada
5 - Os Dois Ramos das Ciências da Ação Humana
6 - A Característica Lógica da Praxiologia

7 - A Característica Lógica da História
8 - O Método Timológico

167 Capítulo 3
Necessidade e Volição
1 - O Infinito
2 - O Dado Irredutível
3 - Estatística
4 - Livre Abítrio
5 - Inevitabilidade

185 Capítulo 4
Certeza e Incerteza
1 - O Problema da Precisão Quantitativa
2 - O Conhecimento Certo
3 - A Incerteza do Futuro
4 - A Quantificação e a Compreensão no Agir e na História
5 - A Precariedade na Previsão dos Assuntos Humanos
6 - A Previsão Econômica e a Doutrina da Tendência
7 - A Tomada de Decisão
8 - Confirmação e Refutabilidade
9 - A Verificação dos Teoremas Praxiológicos

203 Capítulo 5
Alguns Erros Populares Acerca do Escopo e Método da Economia

1 - A Lenda da Pesquisa
2 - O Estudo dos Motivos
3 - Teoria e Prática
4 - As Armadilhas da Hipostatização
5 - Sobre a Rejeição do Individualismo Metodológico
6 - A Abordagem da Macroeconomia
7 - Realidade e Jogo
8 - A Interpretação Errônea do Clima de Opinião
9 - A Crença na Onipotência do Pensamento
10 - O Conceito de um Sistema Perfeito de Governo
11 - As Ciências Comportamentais

251 Capítulo 6
Outras Consequências da Desatenção ao Pensamento Econômico

1 - A Abordagem Zoológica dos Problemas Humanos
2 - A Abordagem das "Ciências Sociais"

3 - A Abordagem da Economia
4 - Uma Observação sobre a Terminologia Legal
5 - A Soberania dos Consumidores

269 Capítulo 7
As Raízes Epistemológicas do Monismo
1 - O Caráter Não Experimental do Monismo
2 - O Panorama Histórico do Positivismo
3 - O Caso das Ciências Naturais
4 - O Caso das Ciências da Ação Humana
5 - As Falácias do Positivismo

285 Capítulo 8
O Positivismo e a Crise da Civilização Ocidental
1 - A Interpretação Errônea do Universo
2 - A Interpretação Errônea da Condição Humana
3 - O Culto da Ciência
4 - O Amparo Epistemológico ao Totalitarismo
5 - As Consequências

301 Posfácio à Edição Brasileira
Sobre a Praxiologia e a Base Praxiológica da Epistemologia
Hans-Hermann Hoppe

345 Índice Remissivo e Onomástico

livro *The Ultimate Foundation of Economic Science: An Essay on Method* [*Os Fundamentos Últimos da Ciência Econômica*], de Ludwig von Mises (1881-1973) foi lançado originalmente em inglês, no ano de 1962 pela editora D. Van Nostrand, financiado pelo William Volker Fund. Uma segunda edição, com o acréscimo de um prefácio de Israel M. Kirzner, foi publicada em 1977 pela Foundation for Economic Education (FEE). Uma terceira edição, elaborada pelo Liberty Fund, apareceu em 2006.

A presente tradução feita por Márcia Xavier de Brito, utilizando tanto as edições em inglês da FEE quanto do Liberty Fund. A tradutora achou necessário acrescentar algumas notas explicativas ou com referências bibliográficas, assinaladas como (N. T.).

Nota à Edição Brasileira

Foi acrescido nesta edição um prefácio exclusivo, elaborado por Alberto Oliva, professor titular de Teoria do Conhecimento e coordenador do Centro de Epistemologia e História da Ciência do Instituto de Filosofia e Ciências Sociais (IFCS) da Universidade Federal do Rio de Janeiro (UFRJ). Incluímos como posfácio um ensaio, traduzido por Paulo Polzonoff, de autoria do filósofo e economista alemão Hans-Hermann Hoppe, publicado originalmente em inglês como um dos capítulos da coletânea *Meaning of Ludwig von Mises: Contributions in Economics, Epistemology, Sociology, and Political Philosophy* (Auburn: Ludwig von Mises Institute, 1993) organizada por Jeffrey M. Herbener, e republicado tanto em *Economic Science and the Austrian Method* (Auburn: Ludwig von Mises Institute, 1995) quanto em *The Economics and Ethics of Private Property: Studies in Political Economy and Philosophy* (Auburn: Ludwig von Mises Institute, 2nd edition, 2006). Um novo índice remissivo e onomástico, mais detalhado do que os existentes nas diversas edições em inglês, figura nesta edição brasileira.

Não poderíamos deixar de expressar aqui, em nome de toda a equipe do Instituto Mises Brasil (IMB) e da LVM Editora, o apoio inestimável que obtivemos ao longo da elaboração da presente edição de inúmeras pessoas, dentre as quais destaco os nomes de Llewellyn H. Rockwell Jr., Joseph T. Salerno e Judy Thommesen do Ludwig von Mises Institute, de Lawrence W. Reed, Carl Oberg e Jeffrey A. Tucker da Foundation for Economic Education (FEE), e de Emilio J. Pacheco, Patricia A. Gallagher e Leonidas Zelmanovitz do Liberty Fund.

Alex Catharino
Editor Responsável da LVM

Se não existisse nada permanente nas manifestações da mente humana, não poderia existir nenhuma teoria do conhecimento, mas apenas um relato histórico das várias tentativas feitas pelo homem para adquirir conhecimento. A condição da Epistemologia se pareceria com a dos vários ramos na História, por exemplo, com o que chamamos Ciência Política.

Dr. Ludwig Edler von Mises

"What determines the real course of events, the formation of prices and all other phenomena commonly called economic as well as all other events of human history, is the attitudes of these fallible men and the effects produced by their actions liable to error".
— *Ludwig von Mises*

"He who knows most, knows best how little he knows".
— *Thomas Jefferson*

Prefácio à Edição Brasileira
O Legado de Mises Reconstrução Epistemológica das Ciências Sociais

Alberto Oliva

I - O Insuperável *Methodenstreit* nas Ciências Sociais

Grandes cientistas naturais – entre eles, Galileu Galilei (1564-1642), Isaac Newton (1643-1727) e Albert Einstein (1879-1955) – se envolveram tanto com questões filosóficas gerais quanto com desafios epistemológicos específicos. Os mais destacados cientistas sociais sempre devotaram muito de sua reflexão à complexa problemática da fundamentação última de suas explicações. As diversas correntes de pensamento aninhadas nas ciências sociais sempre se viram obrigadas a dar atenção especial ao substrato epistêmico-filosófico de suas teorias para melhor defendê--las. Assim como Max Weber (1864-1920), seu dileto amigo, Mises se destaca pelo *papel proeminente* que atribui à epistemologia em sua obra. O livro *The Ultimate Foudantions of Economic Science: An Essay on Method* [*Os Fundamentos Últimos do Conhecimento: Um Ensaio Sobre o Método*] — doravante *UF* — devota a maior parte de seu espaço argumentativo ao enfretamento de questões epistemológicas que diretamente impactam a longeva discussão em torno da cientificidade dos estudos sociais.

Sobressai o fato de que Ludwig von Mises (1881-1973) não se limita a tratar de questões epistemológicas específicas suscitadas pela forma com que intenta conferir cientificidade às teses centrais de sua teoria econômica. Possuidor de um profundo conhecimento dos debates travados no século XX em torno do modelo explicativo adequado às ciências sociais, Mises discute teorias epistemológicas gerais que impactam diretamente o projeto de tornar a economia uma genuína ciência *social*. Não defende uma epistemologia apriorista por se mostrar afinada com sua concepção, previamente estabelecida, de economia, mas por considerá-la a única apropriada ao estudo dos fatos sociais. Por isso não recorre de modo pontual a tal ou qual instrumental conceitual desta ou daquela corrente da epistemologia a fim de aplicá-lo no tratamento de alguns tipos de problema econômico que suscitam dificuldades especiais de abordagem à luz do que se convencionou chamar de método científico.

Ao colocar no título de sua obra a expressão "*Fundamentos Últimos*", Mises deixa claro seu destemor em adentrar pelo terreno pedregoso da epistemologia para lidar com a espinhosa problemática da justificação das alegações de conhecimento. O mesmo se pode dizer do espaço nobre que reserva à discussão do substrato ontológico das teorias sociais historicamente mergulhadas em uma polêmica endêmica na qual se confrontam visões holistas/coletivistas e individualistas/emergentistas sobre a vida social.

Não há em Mises a preocupação em elaborar uma metodologia concebida como um *conjunto de procedimentos operacionais* a ser rígida e universalmente aplicado com o fito de tornar científica a pesquisa social. De modo surpreendente, Mises defende que a economia e as outras disciplinas sociais precisam ser praticadas em conformidade com um modelo de cientificidade inspirado na funcionalidade epistemológica das ciências chamadas formais, dedutivas ou sintáticas – no caso, a matemática e a lógica – e não nas ciências empíricas ou factuais. O que a muitos causa perplexidade é que em Mises está ausente a defesa do que a partir de Francis Bacon (1561-1626) se passou a decantar como método empírico. O projeto de formular um método apto a lidar com as peculiaridades dos fatos sociais leva Mises a propor uma original concepção apriorista de fundamentação do conhecimento social. A confiabilidade epistêmica das teorias das ciências sociais em geral, e da economia em particular, se estriba em um modelo dedutivo de conhecimento aparentado ao da matemática e apartado do das ciências naturais em geral e da física em particular.

Rejeitando a tese da unidade do método, para a qual as técnicas de pesquisa são essencialmente as mesmas em todas as ciências, Mises acolhe o dualismo entre *Naturwissenschaften* e *Geisteswissenschaften* enraizado na cultura filosófica germânica. Dadas suas fortes inclinações racionalistas e idealistas, a *filosofia continental europeia* sempre foi um tanto hostil ao empirismo cujas raízes mais fundas estão fincadas em solo britânico. Contra o empirismo, Mises recusa a verificabilidade como critério de cientificidade tal qual enunciada pelos positivistas lógicos e o critério falsificacionista de demarcação formulado por Popper em razão de tomar como modelo epistemológico o *apriorismo* cuja forma mais conspícua de manifestação operacional pode ser encontrada na matemática quando reconstruída à luz da teoria axiomática tradicional que remonta a Euclides. Mises rechaça os critérios de cientificidade ou demarcação por serem, no fundo, critérios de empiricidade que se caracterizam por conferir à evidência empírica o poder irrestrito de determinar a aceitação (provisória) ou a rejeição das teorias. Assim como as ciências formais, o apriorismo não tem como a eles se submeter. A teoria da ação humana apriorista como a defendida por Mises se coloca à margem dos crivos empíricos de cientificidade.

Afastando-se do que na filosofia da ciência ficou conhecido como indutivismo, Mises acredita poder encontrar no apriorismo, ou em uma variante do dedutivismo, a solução para os problemas epistemológicos especiais suscitados pelas ciências sociais. Historicamente, o método indutivo ficou associado às ciências empíricas ou factuais e o dedutivo às ciências formais. Em termos taxonômicos tradicionais, a economia deveria ser encarada como uma *ciência empírica*. Nesse caso, à economia incumbe fazer constatações de casos particulares com o fito de chegar a generalizações que, bem embasadas, não incorram na falácia da distribuição ilícita, resultante de inapropriadamente se estender para casos inobservados o que foi constatado sobre casos observados, de se apostar que o que foi comprovado em uma amostra vale para toda a população.

O projeto de Mises de elaborar uma epistemologia que se mostrasse apta a lidar com as singularidades dos objetos sociais em geral, e dos econômicos em particular, foi primeiramente desenvolvido em *Grundprobleme der Nationalökonomie* [*Problemas Básicos da Economia*], de 1933, lançado em inglês no ano de 1960 com o título *Epistemological Problems of Economics* [*Problemas Epistemológicos da Economia*]. Depois da Segunda Guerra Mundial, Mises abriu fogo contra o positivismo lógico que nos EUA passara a ter enorme influência na pesquisa social, principalmente na Universidade de Chicago. Para combatê-lo, Mises se dedicou a elaborar em *Theory and History* [*Teoria e História*], de 1957, e em *The Ultimate Foundation of Economic Science* [*Os Fundamentos Últimos da Economia*], de 1962, uma epistemologia cujos fundamentos se mostrassem adequados aos objetos estudados pelas ciências sociais que, para Mises, ostentam singularidades que só uma metodologia apriorista se mostra capaz de apreender e explicar.

Mises[1] concorda com a visão tradicional segundo a qual (1) as ciências naturais constroem suas teorias com base na experiência; (2) tudo que chegam a conhecer se funda na experiência e (3) com a *empeiria* (experiência) só se pode aprender alguma coisa porque exibe regularidade na concatenação e sucessão dos eventos. A discordância de Mises

---

[1] MISES, Ludwig von. *UF*, p. 53.

é com o que chama de filosofia do positivismo entendida como defensora da tese de que nada há no universo que não possa ser investigado e plenamente clarificado pelos métodos experimentais das ciências naturais. Contra esse naturalismo, Mises apropriadamente sustenta que as tentativas de aplicar as técnicas de pesquisa das ciências naturais aos fenômenos estudados pelas ciências sociais geraram resultados desapontadores. A razão disso, entre outras, é a de que o módico de liberdade desfrutado pelo homem lhe permite, advoga Mises[2], controlar e eliminar desejos instintivos em virtude de ter vontade própria, de poder escolher entre fins incompatíveis. Segundo Mises, a expressão "liberdade da vontade" se refere ao fato de que as ideias que induzem um homem a tomar uma decisão, a fazer uma escolha, não são, bem como as outras modalidades de ideia, "produzidas" por "fatos" externos, não são meros "reflexos" das condições da realidade, não são "exclusivamente determinadas" por qualquer fator externo identificável.

II – A Questão Epistemológica: Como Explicar os Fatos Psicossociais

Tomando como modelo uma epistemologia cuja *fons et origo* pode ser encontrada na matemática tal qual concebida e construída na portentosa obra *Os Elementos* de Euclides . (325-265 a.C.), considerada por Immanuel Kant (1724-1804)

---

[2] Idem. *Ibidem*, p. 57.

inexcedível, Ludwig von Mises se mostra convencido de que a economia pode partir de um axioma, ao qual atribui o estatuto epistêmico de autoevidente, para dele derivar teoremas. Entendida desse modo, a funcionalidade dedutiva permite construir todo um sistema de conhecimento sem haver a necessidade de conferir papel crucial à experiência. Nesse caso, torna-se dispensável destacar o registro de fatos, a identificação de uniformidades, com o objetivo de *derivar* deles uma teoria.

Mises ambiciona construir toda a ciência econômica com base na *verdade primeira fundamental*, à qual confere estatuto de axioma, de que "a ação humana é propositada" no sentido de que se dedica diuturnamente à perseguição de fins. Se há verdade que se impõe como autoevidente, pode-se de modo estritamente dedutivo dela inferir verdades secundárias sem a necessidade de destacar o papel da observação no processo de produção do conhecimento científico. À luz do apriorismo misesiano, as derivações extraíveis do axioma independem do que se passa no domínio cambiante das ações particulares. Sendo assim, ao mundo dos fatos, enquanto conjunto de discretas e variadas ocorrências, se pode aplicar um esquema teórico *a priori* cuja funcionalidade inferencial é de tipo dedutivo. O pressuposto é o de que o acompanhamento das variações de conteúdo só pode ser feito no interior de uma *moldura teórica permanente* construída e validada de modo *a priori*. Sem o esquema explicativo fixo, dedutivamente operado, Mises entende que não se tem como evitar que o sujeito do conhecimento se perca tentando seguir o fluxo mutável e cambiante da experiência.

Visto que na dedução, tal qual entendida pelos lógicos e matemáticos, não pode haver ampliação de conteúdo na conclusão em relação ao conteúdo que se faz presente nas premissas, o desafio de Mises consiste em propor um uso da inferência dedutiva que se revele capaz não apenas de lidar com *formas* como ocorre com o argumento em que se passa da premissa P v Q e da premissa ~Q para a conclusão P. Regras inferenciais da lógica matemática como o *modus tollendo ponens*, que acabamos de exemplificar, podem ser empregadas em estudos empíricos, mas não afetam os conteúdos investigados. E muito menos autorizam qualquer aumento de informação na passagem das premissas para a conclusão.

Mises rejeita a ideia – amplamente aceita pelos lógicos e matemáticos contemporâneos – de que axiomas possam ser arbitrariamente escolhidos a ponto de poderem existir tantos sistemas formais quantos forem os axiomas escolhidos como ponto de partida. A epistemologia proposta por Mises parte da suposição de que existe a modalidade de proposição *autoevidente* – considerada plena, clara e necessariamente presente em toda mente humana – e que se justifica tomá-la como ponto arquimediano da teoria praxiológica. O traço distintivo do homem – o de conscientemente agir, de ser *homo agens* – é acolhido como um tipo de autoevidência desdobrável na tese de que agir significa perseguir meios, isto é, escolher um fim e recorrer aos meios que viabilizam a consecução do objetivo visado. A compreensão da natureza da ação instrumental, de como se desenrola, não depende, na óptica de Mises, do que se constata diretamente no plano da miríade de ações acompanháveis no palco da vida social.

Deixando de encarar os postulados dos sistemas formais como resultantes da escolha livre e convencional, Mises retoma Euclides quando proclama que *"o ponto de partida da praxiologia é uma verdade autoevidente: a busca consciente de fins"*[3]. Pensa Mises[4] que no mundo natural há agitação, estímulo e resposta, causa e efeito, de tal modo que a regularidade inexorável na concatenação e sequência de fenômenos permite ao estudioso das ciências naturais se concentrar em mensurações e quantificações. Contra o naturalismo, Mises sustenta que os métodos das ciências naturais não se aplicam à ação humana que se destaca pela perseguição de fins visados, pela busca de propósitos identificáveis. Colocar em primeiro plano a problemática dos fins colimados pelo homem, que age em busca de alcançá-los, leva Mises a estabelecer que as ciências naturais se dedicam à pesquisa voltada para a causalidade ao passo que as ciências da ação humana são *teleológicas* em virtude de se verem obrigadas a destacar a finalidade, os fins e as metas do agir.

Depois de ressaltar que os epistemólogos têm ignorado o componente praxiológico a priori, Mises[5] sublinha que o homem age porque carece do poder para tornar as condições plenamente satisfatórias, e isso o obriga a se voltar para os meios apropriados com o fito de torná-las menos insatisfatórias. O todo-poderoso não age porque não há estado de coisas que Ele não possa tornar plenamente satisfatório

---

[3] MISES. *UF*, p. 5-6.
[4] Idem. *Ibidem*, p. 7.
[5] Idem. *Ibidem*, p. 2-3.

sem precisar agir, ou seja, sem precisar recorrer a quaisquer meios. Para Ele, não há essa coisa de distinguir entre fins e meios. Afastando-se da tradição epistemológica que remonta a Platão (427-347 a.C.) e que encara a crença – verdadeira e justificada – como sendo o veículo do conhecimento, Mises erige a categoria da ação como *"a fundamental da epistemologia, como o ponto de partida de qualquer análise epistemológica"*:

> A categoria ou conceito de ação compreende os conceitos de meios e fins, de preferir e descartar, ou seja, de avaliação, de sucesso e fracasso, de lucro e perda, de custos. Visto que nenhuma ação poderia ser projetada e executada sem ideias definidas sobre a relação de *causa e efeito*, a *teleologia* pressupõe *a causalidade* [...]. O homem é o único animal capaz – dentro de limites definidos – de ajustar intencionalmente seu ambiente de modo a melhor servi-lo [...] um ser que escolhe fins e os meios para a consecução desses fins. Não se pode pensar em um agente incapaz de *in concreto* distinguir o que é fim e o que é meio, o que é sucesso e o que é fracasso, o que ele gosta mais e o que menos, o que é lucro ou perda derivada de sua ação e quais são seus custos[6].

Mises[7] faz dos corifeus do positivismo lógico seus principais alvos críticos porque defende uma epistemologia que rechaça a proposta naturalista de as ciências sociais imitarem *in totum* aqueles que seriam os procedimentos metodológicos

---

[6] Idem. *Ibidem*, p. 8.
[7] Idem. *Ibidem*, p. 5.

empregados pelas naturais. E também porque os positivistas lógicos negam efetivo valor cognitivo ao conhecimento *a priori* ao caracterizarem toda proposição *a priori* como meramente analítica no sentido de que não provê informações sobre qualquer segmento da realidade. Ademais, o positivismo lógico inviabiliza, no entender de Mises, a adoção de procedimentos adequados ao estudo das peculiaridades dos fatos sociais em geral e dos econômicos em particular.

Ao se colocar contra o positivismo lógico, Mises retoma teses fundamentais da epistemologia kantiana. Na Introdução da *Kritik der Reinem Vernunft* [*Crítica da Razão Pura*], Kant se pergunta se há um conhecimento completamente independente da experiência e de todas as impressões dos sentidos. Denomina *a priori* esse conhecimento e o distingue do empírico cuja origem é *a posteriori*, ou seja, na experiência. O conhecimento *a priori* não é o que se mostra independente deste ou daquele tipo de experiência, mas o que desponta absolutamente independente de toda e qualquer experiência. Em contraposição, o conhecimento empírico é alcançável apenas *a posteriori*, vale dizer, por meio da experiência. O conhecimento *a priori* pode ser puro ou impuro; o *a priori* puro é aquele no qual estão ausentes componentes empíricos; "toda mudança tem uma causa" é uma proposição *a priori*, porém impura em virtude de mudança ser um conceito que só pode ser derivado da experiência. Algo similar se pode dizer de "toda ação visa um fim".

Como é sabido, Kant postula a existência de três tipos de juízo: o analítico, o sintético e o sintético *a priori*. "Todo corpo é extenso" é exemplo de juízo analítico em virtude de sua verdade poder ser estabelecida independentemente da experiência. Nele, o conceito-predicado – ser extenso – faz parte, está incluído, no conceito-sujeito em razão de a noção de corpo envolver a de extensão, a de ocupar um lugar no espaço. "Todo corpo é pesado" exemplifica o juízo sintético cuja verdade só pode ser estabelecida por recurso à experiência. Buscando ir além da tese de fechamento do *An Enquiry Concerning Human Understanding* [*Uma Investigação sobre o Entendimento Humano*] de David Hume (1711-1776), que decretava que tudo que não é raciocínio lógico-demonstrativo ou raciocínio fundado na experiência não passa de sofisma e ilusão, Kant introduziu uma terceira categoria de juízo, o sintético *a priori* – universal e necessário como o analítico – capaz de ampliar o conhecimento. O exemplo de Kant: "a linha reta é a mais curta entre dois pontos". O positivismo lógico reitera a dicotomia de Hume, se coloca contra a proposta kantiana de dar cidadania epistêmica a esse terceiro tipo de juízo, o sintético *a priori*, e considera que o analítico e o *a priori, jamais passíveis de associação* com a experiência, só formam tautologias que são sempre verdadeiras, mas desprovidas de conteúdo.

Mises acredita que há um conhecimento de tipo *a priori* que não se reduz às simples *relations of ideas*, como as definia Hume, exemplificáveis por proposições como "3 vezes 5 igual à metade de 30". À diferença das *relações entre ideias*, que ficariam confinadas ao domínio da matemática e da lógica e sua sustentação dependeria apenas do princípio da não contradição, haveria um conhecimento *a priori* capaz de propiciar o conhecimento de fatos. Para os empiristas lógicos, esse tipo de conhecimento pode ser utilizado apenas como *linguagem* no tratamento das *matters of fact*, mas carece de efetividade no tratamento do conteúdo dos fatos. Isso quer dizer que se pode aplicar a *lei da transitividade* – se A implica B e B implica C, logo A implica C – para organizar fatos, mas não para explicá-los.

Kant ensina que um juízo empírico nunca exibe universalidade estrita e absoluta, só presumida e comparativa (por indução). Se um juízo porta estrita e absoluta universalidade, no sentido que de que não admite qualquer exceção possível, não é derivado da experiência, mas válido absolutamente *a priori*. No entender de Kant, o conhecimento puro se diferencia do empírico por encerrar necessidade e a universalidade. *A posteriori* são os juízos contingentes e de universalidade comparativa como, por exemplo, "a grama é verde". Os *a priori* são necessários e/ou de universalidade absoluta como, por exemplo, "todo efeito tem uma causa".

Justifica-se pensar que Mises constrói sua praxiologia como uma aplicação às ciências sociais de teses fundamentais da teoria do conhecimento de Kant, como a de que existe um conhecimento *a priori* impuro. O apriorismo e o dedutivismo de Mises não o fazem sentir-se preso à caracterização-padrão que atrela a dedução a dois condicionantes: 1) se as premissas de um argumento forem verdadeiras a conclusão também terá de necessariamente ser verdadeira; e 2) o conteúdo presente nas premissas já se fazia ao menos implicitamente presente nas premissas. Assim entendida, a dedução não permite inferências que na conclusão vão além do conteúdo veiculado nas premissas. Desse modo, fica inviabilizada a aplicação do "método" dedutivo para *processar* conteúdos empíricos. Não sendo um método apto a promover a transição de certos conteúdos para *outros* – diferentes ou suplementares – a dedução fornece regras de inferência que estatuem apenas *o que se segue do que*. A passagem de um conteúdo empírico para outro só poderia ser feita por meio de inferência ampliativa, ou indutiva, que nada tem de dedutivo ou *a priori*.

Também se inspirando em Kant, Mises defende que *"todo conhecimento é condicionado pelas categorias que precedem quaisquer dados da experiência tanto em termos temporais quanto lógicos. As categorias são* a priori*; são o equipamento mental do indivíduo que o capacita a pensar e – poderíamos acrescentar – agir"*[8]. Contra qualquer projeto de prover fundamentos últimos de natureza empírica, Mises adverte que "como todo raciocínio pressupõe as categorias *a priori*, é vão fazer tentativas para prová-las ou infirmá-las". Não sendo ideias inatas, as categorias *a priori* permitem a construção de um modelo teórico à luz do qual se logra explicar os traços arquetípicos da ação humana. Podem ser avaliadas em termos de sua capacidade de explicação e do papel desempenhado na luta pela sobrevivência. São ferramentas indispensáveis para organizar e sistematizar os dados dos sentidos, para transformá-los em fatos passíveis de compreensão.

O pressuposto é o de que sem uma moldura teórica *a priori*, os fatos são tijolos incapazes de se agruparem formando *"construções explicativas"*. No entender de Mises, *"as categorias a priori constituem o equipamento mental por meio do*

---

[8] Idem. *Ibidem*, p. 12.

qual o homem é capaz de pensar e experienciar e, por conseguinte, ter conhecimento": "sua verdade ou validade não tem como ser provada ou refutada como o podem as proposições a posteriori *em virtude de se constituírem precisamente no instrumento que nos habilita a distinguir o que é verdadeiro ou válido do que não é".* Visto que *"não podemos imaginar uma mente desprovida da consciência do nexo de causa e efeito"*[9], Mises defende que *"podemos falar de causalidade como uma categoria ou um a priori do pensamento e da ação"*[10].

Acreditando que *"o raciocínio é necessariamente sempre dedutivo"*, Mises critica o positivismo lógico por apregoar que inexiste *"essa coisa de primeiros princípios* a priori *dados à mente humana".* A posição dedutivista peculiar de Mises o leva a defender que a praxiologia, assim como a lógica e a matemática, *"não é derivada da experiência"* nem é *"fruto de axiomas arbitrariamente escolhidos, uma vez que nos é imposta pelo mundo no qual vivemos e agimos e que queremos estudar"*[11]. O problema é que na lógica e na matemática contemporâneas, como bem mostra Stephan Körner (1913-2000)[12], é forte a recusa do entendimento do axioma como algo autoevidente. Para Mises, *"a praxiologia, a lógica e a matemática não são meramente verbais em virtude de serem para o homem as leis mais gerais do universo, de tal modo que sem elas nenhum conhecimento seria acessível ao homem".* O problema é que sendo a lógica

---

[9] Idem. *Ibidem*, p. 18.
[10] Idem. *Ibidem*, p. 20.
[11] Idem. *Ibidem*, p. 13.
[12] KÖRNER, Stephan. *Conceptual Thinking: A Logical Inquiry.* New York: Dover Publications, 1959. p. 19.

e a matemática ciências formais, dedutivas ou sintáticas, se caracterizam por serem *preservadoras de verdades*, no sentido de que ensinam a como passar, por meio de procedimentos inferenciais rigorosos, da verdade (suposta) das premissas para a da conclusão, em nada servindo para promover o aumento do estoque de verdades, para transitar de verdades (empiricamente) constatadas para outras constatáveis.

A concepção dedutivista de Mises é peculiar porque pretende se aplicar a um universo de fatos – o da ação – por meio de um modelo de explicação muito diferente do nomológico-dedutivo (N-D) de Carl Gustav Hempel (1905-1997) e do hipotético-dedutivo de Karl Popper (1902-1994) que se limitam a fornecer a funcionalidade inferencial e não o poder de lidar com conteúdos. Segundo Mises, *"a praxiologia é a priori, todos seus teoremas são produtos do raciocínio dedutivo que parte da categoria da ação"* e *"aquilo que a praxiologia assevera com relação à ação humana é estritamente válido, sem exceção, para toda ação"*. Apartando-se do indutivismo, e adotando uma concepção adaptada de dedução, Mises afirma que *"ao lidar com a ação encontramos os conceitos fundamentais de fim e meios, sucesso ou fracasso, lucro ou a perda, custos"* e que *"todo teorema da praxiologia, deduzido por raciocínio lógico da categoria da ação, compartilha da certeza apodítica conferida pelo raciocínio lógico que parte de uma categoria* a priori*"*[13].

Concordando com a tese geral do positivismo lógico de que nas ciências naturais uma teoria só pode ser mantida se está em concordância com fatos experimentalmente

---

[13] MISES. *UF*, p. 44.

estabelecidos, Mises[14] assinala que essa ideia de confirmação foi minada por Popper em 1935 com a tese de que fatos não podem confirmar uma teoria, mas apenas refutá-la. Mesmo endossando a visão de que uma teoria não pode ser mantida caso seja refutada pelos dados da experiência, Mises adverte que não se presta à construção de uma epistemologia apropriada às ciências sociais. A razão disso é que a busca do conhecimento continua fundada na experiência por mais que à evidência empírica se tenha passado a conferir o papel central de derrubar teorias e não de respaldá-las. Na visão de Mises, para a construção de uma epistemologia consentânea com os tipos de fato investigados pelas ciências sociais tem diminuta serventia o imperativo que estatui que uma hipótese deve ser descartada quando os experimentos indicam ser incompatível com fato(s) comprovado(s). Metodologias confirmacionistas e refutacionistas são por Mises consideradas insuficientes e inapropriadas para lidar com os problemas da ação humana. Daí ser considerado improdutivo para as ciências sociais recorrerem a fatos experimentalmente estabelecidos com o propósito de decretarem a aceitação ou rejeição de suas teorias.

Mises[15] combate a posição do positivismo lógico que ao conferir caráter arbitrário aos axiomas e natureza puramente tautológica ao raciocínio dedutivo o torna incapaz de expandir nosso conhecimento da realidade. Se tal visão fosse aceita – a de que a lógica, a matemática e outras teorias dedutivas

---

[14] Idem. *Ibidem*, p. 69.
[15] Idem. *Ibidem*, p. 12.

apriorísticas propiciam, quando muito, instrumentos convenientes ou manejáveis para as operações cientificas – ficaria inviabilizada a defesa da praxiologia como fruto de construções conceituais e mentais formadas com total independência da experiência. É com base no apriorismo que pode Mises sustentar que a despeito de estar tudo submetido à mudança diuturna, a estrutura lógica e praxiológica da mente humana é permanente.

A despeito do sucesso explicativo e instrumental das ciências naturais e do crônico dissenso entre as teorias que as ciências humanas e sociais abrigam, Mises rejeita que as disciplinas sociais *precisem* imitar a linguagem e a metodologia das naturais para granjearam cientificidade. A controvérsia endêmica nas ciências sociais não se deve a relutarem em empregar os bem-sucedidos procedimentos metodológicos de ciências como física, a adotarem modalidades de apriorismo, especulativismo e impressionismo sem base no mundo dos fatos. Apresentado como *"a doutrina fundamental do positivismo"*, o naturalismo – para o qual *"os procedimentos experimentais das ciências naturais constituem o único método aplicável na busca de conhecimento"* – é combatido por Mises[16] por sua incapacidade de lidar com as peculiaridades da ação humana. Deixando de privilegiar o papel dos fatos, Mises considera equivocado pensar que até mesmo a economia dedutiva deve extrair da observação suas premissas últimas, uma vez que isso não tem como ser feito porque *"o que 'observamos' são*

---

[16] Idem. *Ibidem*, p. 120.

sempre fenômenos complexos"[17]. O sistema explicativo apropriado às ciências sociais precisa ser construído com base em uma metodologia que se revele capaz de lidar com o fato de que os homens são inspirados por certas ideias que os levam a elaborar juízos de valor particulares, a escolher certos fins e a lançar mão de determinados meios para alcançar os objetivos escolhidos. A isso tudo se acrescenta a necessidade de identificar os resultados das ações, os estados de coisas que provocam.

Mises acredita que o método das ciências naturais pode ter seus traços distintivos unívoca e consensualmente identificados, de tal modo que se pode com precisão estabelecer por que não são adotáveis, sem mutilações dos objetos estudados, pelas ciências sociais. Cabe, no entanto, ter presente que nunca gerou ampla concordância a caracterização de tal método tanto nos seus aspectos operacionais quanto nos fundacionais. A destacar que as divergências entre os filósofos da ciência, e até entre os próprios cientistas naturais, nos modos de qualificá-lo jamais penetraram nas práticas de pesquisa de ciências como a física e a química. Já o *Methodenstreit* sempre se mostrou enraizado nas ciências sociais a ponto de ficar a dúvida de se dissonâncias metodológicas provocam a proliferação de Escolas ou se as divergências metodológicas insanáveis, geradoras de resultados excludentes e incomensuráveis, decorrem da existência de diferentes vertentes de pensamento.

---

[17] Idem. *Ibidem*, p. 74.

Diante das profundas discrepâncias entre as explicações que, em tese, deveriam se reportar aos mesmos fatos sociais, Mises rejeita o diagnóstico de que tudo se resolve recorrendo a uma metodologia comprovadamente eficiente, a posta em prática pelas ciências naturais. Longe de ser uma espécie de panaceia procedimental capaz de dar origem a práticas de pesquisa uniformes geradoras de sucesso explicativo, a metodologia das ciências naturais não se presta – na óptica de Mises – à investigação da ação humana. O que a história das ciências sociais mostra é que o antagonismo explicativo entre suas teorias persiste, nem mesmo se atenua, quando se adota a metodologia supostamente empregada no estudo dos fatos naturais. Se o sucesso explicativo e instrumental das ciências naturais pudesse ser universalizado, isso já teria acontecido há muito tempo. É fato que as teorias sociais que fizeram uso dos procedimentos operacionais atribuídos às ciências naturais não alcançaram êxito explicativo amplamente reconhecido. Tampouco puseram fim à "guerra explicativa" entre as diferentes correntes de pensamento se mostrando comprovadamente capazes de explicar fatos.

O diagnóstico naturalista pressupõe que as ciências sociais lidam com fatos sem peculiaridades a ponto de se tornar contraproducente buscar métodos *próprios* para elas. A discussão entre monistas (naturalistas) e dualistas metodológicos começa no domínio das questões epistemológicas e se espraia, por suas consequências práticas, para o das escolhas políticas e econômicas. Mesmo porque é da cientificidade, ou da confiabilidade epistêmica, que depende a legitimação das intervenções na vida social propostas por economistas, sociólogos e tecnocratas. Depois dos materialistas históricos, são os naturalistas que mostram mais propensão a acreditar que se as ciências naturais podem colocar sob relativo controle as forças cegas da natureza, as sociais podem fazer algo análogo com as instituições que evoluíram à margem de um percurso racionalmente traçado.

Contra Émile Durkheim (1858-1917) que recomenda ao sociólogo adotar *"o estado de espírito dos físicos, químicos ou fisiologistas"*[18], Mises entende que assim proceder inviabiliza a compreensão dos fatos da vida associativa. As ciências sociais nunca lograram, mesmo quando o tentaram, absorver aqueles que seriam os procedimentos metodológicos *de facto* empregados pelas naturais. Em primeiro lugar por nunca se ter conseguido estabelecer de modo consensual quais são. Em segundo lugar porque os fatos sociais sempre se mostraram recalcitrantes aos métodos *atribuídos* às ciências naturais. Tanto os defensores quanto os críticos do naturalismo adotam o discutível pressuposto de que as diferentes ciências naturais operam uniformemente ao longo de suas histórias valendo-se essencialmente da mesma metodologia. Com isso, negligenciam as recalcitrantes divergências nos modos com que as ciências naturais vêm sendo epistemologicamente entendidas e reconstruídas ao longo do tempo.

Mises atribui o inegável sucesso explicativo e instrumental das ciências naturais à excelência de suas técnicas de pesquisa, mas reputa improfícuo buscar estendê-las às ciências

---

[18] DURKHEIM, Émile. *Les Règles de la Méthode Sociologique*. Paris: Presses Universitaires de France, 1967. p. xiv.

sociais. O naturalismo desponta ainda mais problemático quando defende a ampla aplicação de métodos quantitativos. Como mostra Pitirim Sorokin (1889-1968)[19], a obsessão pela testagem, mensuração e quantitativismo levou as ciências sociais a produzirem imitações canhestras dos procedimentos utilizados – diríamos supostamente usados – por ciências consagradas como a física. A "testomania" e a "quantofrenia" não conferiram mais cientificidade às ciências sociais. Aceitando que os procedimentos metodológicos apresentados pelo positivismo lógico como sendo das ciências naturais *de facto* o sejam, Mises[20] os considera inadequados ao estudo dos fatos da vida social por acreditar que inexistem relações constantes entre os fatores na esfera da ação humana. E que isso inviabiliza a mensuração e quantificação.

A proposta epistemológica de Mises é uma resposta às tentativas de imitar as técnicas de pesquisa das ciências naturais que produziram resultados explicativos tão decepcionantes quanto os velhos estilos impressionistas e especulativistas considerados pré-científicos. Além da captação de regularidades e uniformidades, as ciências sociais enfrentam o desafio de construir explicações capazes de lidar com *fatos pré-interpretados*. As técnicas de pesquisa adotadas pelas *hard sciences* se revelam inadequadas para *compreender*, e não apenas causalmente explicar, a ação humana portadora de sentido.

---

[19] SOROKIN, Pitirim A. *Fads and Foibles in Modern Sociology and Related Sciences*. Chicago: Henry Regnery Co., 1960. p.177.
[20] MISES. *UF*, p. 62.

Duas grandes tradições podem ser identificadas no que concerne aos modos de explicar fatos e fenômenos. Suas diferenças resultam de como concebem a explicação e de como especificam as condições que devem ser satisfeitas para que uma explicação seja considerada cientificamente respeitável. Assinala Georg Henrik von Wright (1916-2003)[21] que uma dessas tradições costuma ser chamada de aristotélica e a outra de galileiana. Pode-se confrontá-las dizendo que a primeira se caracteriza por propor uma explicação de tipo teleológico e a outra de tipo causal. Alguns denominam de mecanicista a explicação de tipo causal e de finalista a teleológica. Diferentemente da explicação causal, também chamada de mecanicista, que tende a atrelar a explicação à predição dos fenômenos, a tradição aristotélica se dedica a prover uma compreensão teleológica ou finalista dos fatos. Partindo de tal contraposição, Mises confere papel crucial à explicação do componente teleológico da ação humana apontando a existência de um *"fosso entre os eventos naturais para a ocorrência dos quais a ciência é incapaz de encontrar qualquer finalidade e os atos conscientes dos homens, que invariavelmente visam fins definidos"*. Mises entende que *"negligenciar, no tratamento da ação humana, a referência aos fins visados pelos atores não é menos absurdo do que os esforços de recorrer à finalidade para interpretar fenômenos naturais"*[22].

As ciências sociais se dedicam a buscar compreender a pequena fração de liberdade que permite ao homem – em

---

[21] VON WRIGHT, Georg Henrik. *Explanation and Understanding*. Ithaca: Cornell University Press, 1977. p. 2-3.

[22] MISES. *UF*, p. v-vi.

contraposição aos rígidos padrões comportamentais exibidos por todas as outras coisas, animadas ou inanimadas – a perseguir objetivos com os meios disponíveis. Segundo Mises, o homem é levado a *"distinguir entre um mundo externo sujeito à inexorável e inescapável necessidade e sua faculdade de pensar, conhecer e agir"*. Destaca-se pela faculdade de pensar e de intencionalmente perseguir os fins escolhidos. Mises sublinha que a distinção entre o que funciona e o que não funciona *"introduz na cadeia do raciocínio um fator estranho às ciências naturais: a finalidade"*[23]. Uma doutrina ou proposição funciona se a conduta guiada por ela atinge o fim visado. Contudo, a escolha do fim é determinada pelas ideias, o que é em si mesmo um fato mental. O mesmo se pode dizer do juízo a respeito de se o fim escolhido foi ou não atingido:

> O que distingue o campo da ação humana do campo dos acontecimentos externos conforme investigados pelas ciências naturais é a categoria da finalidade [...]. Ao lidar com a ação humana, buscamos os fins que o ator quer ou quis alcançar e o resultado que sua ação produziu ou produzirá [...]. A filosofia positivista [...] acredita que essa rejeição do finalismo pelas ciências naturais implica a refutação de todas as doutrinas teológicas, bem como a dos ensinamentos das ciências da ação humana. Alega que as ciências naturais podem resolver todos os "enigmas do universo" e oferecem uma resposta supostamente científica para todas as questões que possam afligir a humanidade[24].

---

[23] Idem. *Ibidem*, p. 29-30.
[24] Idem. *Ibidem*, p. 36.

O papel central que Mises atribui à explicação finalista o leva a rechaçar as teses centrais do positivismo lógico: 1) o monismo metodológico segundo o qual o método científico é um só e se aplica universalmente a todos os objetos das diferentes ciências; 2) o naturalismo – corolário de (1) – para o qual as ciências sociais devem imitar os procedimentos metodológicos das ciências naturais para alcançarem o sucesso explicativo e, quiçá, preditivo. Enquanto (1) pode ser apresentado como fruto de uma constatação, (2) encerra caráter normativo: as disciplinas humano-sociais têm de adotar o método consagrado das naturais para se tornarem – livres das predisposições ideológicas e das avaliações valorativas – genuínas ciências com comprovado sucesso explicativo-preditivo; 3) a explicação cientifica precisa de ter, no sentido lato, natureza causal. John Stuart Mill (1806-1873) representa emblematicamente (3) quando conceitua a explicação como a subsunção do fato, do caso particular, a uma teoria ou lei geral; e a explicação da teoria geral a outra ainda mais geral. Com base nesse modelo, também os fatos psicológicos e sociais seriam explicados por *subsunção*.

Mises desenvolveu a "praxiologia" – ou teoria geral da ação humana – contra (1), (2) e (3). Como destaca Murray N. Rothbard (1926-1995)[25] a praxiologia parte de duas fontes: a análise dedutiva, centrada no indivíduo e em seu agir, dos economistas clássicos e austríacos; e a filosofia da história da "Escola Alemã do Sudoeste" elaborada por Heinrich Rickert

---

[25] ROTHBARD, Murray N. *The Essential von Mises*. Auburn, AL: Ludwig von Mises Institute, 2009. p. 32-33.

(1863-1936), Wilhelm Dilthey (1833-1911), Wilhelm Windelband (1848-1915) e Max Weber. A praxiologia misesiana fundamenta-se no que parece uma verdade trivial apresentada como perfeitamente justificável por ter o estatuto epistêmico de autoevidência: o ser humano é dotado de propósitos, persegue metas ou fins por meio principalmente de ideias que lhe ensinam a como alcançar o que pretende. Assim concebida, a conduta humana não pode ser estudada como se fosse um objeto em movimento explicável com base em leis quantitativas. Por isso estudos estatísticos e análogos têm diminuto potencial explicativo na investigação da ação humana.

Para Weber[26], a ação deve ser distinguida do "comportamento" meramente reativo (*blos reaktive*) por se poder a ela atribuir um sentido subjetivo. Weber dá destaque à ação "subjetivamente significativa" sem deixar de reconhecer a importância das "consequências objetivas", pretendidas ou não, que determinado curso de ação pode produzir. A ação humana não se reduz ao comportamento externo por ter natureza teleológica, proposital, voltada para a consecução dos fins desejados. Representa o esforço intencional do indivíduo, de seu ponto de vista subjetivo, em busca de um grau maior de satisfação. Afinado com Weber, Mises[27] sustenta que "se eliminarmos qualquer referência a juízos de valor, é impossível dizer alguma coisa sobre as ações do homem, isto é, sobre todo comportamento que não é simplesmente a

---

[26] WEBER, Max. *Economy and Society An Outline of Interpretive Sociology*. Trad. de Ephraim Fischoff *et alii*. Berkeley: University of California Press, 1978. p. 4.
[27] MISES. *UF*, p. 38.

consumação de processos fisiológicos que ocorrem no corpo humano". Dentre as várias as razões pelas quais as ciências sociais não logram imitar as naturais há a singularidade de os fatos sociais se mostrarem pré-interpretados ao estudioso a ponto de se mostrar necessária uma metodologia compreensivista e não exclusivamente causal.

Durkheim advoga que tendo sido *"a lei da causalidade verificada nos outros reinos da natureza e tendo estendido progressivamente seu império do mundo físico-químico para o mundo biológico e deste ao mundo psicológico, achamo-nos no direito de admitir que seja igualmente verdadeira com relação ao mundo social"*[28]. Por estar convencido de que a explicação causal *per se*, desconectada da explicação teleológica, não tem serventia nas ciências sociais, Mises destaca a problemática da finalidade no domínio da ação humana. Não questiona que a "lei da causalidade", tal como a entende Durkheim, possa ser encontrada em operação nas ciências naturais e sim que se possa transferi-la para as ciências sociais ignorando os fins visados pelas ações. Mises não nega a prevalência do causalismo nas ciências naturais – algo contestado por vários filósofos e cientistas – apenas sustenta ser inepto aplicá-lo às ciências sociais.

As críticas procedentes ao naturalismo não devem impedir o reconhecimento de que têm predominado modos de fazer ciência social que se colocam à margem de crivos objetivos capazes de separarem o joio da ideologia do trigo do conhecimento. Sem nunca terem tido sua cientificidade

---

[28] DURKHEIM. *Les Règles de la Méthode Sociologique*, p. 139.

comprovada e seu poder explicativo estabelecido, a psicanálise e o materialismo histórico não são criticáveis por terem procurado imitar os métodos das ciências naturais. A ideia de um conhecimento com pretensão intervencionista é menos uma herança do positivismo lógico e mais do *voluntarismo utópico*. Dois terços da humanidade viveram no século passado sob o dirigismo da economia de comando e sob o tacão de regimes políticos totalitários inspirados no materialismo histórico, que em nada segue os procedimentos metodológicos das ciências naturais. Há, no entanto, modalidades de naturalismo que são fonte inspiradora de ambiciosos e invasivos projetos de engenharia social. Em seu *Epistemological Problems of Economics*, Mises[29] considera perigoso – por vinculá-lo ao intervencionismo – e infértil estudar o comportamento dos seres humanos de acordo com os mesmos métodos a que recorre a física newtoniana para estudar a massa e o movimento:

> Com base nessa abordagem pretensamente "positiva" dos problemas da humanidade, se planeja desenvolver a "engenharia social", uma nova técnica que ensejaria ao "czar econômico" da sociedade planejada do futuro manejar homens vivos do mesmo modo que a tecnologia, que capacita o engenheiro a manejar matérias inanimadas.

É fato que muitos dos que buscaram legitimar as disciplinas sociais como *ciências de intervenção* aptas a promover

---

[29] MISES, Ludwig von. *Epistemological Problems of Economics*. Trad. de George Reisman. New York: New York University Press, 1978. p. *lxv*.

abrangentes projetos de engenharia social se disseram inspirados nas ciências naturais com seus avanços instrumentais e tecnológicos. As ciências sociais estariam aptas a produzir conhecimento capaz de elaborar e legitimar programas intervencionistas com poder para redesenhar e realinhar as relações sociais em consonância com um projeto supostamente escorado em corretos diagnósticos das causas do funcionamento defeituoso das instituições que se formaram e se modificaram sem seguir um plano de racionalidade. Como as ciências sociais são pródigas em teorizações desprovidas de valor instrumental, isto é, da capacidade de exercer controle sobre as realidades estudadas, o que predomina é o voluntarismo político-ideológico. Como não fazem predições bem-sucedidas, como não têm como exercer controle técnico-prático sobre o que investigam, podem apenas ser retoricamente invocadas para tentar legitimar os intervencionismos canhestros.

Por se voltar para fins, a ação humana não é tratada pelo apriorismo miseano como matéria inerte, passiva, passível de ser moldada pelo conhecimento obtido sobre ela. Mises[30] recusa o naturalismo por entender que "as ideias e causas finais são categorias para as quais não há lugar no sistema e na estrutura das ciências naturais". Por precisar prover uma explicação teleológica, uma teoria da ação não tem como se limitar a estabelecer nexos causais. Mises acredita que a terminologia empregada pelas ciências naturais "carece dos conceitos e palavras capazes de proverem uma orientação adequada na esfera da mente e da ação". Sem discordar das

---
[30] MISES. *UF*, p. 118.

reconstruções da física feitas pelos positivistas lógicos, Mises ataca o fisicalismo que erige a física em modelo metodológico para as ciências sociais. Coloca-se contra os ditames da epistemologia do positivismo lógico por acreditar que desembocam na condenação das explicações finalistas devotadas a compreender os fatos em termos de intenções, objetivos ou propósitos. Mises não coloca em questão a fidedignidade do naturalismo ao que são e fazem as ciências naturais e sim que os métodos que empregam sejam *"também adequados ao estudo da ação humana"*[31] para o sucesso do qual a explicação teleológica é considerada por Mises essencial.

A atribuição de caráter apriorístico à teoria da ação humana pode ser considerada um dos pontos mais controversos da epistemologia miseana, uma vez que envolve deixar de encarar a economia como uma ciência empírica. O desafio, nesse caso, consiste em identificar a gênese e prover a justificação das proposições gerais que aparecem na praxiologia como, por exemplo, a de que *"a divisão do trabalho é fisicamente mais produtiva que o trabalho isolado"* e a de que *"o capitalismo permite uma divisão do trabalho superior à do socialismo e de qualquer economia mista porque o socialismo torna impossível o cálculo econômico"*. Mises não argumenta que por ser a economia uma ciência *a priori* deixa de ser necessário devotar atenção à problemática da evidência empírica e, em particular, à questão de como pode ser invocada para dar sustentação às teorias ou às proposições gerais que se fazem presentes em toda e qualquer ciência. O apriorismo não

---

[31] Idem. *Ibidem*, p. 73.

equivale à construção de um sistema explicativo avaliado apenas em termos de sua consistência (lógica) interna sem atenção a como ocorrem e se reproduzem os fatos. Sua serventia consiste em alegadamente permitir uma compreensão dos fatos sociais que se mostra inalcançável caso se adote uma metodologia apenas de *registro, coleta e generalização* de fatos sociais incapaz de apreender os significados, valores, intenções e fins envolvidos na ocorrência deles:

> Os mesmos eventos externos produzem em diferentes homens e nos mesmos homens em diferentes momentos diferentes reações. As ciências naturais não têm serventia no enfrentamento dessa "irregularidade". Seus métodos só podem lidar com eventos regidos por um padrão regular. Ademais, nelas não há lugar para os conceitos de significado, valoração e fins [...] para o comportamento intencional[32].

A moldura epistemológica é apriorística no sentido de que não é *derivada* dos fatos. Sua serventia consiste em poder ser aplicada aos fatos, com o fito de explicá-los associando-os a valores e significados. O esquema epistemológico é apriorista porque fornece as condições de possibilidade – *transcendentais* como as chama Kant – para se obter conhecimento da realidade empírica. Sem tal esquema, deixa Mises subentendido, os fatos teriam de falar por si mesmos, de tal modo que bastaria meticulosamente registrá-los e cautelosamente

---

[32] Idem. *Ibidem*, p. 37.

generalizá-los sem que houvesse a necessidade de apreender os significados, valores, intenções e fins que os acompanham.

Mises indaga: *"como a mente humana, por meio do pensamento apriorista, lida com a realidade do mundo exterior?"* Sua resposta é a de que *"tanto o pensamento e o raciocínio a priori quanto a ação humana são manifestações da mente humana; a estrutura lógica da razão humana cria a realidade da ação; razão e ação são congêneres e homogêneas, dois aspectos de um mesmo fenômeno"*[33]. Para a questão de como o praxiologista reagiria a uma experiência que contradissesse os teoremas de sua doutrina apriorística, a resposta para Mises é do mesmo tipo da que daria um matemático reagindo à "experiência" de que não há diferença entre duas maçãs e sete maçãs ou da de um lógico à "experiência" de que A e não-A são idênticos. Entende Mises que a experiência no âmbito da ação humana pressupõe a categoria de ação humana e tudo o que dela derive; e que *"se não houver referência ao sistema do a priori praxiológico, não é possível falar de ação, mas apenas de acontecimentos que devem ser descritos à maneira do que fazem as ciências naturais"*[34]. Para Mises, *"qualquer experiência no campo da ação humana é especificamente uma experiência histórica, isto é, a experiência de fenômenos complexos, que nunca podem falsificar qualquer teorema da maneira como o pode um experimento de laboratório atinente a enunciados das ciências naturais"*.

A economia não é uma ciência apenas de fatos, mas também das construções mentais e culturais que a eles se

---

[33] Idem. *Ibidem*, p. 42.
[34] Idem. *Ibidem*, p. 42.

incorporam. Como a compreensão desses fatos é indissociável da apreensão dos significados das ações, não tem como ser alcançada por meio de procedimentos calcados em observações, mensurações e quantificações. Sendo assim, das proposições das teorias sociais não se pode exigir apenas que se mostrem verificáveis, confirmáveis ou refutáveis à luz da evidência empírica. Os fatos estudados pela praxiologia não são constatados, são identificados, concatenados e enquadrados por um sistema teórico que, dedutivamente organizado, toma como ponto de partida verdades autoevidentes. Fatos só podem ser conhecidos no interior de um esquema explicativo *a priori* capaz de emoldurar reconstrutivamente suas ocorrências. Os componentes constitutivos da ação humana são mais que fatos: são significados, valores, intenções e fins. Mises reiteradamente aponta dois traços distintivos da ação humana – as pessoas fazem escolhas e se valem de meios para atingir seus fins – ressaltando que não cabe encará-los como fatos empíricos, uma vez que originam verdades estabelecidas de modo *a priori*. Sem elas não se tem como compreender a ação humana e a ambiência na qual se desenrola.

Os críticos da praxiologia costumam alegar que se as ações humanas não têm como ser encaixadas nos escaninhos de leis quantitativas, deixa de ser possível uma ciência econômica. Mises responde que a economia, entendida como ciência da ação humana, deve partir de um número bastante reduzido de axiomas autoevidentes e de validade geral. Esses axiomas são passíveis de identificação "direta", sem a intermediação de procedimentos empíricos, por meio da apreensão *a priori* dos traços distintivos da ação humana. Estabelecidos esses axiomas, deles podem ser derivadas implicações lógicas apresentáveis como as verdades secundárias da ciência econômica. É do axioma fundamental da existência da ação humana – os indivíduos têm metas e agem para alcançá-las, agem necessariamente ao longo do tempo, adotam escalas ordinais de preferência e assim por diante – que são deduzidas outras verdades por um processo inferencial seguro que evita o problemático emprego da indução sempre sujeita a ter premissas verdadeiras e conclusão falsa.

Mises foi duro crítico da utilização, então em voga, da matemática e da estatística na economia. Vinculando-se à tradição antimatemática dos economistas clássicos e dos Austríacos (muitos dos quais com completa formação em matemática), Mises salientou, na abalizada opinião de Rothbard[35], que as equações matemáticas só são úteis para descrever a atemporal e estática terra do nunca do "equilíbrio geral", e quando se abandona esse nirvana e se passa a analisar os indivíduos em ação no mundo real, mundo de tempo e de expectativas, de esperanças e desacertos, a matemática se torna não só inútil, mas também altamente enganosa. Arremata Rothbard que Mises mostrou que o uso da matemática na economia é parte do erro positivista que trata os homens como pedras.

Mises encara como autoevidente, com estatuto de axioma no sentido euclidiano, o universal categórico *"todas as ações humanas, em todos os tempos e lugares, envolvem escolhas e o uso dos meios escolhidos para alcançar os fins pretendidos"*.

---

[35] ROTHBARD. *The Essential von Mises. Op. cit.*, p 37.

Não se trata de generalização irrestrita indutivamente constituída, resultante do acompanhamento de inúmeros casos particulares. É um axioma que pretende explicar a miríade de casos individuais em que ocorrem escolhas e cujo registro observacional seria interminável, parcamente elucidativo e incapaz de prover base sólida para uma teoria geral. Por isso o conceito vem antes do fato e é condição de possibilidade para explicá-lo. O acompanhamento dos movimentos físicos por meio dos quais as escolhas se corporificam não capta o universo dos significados, valores e propósitos, que são decisivos nas escolhas. Desse modo, a ação humana não tem como ser frutiferamente estudada como movimento no espaço e no tempo desconectado dos ingredientes significativos, valorativos e intencionais aos quais não se tem acesso pela observação. Escolhas são fatos mentais e culturais que se valem de meios físicos para se materializar. Disso tudo resulta que o fato não deve ser tomado como portador de conteúdo informativo independente na medida em que precisa ser associado, para adquirir inteligibilidade, a valores, intenções, significados e fins. Em vez de a teoria promanar do empiricamente constatado, é ela que permite entender por que fatos ocorrem e como ocorrem. A teoria é *a priori* porque é condição de possibilidade para entender os fatos, e não consequência deles.

O destaque dado por Mises à dimensão histórica dos fatos sociais, à apreensão do sentido subjetivo da ação, à singularidade dos objetos culturais, é incompatível com as metodologias defendidas por empiristas e positivistas. Para Mises, a praxiologia e a economia são ciências aprioristas em virtude de não lidarem com o *overt behavior*, com as características visíveis e contingentes do comportamento humano, e sim com os componentes impermeáveis a variáveis temporais da ação humana e dos meios por ela empregados. O pressuposto é o de que há componentes permanentes da ação humana detentores de abrangência e validade universais passíveis de ser estabelecidos *a priori*. Não tendo a teoria como ser derivada do acompanhamento da miríade de ações executadas pelos tantos agentes, fornece o esquema explicativo à luz do qual os fatos adquirem inteligibilidade.

Entende Mises que a verdade das proposições da ciência econômica pode ser estabelecida com total independência da evidência empírica porque, na qualidade de teoremas, resultam da verdade primeira fundamental, com estatuto de axioma, da qual parte a praxiologia. Lidando com o que há de invariante na ação e com seus componentes invisíveis – escolhas, valores, meios, fins – a praxiologia é o modelo reconstrutivo a ser utilizado no acompanhamento do que desponta variável e contingente. Parte-se dos ingredientes necessários da ação humana como, por exemplo, a inevitabilidade de se fazer escolha para se entender por que houve a preferência por algo em detrimento de alternativa(s).

Distante das acaloradas discussões na filosofia da ciência contemporâneas, Mises[36] está convencido de que "o princípio positivista da verificabilidade tal qual retificado por Popper é inquestionável como um princípio epistemológico das ciências naturais". No entanto, em defesa do dualismo metodológico,

---

[36] MISES. *UF*, p. 120.

entende Mises que esse princípio "se revela inútil quando aplicado a alguma coisa sobre a qual as ciências naturais não conseguem prover qualquer informação". Na avaliação de Mises[37], "têm se mostrado vãs as tentativas de fazer a ação humana remontar a fatores suscetíveis de ser descritos pelos métodos das ciências naturais em virtude de estas *carecerem* de ferramental conceitual para lidar com ideias e finalidade". O dualismo metodológico e ontológico leva Mises a sublinhar[38] que de um lado "há a esfera dos eventos externos sobre os quais nossos sentidos nos suprem com informações, de outro, há a esfera dos pensamentos invisíveis e intangíveis e das ideias". Mises combateu o positivismo lógico por vinculá-lo à adoção de uma metodologia que desqualifica a ação intencional, e o sentido subjetivo a ela atribuído, propondo que a ação humana seja tratada da mesma forma que a física investiga seus objetos. A *behaviorística*, que Rudolf Carnap e Otto Neurath (1882-1945) derivam do fisicalismo, é atacada por Mises por só reconhecer os componentes externos, observáveis, da conduta humana:

> As tentativas do behaviorismo (ou "behaviorística") de lidar com a ação humana segundo o esquema estímulo-resposta fracassaram de modo lamentável. É impossível descrever qualquer ação humana se não fizermos referência ao significado que o ator vê no estímulo bem como no fim visado por sua resposta[39].

---

[37] Idem. *Ibidem*, p. 46.
[38] Idem. *Ibidem*, p. 126.
[39] Idem. *Ibidem*, p. 40.

Para Mises, as criações simbólicas, as ações humanas e os processos institucionais não têm como ser subsumidos aos mesmos *tipos* de taxonomia ontológica – presos a padrões e recorrências – que se aplicam aos fenômenos naturais. Sendo diferentes em espécie, não há como estudá-los pelo emprego dos mesmos procedimentos utilizados pelos cientistas naturais. A autocompreensão, traço distintivo de algumas modalidades de fato social, precisa de ser reconstituída, já que é inadequado tratá-la como mero apêndice de fatos que podem ser constatados e enquadrados em uma uniformidade expressa por meio de uma teoria geral. O comportamento regido por regras, distinto dos "movimentos" submetidos exclusivamente à determinação causal, está associado à criação de *significados*. Isso torna imprescindível a utilização de técnicas de compreensão por oposição aos modelos de explicação por subsunção em que tudo se resume a colocar cada novo fato sob o guarda-chuva de uma teoria que se formou e consolidou abarcando fatos anteriores do mesmo tipo. Os atributos da autoconsciência, da comunicação simbólica e da agência moral presentes nos "enredos" da vida social demandam, na avaliação de Mises, uma metodologia dedicada a compreendê-los em termos teleológicos e não apenas a explicá-los de modo causal.

Para ser profícua, a explicação não pode ignorar que os fatos sociais portam uma compreensão de si mesmos. A ação consiste não só no que o observador pode externamente registrar como também na identificação da compreensão que os atores dão ao que fazem. Sendo a ação movimento com sentido, com finalidade, é improdutivo estudá-la de modo "quantitativo". É restritiva a visão de Durkheim de que a explicação antropológica ou sociológica só é "objetiva" se for possível construí-la com base em "fatos", ou "dados" suscetíveis de generalização por meio de leis universais. Se Durkheim estivesse certo, procedimentos como o de mensuração, testagem, análise estatística, explicações nomológicas, seriam adequados e suficientes para o estudo dos fatos sociais. Os objetos sociais são mais complexos não apenas porque, como propala Mill[40], seu estudo envolve considerar um número maior de variáveis. Mais que de maior complexidade, se trata de uma diferença resultante de serem os fatos sociais *pré-interpretados*, de se oferecerem à observação impregnados de ideias e significados. F. A. Hayek (1899-1992) chama a atenção para o fato de que *"nas ciências sociais, as coisas são o que as pessoas pensam que são; dinheiro é dinheiro, palavra é palavra, cosmético é cosmético, se e porque se pensa que são"*[41].

O remédio proposto por Mill[42] para fazer frente às *"debilidades explicativas"* das ciências sociais – *"o estado de atraso em que se encontram as ciências morais só poderá ser superado aplicando-lhes os métodos das ciências físicas, devidamente estendidos e generalizados"* – é rechaçado por Mises. Para Mises, a física não fornece a linguagem universal da ciência, apenas a linguagem apropriada ao tipo de fato por ela investigado. O fisicalismo leva à crença de que a linguagem de qualquer

---

[40] MILL, John Stuart. *A System of Logic*. Londres: Longmans Green and Co., 1949. p. 564.
[41] HAYEK, F. A. *Individualism and Economic Order*. Londres: Routledge and Kegan Paul, 1949. p. 60.
[42] MILL. *A System of Logic*. p. 545.

domínio científico pode ser equipolentemente traduzida para a linguagem da física. Isso equivale, na óptica de Mises, a ignorar a especificidade do vocabulário das ciências sociais que não tem como se submeter à exigência de só construir, como defende Neurath, discursos com coordenadas espaço--temporais especificáveis:

> Para os defensores da visão científica de mundo a tarefa consiste em fazer predições sobre estados de coisas testáveis [...]. Os que adotam essa linha só conhecem enunciados sobre coisas espaço-temporais: são fisicalistas [...]. O fisicalismo abarca a psicologia tanto quanto a história e a economia; para ele, só há gestos, palavras, comportamento. Não há "motivos", "ego", "personalidade" para além do que pode ser formulado de modo espaço-temporal[43].

Fazendo do organismo o único campo possível das investigações psicossociais, a *behaviorística* defendida pelo empirismo lógico é vista por Mises como programa reducionista que estuda a ação humana como se nada mais fosse que um conjunto articulado de movimentos em um corpo:

> O traço distintivo do homem é a ação. O homem visa a mudar algumas das condições de seu ambiente a fim de substituir um estado de coisas que lhe convenha menos por outro que lhe convenha mais [...]. A ação é conduta intencional. Não

---

[43] NEURATH, Otto. *Empiricism and Sociology*. Boston: D. Reidel Publishing Co., 1973. p. 325.

é simplesmente comportamento, mas comportamento gerado por juízos de valor visando a um fim definido e guiado por ideias relativas à adequação ou inadequação de determinados meios. É impossível lidar com a ação sem as categorias da causalidade e da finalidade. É comportamento consciente. É escolha. É volição; é a manifestação da vontade[44].

Importantes tipos de teoria social são construções explicativas de *segunda ordem* porque precisam incorporar, ou ao menos problematizar, as "teorias" que encontram nos fatos investigados. Essas "teorias" não são apêndices dos fatos, fazem parte deles, dos modos com que se constituem e reproduzem. Diante das dificuldades metodológicas especiais para lidar com fatos da vida associativa que despontam *pré-interpretados*, a postura metodológica prevalecente tem sido a de desprezar as "teorias" presentes nos fatos como enganos do senso comum. Mises propõe o apriorismo praxiológico como saída para a peculiaridade de os fatos sociais se apresentarem ao observador com uma compreensão de si mesmos. A teoria do cientista não pode desconsiderar as compreensões que os agentes criam para suas ações e interações por serem *partes constitutivas dos fatos*:

> Se para o cientista natural a oposição entre fatos objetivos e opiniões subjetivas pode ser facilmente estabelecida, não há como prontamente deslocá-la para o objeto das ciências sociais. A razão disso é que o objeto das ciências sociais, ou os

---

[44] MISES. *UF*, p. 34.

"fatos" com os quais lidam, também são opiniões – não as opiniões do estudioso dos fenômenos sociais, mas as opiniões daqueles cujas ações produzem o objeto do cientista social[45].

Portadores de *significatividade intrínseca*, os fatos constitutivos da ação humana não se limitam a fornecer evidência favorável ou desfavorável às teorias. Por portar compreensão de si mesmo, esse tipo de fato não é apropriadamente estudado de modo apenas causal. O sentido veiculado pela ação humana torna necessário construir explicações que o incorporem. Não fosse essa necessidade, a explicação física e a social seriam do mesmo tipo. Mises implicitamente reconhece que há fatos que se dão a conhecer *pré-interpretados*; e os fatos que vêm acompanhados de "teorias" sobre si mesmos são refratários à aplicação de metodologias quantitativistas. Lidando com fatos pré-interpretados, as teorias sociais não têm como se limitar à busca de evidências que as verifiquem, confirmem ou refutem. Precisam, para ter poder elucidativo, encarar como fazendo parte dos fatos os modos com que são entendidos pelos agentes. Quando isso é feito, as teorias sociais se parecem com "discursos sobre discursos" na medida em que remetem a fatos que se apresentam acompanhados de compreensões – independentemente de se certas ou equivocadas – de si mesmos:

---

[45] HAYEK, Friedrich A. *The Counter-revolution of Science*. Studies on the Abuse of Reason. Indianapolis: Liberty Press, 1979. p. 47.

O que distingue a experiência do historiador da do naturalista e da do físico é a busca pelo significado que o evento teve ou tem para aqueles que instrumentalmente o provocaram ou foram afetados por sua ocorrência. As ciências naturais nada conhecem sobre causas finais. Para a praxiologia, a finalidade é a categoria fundamental. Contudo, a praxiologia faz abstração do conteúdo concreto dos fins visados pelos homens. É a história que lida com fins concretos, pois sua principal questão é: que significado os atores davam à situação em que se encontravam e qual o significado de sua reação? E, por fim, qual o resultado dessas ações[46]?

As teorias de segunda ordem dos cientistas sociais forjam explicações para dar conta de "explicações" criadas pelas pessoas no *Lebensewelt* (Mundo da Vida). Na defesa da irredutibilidade do social ao natural, a ação consciente voltada para a conquista de certos fins com base em certos meios é contraposta por Mises ao comportamento não consciente dos objetos. Se há uma gama importante de fatos sociais que se destacam por se apresentarem pré-*interpretados*, as metodologias das ciências naturais se prestam apenas a apreender sua recorrência:

> Todo raciocínio sobre a ação deve lidar com valoração e com a perseguição de determinados fins, já que inexiste ação que não seja orientada por causas finais [...] não podemos deixar de retroceder os efeitos produzidos pela ação até o ponto em

---

[46] MISES. *UF*, p. 43.

que nenhuma análise das ações pode prosseguir, isto é, até os juízos de valor dos indivíduos e dos fins visados por eles[47].

O tipo de fato para a ocorrência do qual são importantes os modos com que é compreendido pelo agente é diferente do fato que resulta da atribuição à sociedade de propriedades como, por exemplo, a de ser estratificada e democrática ou a um grupo a de ser coeso ou oligárquico. O cientista social costumeiramente se depara com o que encerra conteúdo ideacional, com fatos para a constituição dos quais contribui a "teorização" elaborada sobre eles pelo leigo. Sorokin[48] lembra que o evento de alguém ser baleado envolve fatos físicos, químicos e biológicos, e só se transforma em fenômeno sociocultural ou superorgânico quando adquire, por exemplo, o sentido ou valor de "homicídio" ou "legítima defesa". As ideias dos participantes são conteúdos que se acrescentam à mera ocorrência dos fatos sociais. Ideias que se tornam parte dos fatos deixam se ser apenas representações dos fatos. Um grupo de manifestantes que queima a bandeira de um país não executa um ato equivalente a atear fogo em um mero pedaço de pano. É crucial saber o que os manifestantes pensam sobre o que fazem, uma vez que as alegações deles são parte integrante do fato. Encontrando conteúdos interpretativos *nos próprios fatos* – a bandeira é um objeto-ideia sobre o qual se formam ideias– o cientista social precisa elaborar explicações capazes de lidar com essa singularidade. Isso leva Alfred

---

[47] Idem. *Ibidem*, p. 83.
[48] SOROKIN. *Fads and Foibles in Modern Sociology and Related Sciences*, p. 57.

Schütz (1899-1959) a destacar que enquanto *"o mundo da natureza, tal qual explorado pelo cientista natural nada 'significa' para as moléculas, átomos e elétrons, o campo observacional do cientista social — a realidade social — tem uma estrutura específica de significado e relevância para os seres humanos que em seu interior vivem, agem e pensam"*[49].

III - A Questão Ontológica: Individualismo X Coletivismo

O longevo confronto entre holismo e individualismo na história das ciências sociais evidencia que a questão ontológica — o que privilegiar no estudo da vida social: os indivíduos ou os coletivos? — está umbilicalmente ligada à endêmica controvérsia epistemológica referente a como prover a embasada explicação de fatos como os econômicos, políticos e sociais. Tem-se mostrado insuperável a discussão a respeito de se a sociedade é fruto do conjunto articulado, institucionalizado, de ações e relações de indivíduos ou se tem vida própria capaz de determinar "de fora" o que são e fazem os indivíduos. Para Durkheim, *"o conjunto de crenças e de sentimentos comuns à média dos membros de uma sociedade forma um sistema portador de vida própria; pode-se denominá-lo* consciência coletiva ou comum [...] *ela é independente das*

---

[49] SCHÜTZ, Alfred. *Gesammelte Aufsätze*. Den Haag: Nijhoff, 1971. p. 59.

condições particulares em que se encontram os indivíduos; estes passam, ela permanece"[50].

Até hoje se debate nas ciências sociais se o esquema explicativo vai das ações para as estruturas ou no sentido inverso. São mais populares as teorias que sustentam que as ações individuais são programadas pelas estruturas sociais. Contra elas, Mises desenvolve sólidos argumentos a favor do individualismo metodológico.

Em tese, nada há de problemático em as teorias científicas suporem a existência de entidades – caso, por exemplo, de classe social – que não se oferecem diretamente à observação. Termos teóricos em ciências naturais como elétrons e átomos se referem a entidades inobserváveis. O mesmo ocorre com a maior parte do vocabulário técnico das ciências sociais. Conceitos que se reportam, por exemplo, a estruturas e processos sociais não descendem do acompanhamento direto de fatos apreensíveis pela via observacional. Colocar os indivíduos como protagonistas da vida social não implica, no entender de Mises, que seus comportamentos possam ser explicados por aquilo que mostram *externamente*, sem levar em consideração motivos, intenções, valores, significados etc. Destacar o papel dos coletivos, grupos ou classes sociais, tem equivalido a postular uma instância de realidade supra-individual com existência própria com poder para determinar o que são e fazem as pessoas.

---

[50] DURKHEIM, Émile. *De la Division du Travail Social*. Paris: Presses Universitaires de France, 1973, p. 46.

No repetitivo embate entre atomistas e holistas, individualistas e coletivistas, estão envolvidas questões ontológicas e epistemológicas que repercutem diretamente na visão que se tem da política e da economia. As divergências quanto ao que tem *realidade primária* no mundo social – se só indivíduos ou se também, e de modo determinante, grupos, coletivos ou classes – começam no campo da ontologia e se espraiam até o político, passando pelo epistemológico. Já em Platão e Aristóteles (384-322 a.C.) encontramos a defesa de posições qualificáveis de holistas. Justifica-se pensar que as teorias psicossociais ostentam profundas divergências metodológicas que, em boa parte, derivam de escolhas ontológicas excludentes. Mesmo porque a definição *do que* cabe explicar – por exemplo, o Todo – é compatível com determinadas técnicas de pesquisa e não com outras. Um inventário ontológico individualista sobre a ação humana demanda um tipo de metodologia diferente da adotada por um coletivista.

Se a especificação do que se vai investigar é fruto de "escolha ontológica", então não há fatos *dados*, só os que a teoria adotada supõe existentes. É a teoria que define se os objetos de estudo são indivíduos, classes, propriedades emergentes ou o Todo. A escolha fica na dependência do que se considera a entidade fundamental ou a agência decisiva – a dimensão ontológica determinante da vida social – e não do que se oferece diretamente à observação. Feita a "escolha ontológica", o sistema explicativo será construído para dar conta do tipo de ente que supõe existente ou ao qual atribui o poder de ser determinante.

Visto que ao holismo/coletivismo não convém uma epistemologia empirista, suas teorias são defendidas com base em substrato filosófico costumeiramente dialético ou idealista. Colocando-se à margem de monitoramentos empíricos básicos, o holismo mostra tendência a hipostasiar o que tem existência inferida, o que não passa de constructo. Faz isso em nome da explicação de um plano ontológico supraindividual supostamente detentor de mecanismos próprios de formação e reprodução. Dando estatuto ontológico de *concreta* ao que é *illata*, incorre no que Alfred North Whitehead (1861-1947) chama de *fallacy of misplaced concreteness*: *"o erro de confundir o abstrato com o concreto"*[51]. O holismo, bem como seu desdobramento coletivista, deixa de lado os indivíduos e as "teorias" que elaboram sobre o que vivenciam no palco da vida social.

Defensor do individualismo metodológico, Mises confere primazia ontológica a indivíduos sem adotar uma epistemologia empirista que combate o holismo/coletivismo concedendo *existência autônoma* apenas ao que é observável. Sendo assim, o individualismo misesiano não é fruto da visão de que só cabe reconhecer a existência do que possui coordenadas espaço-temporais observáveis. Mesmo porque valores, significados, fins etc. não são passíveis de observação. Para Mises, o inventário ontológico individualista se impõe, mas não porque a ciência tenha de se circunscrever a entidades observáveis como os indivíduos e os componentes externos

---

[51] WHITEHEAD, Alfred N. *Science and the Modern World*. Nova York: New American Library, 1959, p. 52.

de sua conduta. Na explicação da ação humana, o individualismo de Mises atribui papel fundamental a fins e valores, que são tão inobserváveis quanto os coletivos frequentemente reificados, coisificados, pelos teóricos das ciências sociais. A alegação de que só o comportamento *externamente* acompanhável dos indivíduos é autêntico objeto de estudo por ser o único passível de gerar enunciados sobre os quais se pode exercer controlabilidade empírica não é um bom argumento a favor do individualismo. Por isso Mises está convencido de que a compreensão da ação humana centrada nos indivíduos não tem como ser alcançada nos moldes propostos pelo empirismo lógico com sua *behaviorística*.

O truísmo de que são sempre os indivíduos a agir não significa que suas crenças, atitudes e hábitos nada devam a uma realidade que, mesmo se criada por eles, consegue ter mecanismos próprios de reprodução que se mostram irredutíveis ao mero somatório das ações observáveis dos indivíduos. Os comportamentos dos indivíduos são passíveis de apreensão observacional, mas não os móveis e os sentidos de suas ações. Mises[52] critica o holismo, e seus derivados coletivistas, por sua tendência a hipostasiar, a atribuir substância ou existência real a constructos ou conceitos mentais. A falácia da concreção deslocada, recorrente nas ciências sociais, pode ser exemplificada de modo emblemático pelo uso que Durkheim faz da palavra *societè*. Os coletivistas, e em particular os marxistas, incidem frequentemente na reificação

---

[52] MISES. *UF*, p. 79.

das classes sociais quando negligenciam que têm existência *derivada* e não *constatada*.

É cabível falar de sociedade como o conjunto articulado de ações individuais que gera consequências não pretendidas e que dá origem a propriedades emergentes resultantes de complexos processos de interação. Mises pensa a sociedade como a cooperação de indivíduos unidos nos esforços voltados para a consecução de fins definidos. Por essa razão, rechaça a substancialização da sociedade que a transforma em uma espécie de superagência dotada de uma supermente que a capacita a criar fatos como se as ações dos indivíduos resultassem apenas da execução de um *script* por ela estabelecido ou imposto. Mises ressalta que a sociedade não existe apartada dos pensamentos e ações das pessoas, não tem "interesses" e a nada almeja. E isso se aplica a outros coletivos aos quais se dá preeminência ontológica, política e ética sobre os indivíduos. A hipostasiação, no entender de Mises, não é uma mera falácia epistemológica e não se limita a desencaminhar a busca do conhecimento: *"nas chamadas ciências sociais com frequência serve a determinadas aspirações políticas ao conferir ao coletivo uma dignidade muito superior à do indivíduo, ou mesmo ao atribuir existência real somente ao coletivo, negando a existência do indivíduo denominando-o simples abstração"*[53].

Pode-se detectar na história das ciências sociais o predomínio do holismo/coletivismo por mais que as várias correntes de pensamento nelas abrigadas privilegiem diferentes entidades supra-individuais. A despeito de existirem

---

[53] Idem. *Ibidem*, p. 79.

vários tipos de coletivismo, todos compartilham a concessão de preeminência ontológica à sociedade, à classe social ou ao Estado. A priorização ontológica de uma instância de realidade supra-individual foi transformada por alguns autores em superioridade ética e política. De uns tempos para cá, o anti-individualismo ganhou novas versões, deixou de colocar as classes sociais acima dos indivíduos passando a conferir destaque ontológico, ético e político a coletivos como raça e gênero. A característica compartida entre os coletivismos é a de privilegiarem o conjunto, atribuindo-lhe vida própria, em detrimento de seus membros e de suas ações. O pressuposto é o de que as partes têm modos de existência determinados por coletivos ou pelo todo. Disso decorre que as partes só atingem o melhor de seu ser por meio do bom – ou ideal – funcionamento do todo. No extremo, se chega à animização – por meio da qual são concedidos aos coletivos atributos exclusivos aos indivíduos como os de pensar, querer e agir – para subordinar os indivíduos a desígnios diferentes dos que possam preferir perseguir.

A crença de que os coletivos existem à parte e acima dos indivíduos, determinando suas ações e interações, historicamente inspirou regimes políticos que suprimiram a liberdade em nome de finalidades éticas pretensamente associáveis ao bem comum. A atribuição de desígnios superiores aos coletivos acarreta a subjugação do indivíduo ao tacão do Estado hipertrofiado. Como sublinha Mises, os coletivistas *"supõem que a lei moral obrigue o indivíduo a subordinar seus 'insignificantes' desejos e interesses privados aos do coletivo ao qual pertence 'por direito' e ao qual deve obediência incondicional*

[...] *a principal característica do coletivismo é não levar em conta a vontade individual e a autodeterminação moral*"[54]. Encarados como *pertencendo* ao coletivo, como subjugados a determinantes sistêmicos, os indivíduos devem ajustar suas condutas aos pretensos interesses gerais da sociedade. Com isso, a "inferioridade ontológica" do indivíduo frente ao coletivo se transmuta em subordinação moral. A questão é definir quem fala em nome da sociedade para estatuir o que é coletivamente requerido. A resposta de Mises é que são *"aqueles indivíduos aos quais foi confiada a tarefa, por meio de decretos misteriosos de alguma agência misteriosa, de determinar a vontade coletiva e dirigir as ações do coletivo"*[55].

Mises[56] destaca a dificuldade enfrentada pelas ciências sociais para explicar como pode acontecer de existir um grande número de coletivos e de os mesmos indivíduos serem membros ao mesmo tempo de diferentes coletivos. Para Mises, os fatores que fazem os indivíduos cooperar uns com os outros são os que promovem a criação do que se costuma chamar de grupo ou coletivo. Guiados pela ideia de que determinados fins podem ser alcançados de modo melhor pela cooperação, ou apenas por intermédio dela, os homens estabelecem processos de interação cada vez mais complexos. As chamadas entidades sociais, ou até mesmo a sociedade humana, resultam das necessidades e vantagens da cooperação. Isso não quer dizer que a cooperação seja capaz

---

[54] Idem. *Ibidem*, p. 106.
[55] Idem. *Ibidem*, p. 107.
[56] Idem. *Ibidem*, p. 108.

de explicar todo tipo de fato qualificável de social. Ademais, há efeitos buscados e outros não pretendidos nas ações e o cumprimento tanto de funções manifestas quanto de latentes nos processos de cooperação.

Mises[57], assim como os grandes representantes do pensamento liberal, rejeita a perseidade por entender que a atribuição de existência independente aos coletivos desconsidera que entidades supra-individuais só podem existir pela mediação dos pensamentos e das ações dos indivíduos, de tal modo que um tipo de coletivo pode desaparecer caso as pessoas adotem modos de pensar e agir diferentes e/ou incompatíveis com os que tinham sido indispensáveis para existência dele. As várias atitudes de um indivíduo podem servir para formar coletividades como uma nação, uma comunidade religiosa, um partido político e assim por diante. Mises[58] acredita que ao compreender as ações dos indivíduos, aprendemos também tudo sobre os coletivos e a sociedade sem que haja necessidade de devotar atenção às propriedades emergentes resultantes da soma das consequências pretendidas e não pretendidas das ações executadas por diferentes indivíduos. Justifica-se pensar que o coletivo não tem existência e realidade próprias, só as resultantes das ações dos indivíduos, sem negligenciar que as ações geram uma complexa rede irredutível ao simples somatório de todas elas em virtude das novas informações que uma vai acrescentando a outra. Mises destaca o fato importante de que o coletivo passa a existir, e com determinada

---

[57] Idem. *Ibidem*, p. 79.
[58] Idem. *Ibidem*, p. 81.

"identidade", por meio das ideias que levam os indivíduos a se comportarem como membros de determinado grupo e deixa de existir, perde seus traços distintivos, quando o poder de persuasão dessas ideias diminui. Para o individualismo metodológico de Mises, a única maneira de conhecer coletivos é a análise da conduta de seus membros como evidencia o fato de que a estatística não registra eventos que acontecem nas e às coletividades, apenas o que acontece aos indivíduos que formam grupos definidos.

O individualismo metodológico combate a suposição de que o comportamento dos homens é dirigido por forças misteriosas que se colocam acima de sua existência, de suas escolhas e ações. Mises ressalta que se nos damos conta de que aquilo que coloca a ação em movimento são ideias, não podemos deixar de admitir que as ideias se originam na mente de alguns indivíduos e são transmitidas a outros indivíduos. Quando se aceita a tese fundamental do individualismo metodológico – segundo a qual as ideias dos indivíduos determinam sua submissão ao grupo – um coletivo deixa de se parecer com uma entidade agindo com movimento próprio e em conformidade com seus próprios desígnios. Para Mises, todas as relações inter-humanas são um subproduto de ideias e a conduta dos indivíduos é dirigida por essas ideias: *"o déspota governa porque seus súditos preferem obedecê-lo a resistir abertamente a ele"*[59].

Apresentado por Mises como princípio de análise filosófica, praxiológica e histórica da ação humana, *"o*

---

[59] Idem. *Ibidem*, p. 82.

individualismo equivale à comprovação do fato de que todas as ações podem remontar aos indivíduos". O método coletivista é tachado de antropomórfico por pressupor que todos os conceitos da ação dos indivíduos podem ser aplicados aos coletivos e por deixar de perceber que os coletivos derivam dos modos de os indivíduos agirem. No fundo, os coletivos são um subproduto de ideias, das que determinam a conduta dos indivíduos. Na visão de Mises[60], a sociedade apresentada como autossubsistente é fruto de se hipostasiar a cooperação social, de se acreditar que alguma agência misteriosa, sobre-humana, criou a sociedade e que, destarte, tem o direito e/ou o poder de exigir que o indivíduo sacrifique as preocupações com seu egoísmo insignificante em benefício do todo. A sociedade teria, à luz dessa visão, uma espécie de "força ética" com legitimidade para levar o indivíduo a abdicar de seus interesses no curto prazo em prol dos de longo prazo.

Mises destaca que a economia de mercado é um sistema social no qual são os indivíduos a agir: *"as avaliações dos indivíduos como manifestadas nos preços de mercado determinam o curso de todas as atividades de produção"*[61]. No entender de Mises, opor à realidade da economia de mercado a imagem de um sistema holista, envolve se abster de fazer qualquer uso de preços. A tese da soberania do consumidor de Mises deriva da constatação de que o empresário precisa servir aos consumidores para auferir lucro. Mises[62] rejeita a ideia marxista de

---

[60] Idem. *Ibidem*, p. 105.
[61] Idem. *Ibidem*, p. 84.
[62] Idem. *Ibidem*, p. 86.

que, sob o capitalismo, os bens são produzidos "socialmente" (*gesellschaftlich*) para ser depois "apropriados" pelos indivíduos por considerar que assim pensar equivale a colocar as coisas de cabeça para baixo. Na realidade, os processos de produção são atividades de indivíduos cooperando entre si. Cada indivíduo que colabora recebe o que seus companheiros – competindo uns com os outros como compradores no mercado – estão preparados para pagar por sua contribuição.

O extraordinário na situação ideológica contemporânea é que as doutrinas políticas mais populares almejam o totalitarismo, a abolição total das liberdades individuais de escolher e de agir. Não é menos notável o fato de que a maior parte dos defensores fanáticos de tal sistema de conformidade se autodenominem cientistas, lógicos e filósofos.

Dr. Ludwig Edler von Mises

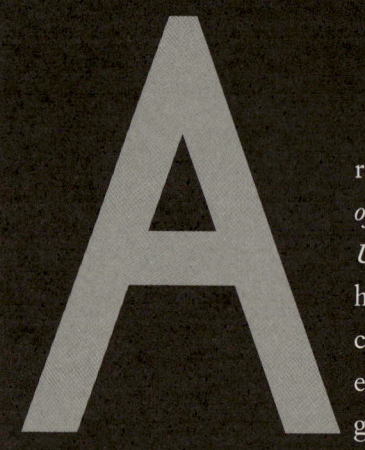

A reedição de *The Ultimate Foundations of Economic Science* [*Os Fundamentos Últimos da Ciência Econômica*], após um hiato de quinze anos, deve ser tomada como um acontecimento altamente encorajador – de um lado, reflete um grato e renovado interesse no assunto e na própria abordagem do livro; de outro, traz a promessa de um acréscimo significativo no atual momento da intelectualidade rumo à compreensão mais aprofundada da natureza da Economia e de seu papel no aperfeiçoamento social.

Este volume é o livro "último" de Ludwig von Mises (1881-1973) em mais de uma concepção. Não só por lidar com as fontes mais fundamentais, elementares e primárias da ciência econômica; é "último" também por ser o derradeiro livro de Mises. Ao surgir quando Mises há

Introdução à Edição Norte-americana de 1977

Israel Kirzner

muito já passara dos oitenta anos, essa obra conclui um fluxo contínuo de produção de conhecimento que abrangeu exatamente meio século – desde o aparecimento, em 1912, de seu primeiro livro: a primeira edição alemã de *Theorie des Geldes und der Umlaufsmittel* [*A Teoria da Moeda e dos Meios Fiduciários*]. Mises continuou, ao longo dos anos de vida que lhe restaram, a publicar inúmeros artigos novos (dentre eles a importante monografia sobre *O Contexto Histórico da Escola Austríaca de Economia*), contudo, à presente obra não se seguiu nenhum outro livro. Com o surgimento deste livro Mises completara seus principais feitos científicos. Esta obra nos oferece, realmente, as palavras finais que Mises – o economista, o filósofo e o amante da liberdade – tinha a oferecer próximo ao fim de sua vida ativa.

No entanto, isso não deveria ser nenhuma surpresa pois este é um livro que nitidamente foi escrito com uma enorme *paixão*. Embora muitos dos assuntos envolvam os temas com os quais Mises lidou em trabalhos anteriores, aqui os encontramos juntos em um manifesto que impetuosamente proclama o caráter verdadeiro da Economia. Defende sem temor os fundamentos epistemológicos dos ataques dos detratores, repudia com desprezo as pretensões que filósofos da ciência construíram solidamente sobre a ignorância abissal dos ensinamentos de Economia.

Mises, por décadas, de modo paciente e incansável, desenvolveu seu sistema de reflexão social. Fez isso durante uma época em que a tendência da moda filosófica, no mínimo, não estava a seu favor. Não obstante o predomínio dos pontos de vista epistemológicos que tornavam a ciência de Mises muito inaceitável para os filósofos de seu tempo, a despeito das inovações metodológicas na Economia que fizeram a própria Economia de Mises parecer aos críticos um obstáculo obscurantista ao avanço científico, apesar das correntes ideológicas fazerem com que as conclusões políticas de Mises fossem tomadas como ignorantes e reacionárias – não obstante toda a desaprovação e todo o descrédito, Mises nunca esmoreceu. A paixão que se espalha sobre o presente trabalho nos dá uma ideia daquilo que manteve Mises escrevendo e lecionando durante as décadas dolorosas de isolamento intelectual.

De fato, as ideias com que Mises elaborou este livro são fundamentais para toda a sua visão da Economia e das ciências sociais, em geral. A Economia, Mises explicou repetidas vezes, é uma disciplina cujo caráter difere drasticamente do caráter das ciências naturais. Uma vez que que tenhamos dominado completamente os ensinamentos econômicos, Mises argumenta, fica claro que a ciência não se encaixa no esquema epistemológico limitado desenvolvido por filósofos cujos horizontes não vão além das ciências físicas. Foi essa percepção que levou Mises ao ataque eficaz dos dogmas do positivismo lógico e empírico. A superficialidade desses dogmas, defendeu Mises, deve ser vista não só nas bases filosóficas; a falência emerge com clareza nos teoremas da Economia, devidamente compreendidos. Inversamente, Mises ressalta, as preconcepções dos escritores positivistas foram responsáveis por ataques injustificáveis na própria Economia.

Mises abriu fogo intenso contra a extensão ilegítima do domínio do fenômeno social aos métodos e modos de pensamento adequados somente às ciências naturais. Nos assuntos humanos, insistia, não podemos prescindir das categorias do pensamento, da razão, do propósito e da valoração. Tentar atacar o fenômeno da sociedade sem reconhecer o papel significativo, racional e individual da ação humana é esforço vão e equivocado.

No entanto, não era só a cegueira intencional apresentada pelo pensamento positivista com respeito ao propósito humano que provocava o ataque veemente de Mises. Mises viu a negação da Economia como uma ameaça perigosa à sociedade livre e à Civilização Ocidental. É a Economia que é capaz de demonstrar as vantagens sociais de um mercado sem entraves. A validade dessas demonstrações em grande parte se baseia justamente naquelas percepções acerca da ação humana individual ameaçadas pelo pensamento positivista, na realidade, como bobagens sem sentido. O que inspirou a cruzada enérgica e intrépida de Mises contra as bases filosóficas de uma Economia que não se fundava na intencionalidade humana era algo mais que a paixão do cientista pela verdade; era sua profunda preocupação pela preservação da liberdade e dignidade humanas. Por isso este último livro de Mises nos deixa entrever aquilo que é mais fundamental – os motivos "últimos" responsáveis pela dedicação de Mises a toda uma vida como cientista e acadêmico. Que não haja mal-entendidos. Nossa visão "humana" da pessoa de Mises, interessado apaixonada e pessoalmente com o futuro da sociedade livre não é, de modo algum, inconsistente com a imagem de Mises como um cientista austero, impassível e absolutamente objetivo. Mises, como se sabe, era um zeloso guardião do *Wertfreiheit*[1] da ciência, e de modo particular, da Economia. As conclusões da Economia, Mises insistiu inúmeras vezes, não refletem os interesses e preocupações do economista. Lidam de modo estrito e parcial com o grau com que os objetivos dos indivíduos na sociedade são promovidos ou obstruídos por determinadas políticas ou arranjos institucionais.

Certamente, Mises teria admitido que o propósito de toda a sua vida e de seu ensino de Economia fora motivado por valores, necessariamente além do escopo da ciência. Tais valores, sem dúvida, incluíam tanto a paixão intelectual irracional pela verdade quanto o desejo ardente do amante da liberdade por uma sociedade livre. Mises, todavia, teria negado com desdém orgulhoso (e merecido) quaisquer questionamentos do desinteresse de suas conclusões científicas. *Exatamente porque* acreditava que a ciência econômica tinha um papel crucial a exercer na luta pela liberdade, Mises

---

[1] Independência sobre juízos de valor, neutralidade ética. (N. T.)

via como era necessário ao economista ser incorruptível na busca desinteressada pela verdade científica. É necessário ao cientista reconhecer descobertas que contrariem os próprios interesses intelectuais com a mesma imparcialidade e abertura com a qual anuncia conclusões que acredita mais convenientes aos próprios valores. Se a Economia tem de cumprir todo o seu potencial na batalha das ideias e ideologias, isso só é possível se houver a adesão rigorosa aos padrões de honestidade intelectual e objetividade insensíveis a qualquer tipo de corrupção. Somente dessa maneira podemos compreender a calma aparentemente imperturbável com que Mises prosseguiu o trabalho intelectual, apesar das décadas de esquecimento acadêmico inglório. O austero *Wertfreiheit* científico brotava da mesma paixão com que ele mantinha as convicções básicas. Caso não exista nenhum outro motivo, o reaparecimento deste livro deve ser saudado pela luz que lança a esse aspecto de Mises.

Ao longo dos anos, desde a primeira edição deste livro, o clima intelectual mudou, em vários aspectos, de modo significativo. Antes da primeira aparição deste livro, rachaduras e fissuras já eram vistas na fachada da filosofia acadêmica ortodoxa, a qual Mises recusava capitular. Agora, as debilidades fatais do pensamento positivista para as quais Mises chama nossa atenção, já foram de todo reconhecidas nos livros e nos periódicos profissionais por filósofos da ciência de ideologias drasticamente diferentes. O pêndulo do modismo filosófico voltou-se, de modo conclusivo, na direção de Mises. Os economistas, infelizmente, muitas vezes se agarram com tenacidade a posições filosóficas que os próprios filósofos há muito já descartaram e desacreditaram. Não obstante, as percepções argutas que Mises desenvolveu a respeito da natureza epistemológica da ciência econômica estão vindo a ser, pelo menos de modo bem significativo, apreciadas por um número crescente de economistas em diversos países.

A reedição deste livro é, portanto, extremamente oportuna. Escrito com a clareza, profundidade e objetividade características de Mises, a presente obra não deixa de impressionar neste ambiente intelectual mais propício. Com segurança podemos conjecturar que Mises estaria tranquilamente satisfeito em tal ocasião. Não era do tipo, por assim dizer, que media o sucesso de uma obra científica pela aclamação popular ou pelo número de cópias vendidas. O "critério da verdade", lemos em seu livro, "funciona ainda que ninguém esteja disposto a reconhecê-lo". Agora que filósofos e economistas talvez estejam prontos a reconhecer as verdades apresentadas por Mises de maneira tão veemente em seu último livro, é muito bom que elas sejam novamente trazidas a nós.

Israel M. Kirzner
New York University
Abril de 1977

OS FUNDAMENTOS ÚLTIMOS DA CIÊNCIA ECONÔMICA

UM ENSAIO SOBRE O MÉTODO

Este ensaio não é uma contribuição à Filosofia. É simplesmente a exposição de certas ideias que tentam lidar com a teoria do conhecimento e que devem ser levadas em consideração.

A Lógica e a Epistemologia tradicionais produziram, em geral, simples disquisições a respeito da Matemática e dos métodos das ciências naturais. Os filósofos consideravam a Física como o modelo ideal da ciência e pressupunham, com jovialidade, que todo o conhecimento devesse ser formado segundo esse modelo. Prescindiram da Biologia, satisfazendo-se com a ideia de um dia, gerações posteriores conseguiriam reduzir o fenômeno da vida à atuação de elementos que poderiam ser totalmente descritos pela Física. Desprezavam a História como "mera literatura" e ignoravam a existência da Economia. O positivismo, como prenunciado por Pierre-Simon Laplace (1749-1827),

Prefácio do Autor

batizado por Auguste Comte (1798-1857), ressuscitado e sistematizado pelo positivismo lógico ou empírico contemporâneos, é, em essência, um panfisicalismo, um plano para negar que exista algum outro método de raciocínio científico além daquele que parte do registro do físico de "sentenças protocolares". Tal materialismo encontrou oposição somente por parte do metafísico que livremente se permitiu inventar entidades fictícias ou sistemas arbitrários daquilo que chamou "filosofia da história".

Este ensaio propõe enfatizar o fato de que há no universo algo a ser descrito e analisado para o qual as ciências naturais em nada podem contribuir. Existem acontecimentos além do alcance daqueles que os procedimentos das ciências naturais estão aptos a observar e descrever. Há a ação humana.

É fato que até agora nada foi feito para ultrapassar o fosso que se escancara entre os acontecimentos naturais na consumação daquilo para o que a ciência é incapaz de encontrar finalidade alguma e os atos conscientes dos homens que, invariavelmente, objetivam determinados fins. Negligenciar, ao tratar da ação humana, a referência aos fins pretendidos pelos atores é tão absurdo quanto os esforços de recorrer à finalidade na interpretação dos fenômenos naturais.

Seria equivocado insinuar que todos os erros referentes à interpretação epistemológica das ciências da ação humana devam ser atribuídos à adoção indevida da epistemologia do positivismo. Existem outras escolas de pensamento que confundiram de maneira ainda mais séria o tratamento da Praxiologia e da História que o positivismo, como por exemplo, o historicismo. No entanto, a análise a seguir lida, primeiramente, com o impacto do positivismo[1].

Para evitar erros de interpretação do ponto de vista do presente ensaio é aconselhável e até mesmo necessário enfatizar que o fato de lidar com conhecimento, ciência e convicção razoável e de referir-se às doutrinas metafísicas até o necessário para demonstrar em que circunstâncias diferem do conhecimento científico. Isso endossa, sem quaisquer restrições, o princípio de John Locke (1632-1704) de *"não acolher nenhuma preposição com mais garantia que a permitida pelas provas que a sustentam"*[2]. A perversão do positivismo não é vista na adoção

---

[1] Sobre o historicismo, ver: MISES, Ludwig von. *Teoria e História*. Trad. Rafael de Sales Azevedo. São Paulo: Instituto Ludwig von Mises Brasil, 2014. p. 220 ss.

[2] Utilizamos aqui a passagem equivalente da seguinte edição em português: LOCKE, John. *Ensaio sobre o Entendimento Humano*. Trad., apres. e notas Pedro Paulo Garrido Pimenta. São Paulo: Martins Fontes, 2012. Livro IV, Capítulo XIX, §1, p. 767. (N. T.)

desse princípio, mas no fato de não reconhecer nenhum outro modo de provar uma proposição a não ser o praticado pelas ciências naturais experimentais e qualifica como metafísicas – que no jargão positivista é sinônimo de disparatado – todos os outros métodos de discurso racional. Expor a falácia dessa tese fundamental do positivismo e retratar as desastrosas consequências é o único tema deste ensaio.

Apesar do desprezo total por tudo o que considera metafísico, a própria epistemologia do positivismo tem por base um determinado tipo de metafísica. Foge ao escopo de uma averiguação racional ingressarmos na análise de qualquer variedade de metafísica, tentar estimar-lhe o valor ou razoabilidade, afirmá-la ou rejeitá-la. O que o raciocínio discursivo pode obter é simplesmente a demonstração de se a doutrina metafísica em questão contradiz o que foi estabelecido como verdade cientificamente comprovada. Caso isso possa ser demonstrado com relação às afirmações do positivismo a respeito das ciências da ação humana, tais alegações têm de ser rejeitadas como fábulas injustificáveis. Os próprios positivistas, do ponto de vista de sua própria filosofia, não podem deixar de aprovar tal veredito.

A epistemologia geral pode ser estudada apenas pelos perfeitamente familiarizados com todos os ramos do conhecimento humano. Os problemas epistemológicos especiais dos diferentes campos do conhecimento são acessíveis somente aos que têm uma perfeita familiaridade com o respectivo campo. Não haveria necessidade de mencionar esse ponto não fosse pela escandalosa ignorância de tudo o que diz respeito às ciências da ação humana que caracteriza os escritos de quase todos os filósofos contemporâneos[3].

Poderíamos até mesmo duvidar se seria possível separar a análise dos problemas epistemológicos do tratamento das questões substantivas da ciência em questão. As contribuições básicas da ciência natural à epistemologia moderna foram realizações de Galileu Galilei (1564-1642), e não de Francis Bacon (1561-1626), de Isaac Newton (1643-1727) e de Antoine Lavoisier (1743-1794), não de Immanuel Kant (1724-1804) ou de Auguste Comte. O que há de defensável nas doutrinas do positivismo lógico deve ser encontrado nas obras dos grandes físicos dos últimos cem anos, e não na *"Enciclopédia da Ciência Unificada"*[4]. Minhas contribuições à teoria do conhecimento, embora possam ser modestas, estão em meus escritos econômicos e históricos, em especial nas obras *Human Action* [*Ação Humana*] e *Theory and History* [*Teoria e História*]. O presente ensaio é apenas um suplemento e um comentário sobre o que a Economia diz acerca de sua epistemologia.

---

[3] Um exemplo surpreendente dessa ignorância é demonstrado pelo eminente filósofo Henri Bergson (1859-1941) citado por Mises em: MISES, Ludwig von. *Ação Humana: Um Tratado de Economia*. Trad. Donald Stewart. São Paulo: Instituto Ludwig von Mises Brasil, 2010, p. 60, nota 2.

[4] A *Enciclopedia Internacional de Ciência Unificada* foi um projeto ambicioso e nunca concluído, iniciado em 1938 por iniciativa do Círculo de Viena. A Enciclopédia inicialmente promovida por Otto Neurath (1882-1945) teve contribuições de nomes famosos da ciência como Rudolf Carnap (1891-1970), Bertrand Russell (1872-1970), John Dewey (1859-1952), Niels Bohr (1885-1962) e Charles W. Morris (1901-1979), dentre outros. Foram publicados dois volumes pela University of Chicago Press que contêm dezenove monografias escritas entre 1938 e 1969. (N. T.)

Aquele que desejar compreender com seriedade o sentido da teoria econômica deve primeiro familiarizar-se com o que a Economia ensina e somente aí, tendo refletido acerca desses teoremas inúmeras vezes, deve se voltar ao estudo dos aspectos epistemológicos que lhes afetam. Sem um exame atento de, ao menos algumas das grandes questões do pensamento praxiológico – como por exemplo, a lei do rendimento (mais chamada de "lei dos rendimentos decrescentes"), a lei de associação de Ricardo (mais conhecida como "lei de custos comparativos"), o problema do cálculo econômico e assim por diante – ninguém pode esperar compreender o que significa a praxiologia e quais os problemas epistemológicos ela traz consigo.

1 - O Substrato Permanente da Epistemologia

Πάντα ρεῖ [Panta rei], tudo é um incessante fluxo, diz Heráclito (535-475 a. C.); nada há de ser permanente, tudo é mudança e devir[5]. Deve ser deixado à especulação metafísica lidar com problemas caso essa proposição possa ser corroborada do ponto de vista de uma inteligência super-humana e, além disso, caso seja possível para a razão humana pensar em mudança sem indicar o conceito de um substrato que, enquanto muda, em certo respeito e sentido, permanece constante na sucessão dos vários estados. Para a Epistemologia, a teoria do conhecimento humano, certamente existe algo que não pode deixar de ser considerado como permanente, a saber, a estrutura lógica e praxiológica da razão humana, por um lado, e a capacidade

---

[5] PLATÃO. *Crátilo*. 401d-402a. (N. T.)

Algumas Observações Preliminares sobre a Praxiologia

dos sentidos humanos, por outro. Plenamente ciente do fato de ser a natureza humana como é, nessa época de mudanças cósmicas que vivemos, não ser algo que tenha existido desde o princípio de todas as coisas, nem algo que permanecerá para sempre, a Epistemologia deve olhar para isso como se fosse imutável. As ciências naturais devem tentar ir mais além e estudar os problemas da evolução. A Epistemologia, todavia, é um ramo – ou melhor, a base – das ciências do homem. Lida com um aspecto da natureza do homem como se ele emergisse dos eons do devir cósmico e como ele é no atual período da história do Universo. Não lida com o pensamento, em geral, ao apreender e conhecer, mas com o pensar *humano*, que percebe e conhece. Há algo para a Epistemologia que deve ser tomado como imutável, a saber, a estrutura lógica e praxiológica da razão humana.

Não devemos confundir conhecimento com misticismo. O místico pode dizer que *"trevas e luz do sol são a mesma coisa"*[6]. O conhecimento parte de uma clara distinção entre A e não-A.

Sabemos que houve períodos na história cósmica em que não existiam seres do tipo que chamamos *Homo sapiens*, e somos livres para presumir que haverá novamente períodos em que essa espécie não existirá. É inútil, no entanto, especular sobre as condições dos seres que são essencialmente diferentes – na estrutura lógica da razão e no poder dos sentidos – dos homens como os conhecemos e como somos. O conceito de super-homem de Friedrich Nietzsche (1844-1900) é destituído de qualquer sentido epistemológico.

2 - Sobre a Ação

A Epistemologia lida com o fenômeno mental da vida humana, com o homem da maneira como pensa e age. A principal deficiência dos esforços epistemológicos tradicionais é ser vista à revelia dos aspectos praxiológicos. Os epistemólogos lidam com o pensamento como se fosse um campo à parte, destacado de outras manifestações do empenho humano. Lidam com os problemas de lógica e matemática, mas falham em notar os aspectos práticos do pensamento. Ignoram a Praxiologia *a priori*.

---

[6] EMERSON, Ralph Waldo. *Brahma*. Verso 6.

A falha dessa abordagem se torna manifesta nos ensinamentos de Teologia Natural como distintos da Teologia Revelada. A Teologia Natural viu a marca característica da divindade na liberdade das limitações da vontade e da razão humanas. A divindade é onisciente e onipotente. Ao elaborar tais ideias, contudo, os filósofos deixaram de ver que o conceito de divindade que encerra um Deus agente, ou seja, um Deus que se comporta da maneira que o homem se comporta ao agir, é autocontraditória. O homem age porque está insatisfeito com o estado de coisas como se apresenta na ausência de sua intervenção. O homem age porque carece de poder para tornar as condições plenamente satisfatórias, e deve servir-se dos meios apropriados para torná-las menos insatisfatórias. Para um Ser Supremo e Todo-Poderoso, no entanto, não pode existir insatisfação alguma com o estado de coisas reinante. O Todo-Poderoso não age, porque não há estado de coisas que Ele não possa tornar plenamente satisfatório sem ação alguma, isto é, sem recorrer a quaisquer meios. Para Ele não existe tal coisa como uma distinção entre meios e fins. Atribuir ação a Deus é antropomorfizá-lo. A começar pelas limitações de sua natureza humana, o raciocínio discursivo do homem nunca pode circunscrever e definir a essência da onipotência.

Deve ser ressaltado, entretanto, que o que impediu as pessoas de prestar atenção nas questões praxiológicas não foram as considerações teológicas. Foi o ardente desejo de realização da quimera utópica do país da Cocanha[7]. Como a

---

[7] Terra mitológica medieval onde não havia necessidade de trabalho, o alimento era abundante, o clima favorável, todos os prazeres poderiam ser satisfeitos sem

ciência da Economia, até agora a parte mais bem elaborada da Praxiologia[8], explodiram as falácias de todo o tipo de utopia, foi proscrita e estigmatizada como não científica.

O traço mais característico da Epistemologia moderna é a negligência total da Economia, um ramo do conhecimento cuja evolução e aplicação prática foi o acontecimento mais espetacular da história moderna.

3 - Sobre a Economia

O estudo da Economia, repetidas vezes, perdeu o rumo graças à ideia sem fundamento de que a Economia deve seguir o padrão das demais ciências. O prejuízo causado por tais interpretações erradas não pode ser evitado pela advertência ao economista que pare de lançar olhares desejosos noutros campos do conhecimento ou mesmo que os ignore completamente. A ignorância, qualquer que seja o assunto, não é em nenhum caso uma qualidade que possa ser útil na busca da verdade. O que é necessário para evitar que o estudioso distorça os estudos econômicos por recorrer a métodos da Matemática, da Física, da Biologia, da História ou dos estudos jurídicos não é desconsiderar e negligenciar tais ciências, mas, ao contrário, tentar compreendê-las e dominá-las. Aquele que quiser obter algo com a Praxiologia deve ser proficiente em Matemática, Física, Biologia, História e Leis, a fim de que não confunda

---

esforço e as pessoas permaneceriam sempre jovens. (N. T.)

[8] Sobre a temática, ver: MISES, Ludwig von. *Ação Humana. Op. cit.* (N. T.)

as tarefas e os métodos de quaisquer desses outros ramos do conhecimento. O que havia de errado com as várias escolas históricas de Economia era, primeiramente, que os adeptos eram meros diletantes no campo da História. Nenhum matemático competente pode deixar de perceber falácias básicas de todos os tipos no que é chamado de Economia Matemática e, especialmente, na Econometria. Nenhum biólogo jamais foi enganado pelo organicismo um tanto amador de autores como Paul de Lilienfeld (1829-1903)[9].

Quando certa vez expressei essa opinião numa conferência, um jovem na audiência objetou. "O senhor está exigindo demais de um economista", observou; "ninguém pode me forçar a perder tempo estudando todas essas ciências". Minha resposta foi: "Ninguém pediu ou obrigou que tu te tornes um economista".

4 - O Ponto de Partida do Pensamento Praxiológico

O conhecimento *a priori* da Praxiologia é totalmente diferente – categoricamente diferente – do conhecimento *a priori* da Matemática, ou, de modo mais preciso, do conhecimento matemático *a priori* como interpretado pelo positivismo

---

[9] Referência ao estadista e cientista social russo que desenvolveu uma teoria organicista e evolucionista acerca da sociedade na obra *Pensamentos sobre as Ciências Sociais do Futuro*, publicada originalmente em russo no ano de 1872 e posteriormente traduzida na íntegra para o alemão, sendo lançada em versões abreviadas em francês e em italiano, atingindo certa popularidade junto à comunidade científica europeia. (N. T.)

lógico. O ponto de partida de todo o pensamento praxiológico não são axiomas arbritrariamente escolhidos, mas uma proposição autoevidente, total, clara e necessariamente presente em todo intelecto humano. Um golfo intransponível separa os animais cujo intelecto tem esse tipo de cognição daqueles que não a têm de modo completo e presente. Somente aos primeiros é atribuída a designação "homem". O traço característico do homem é, precisamente, o agir com consciência. O homem é *Homo agens*, o animal ativo.

Tudo – exceto a zoologia – que jamais foi cientificamente afirmado para distinguir o homem dos mamíferos não humanos está contido na proposição: o homem age. Agir significa o esforço em busca de finalidades, ou seja, escolher um objetivo e recorrer a meios para obter a meta pretendida.

A essência do positivismo lógico é negar o valor cognitivo do conhecimento *a priori* ao ressaltar que todas as proposições *a priori* são meramente analíticas. Não oferecem nova informação, mas são apenas verbais ou tautológicas, afirmando o que já fora sugerido nas definições e premissas. Somente a experiência pode levar a proposições sintéticas. Há uma objeção óbvia a essa doutrina: de que a proposição de não existência de proposições sintéticas *a priori* é, em si mesma, uma falsa proposição sintética *a priori* – como crê o presente autor –, pois, manifestamente, não pode ser estabelecida pela experiência.

Toda a controvérsia, entretanto, perde o sentido quando aplicada à Praxiologia. Refere-se, em essência, à Geometria. Seu estado presente, em especial, o tratamento dado pelo positivismo lógico foi profundamente influenciado pelo choque que a Filosofia ocidental recebeu da descoberta de geometrias não-euclidianas. Antes de János Bolyai (1802-1860) e Nikolai Lobachevsky (1792-1856), a Geometria era, aos olhos dos filósofos, o protótipo da ciência perfeita. Supunham que oferecia uma certeza inabalável para sempre e para todos. Agir em outros ramos do conhecimento *more geometrico* era o grande ideal dos que buscavam a verdade. Todos os conceitos epistemológicos tradicionais começaram a ruir quando as tentativas de construção de geometrias não--euclidianas tiveram êxito.

No entanto, Praxiologia não é Geometria. A pior de todas as superstições é pressupor que as características epistemológicas de um ramo do conhecimento devam, necessariamente, ser aplicadas a qualquer outro ramo. Ao lidar com a epistemologia das ciências da ação humana não devemos tomar exemplos da Geometria, da Mecânica ou de qualquer outra ciência.

Os pressupostos de Euclides já foram considerados como autoevidentemente verdadeiros. A Epistemologia atual os vê como postulados livremente escolhidos, o ponto de partida de uma cadeia de raciocínio hipotética. Qualquer que seja o significado, este não tem referência alguma com os problemas da Praxiologia.

O ponto de partida de Praxiologia é uma verdade autoevidente: a percepção da ação, ou seja, o reconhecimento do fato de que existe tal coisa como visar, conscientemente, a fins. Nosso propósito não é sofismar a respeito de tais palavras, quando nos referirmos a problemas filosóficos que não têm nenhuma influência sobre nosso problema. A verdade dessa noção é tão autoevidente e tão indispensável para a razão humana quanto a distinção entre A e não-A.

5 - A Realidade do Mundo Exterior

Do ponto de vista praxiológico, não é possível questionar a verdadeira existência da matéria, de objetos físicos e do mundo exterior. A realidade de tais coisas é revelada pelo fato de o homem não ser onipotente. Há no mundo algo que oferece resistência à realização de suas vontades e desejos. Qualquer tentativa de remover, por simples decreto, aquilo que incomoda, e de substituir um estado de coisas mais conveniente por um estado de coisas menos conveniente é inútil. Caso queiramos ter êxito, devemos proceder conforme os métodos adequados à estrutura daquilo que a percepção nos oferece como alguma informação. Podemos definir o mundo exterior como a totalidade de todas as coisas e eventos que determinam a viabilidade ou inviabilidade, o sucesso ou o fracasso, da ação humana.

A questão muito discutida de se os objetos físicos podem ou não ser concebidos como existentes independentemente da razão é inútil. Por milhares de anos, as ciências médicas não percebiam os micróbios e não adivinhavam sua existência, mas o sucesso ou fracasso dos esforços para manter a saúde e a vida dos pacientes dependeu da maneira como os micróbios influenciaram ou não o funcionamento dos órgãos do corpo dos pacientes. Os micróbios eram verdadeiros porque condicionaram o resultado dos acontecimentos, tanto por interferir como por não interferir, por estarem presentes ou ausentes do local.

6 - Causalidade e Teleologia

A ação é uma categoria que as ciências naturais não levam em consideração. Os atos dos cientistas participam do trabalho de pesquisa, mas na órbita dos acontecimentos naturais do mundo exterior que eles exploram não existe algo como ação. Há agitação, estímulo e resposta e, por mais que alguns filósofos objetem, há causa e efeito. Existe o que parece ser uma inexorável regularidade na concatenação e sequência dos fenômenos. Há relações constantes entre entidades, que permitem ao cientista instituir um processo chamado medição, mas não há nada que sugira visar os fins buscados; não há propósito determinável.

As ciências naturais são pesquisas de causalidade; as ciências da ação humana são teleológicas. Ao estabelecer essa distinção entre os dois campos do conhecimento humano não expressamos nenhuma opinião a respeito de se o curso de todos os eventos cósmicos é ou não, em última análise, determinado pelo desígnio de um ser sobre-humano. O tratamento desse grande problema transcende o escopo da razão humana e está fora do domínio de qualquer ciência humana. Eis o campo reivindicado pela Metafísica e pela Teologia.

O propósito a que as ciências da ação humana se referem não são os desígnios e veredas de Deus, mas as finalidades pretendidas pelos homens ativos ao buscar os próprios planos. As tentativas da disciplina Metafísica, ordinariamente chamada Filosofia da História, para revelar, no fluxo dos eventos históricos, os planos secretos de Deus ou de algum agente mítico – como, por exemplo, no esquema de Karl Marx (1818-1883), as forças produtivas materiais – não são ciência.

Ao lidar com um fato histórico definido, como, por exemplo, a Primeira Guerra Mundial, o historiador tem de descobrir os fins pretendidos por vários indivíduos e grupos de indivíduos que eram instrumentais em organizar tais campanhas ou em combater os agressores. Tem de analisar o efeito resultante das ações de todas as pessoas envolvidas e comparar com o estado de coisas anterior, bem como com as intenções dos agentes. Não é dever do historiador, contudo, buscar por um sentido "mais elevado" ou "mais profundo" do que o manifestado nos acontecimentos ou por eles percebido. Talvez exista tal propósito oculto "mais elevado" ou "mais profundo", ou algum significado na sucessão de acontecimentos históricos, mas para o homem mortal não existe um caminho aberto para aprender algo sobre tais significados "mais elevados" ou "mais profundos".

7 - A Categoria da Ação

Todos os elementos da ciência teórica da ação humana já estão implícitos na categoria de ação e têm de ser explicitados ao expor seu conteúdo. Dentre esses elementos de teleologia também está a categoria da causalidade. A categoria da ação é a categoria fundamental da epistemologia, o ponto de partida de qualquer análise epistemológica.

A própria categoria ou conceito de ação compreende os conceitos dos meios e dos fins: de preferir e descartar, de valorar, de condenar ao sucesso e ao fracasso, de perder e ganhar, de avaliar custos. Como nenhuma ideia ou ação pode ser elaborada e arriscada sem noções definidas sobre a relação de causa e efeito, a teleologia pressupõe a causalidade.

Os animais são forçados a se ajustarem às condições naturais do meio-ambiente; se não obtêm sucesso nesse processo de ajuste, são eliminados. O homem é o único animal que é capaz – dentro de limites definidos – de ajustar seu meio-ambiente propositadamente ao que mais lhe convém.

Podemos pensar no processo evolutivo que transformou os ancestrais não humanos da humanidade em seres humanos como a sucessão de pequenas mudanças graduais ao longo de milhões de anos, mas não podemos pensar em um intelecto cuja categoria da ação estivesse presente de maneira incompleta. Não existe nada entre um ser conduzido exclusivamente por instintos e por impulsos psicológicos e um ser que escolhe finalidades e meios para atingir tais metas. Não podemos pensar em um ser ativo que não faça distinção *in concreto* entre o que é a finalidade e o que são os meios, o que é sucesso e o que é fracasso, o que gosta mais e o que menos gosta, que distinga qual é a perda e qual é o lucro proveniente do agir e quais são os custos. Ao compreender todas essas coisas, tal ser pode, é claro, errar nos juízos acerca dos papéis que desempenham os vários acontecimentos externos e materiais na estrutura de seu agir.

Um modo de comportamento definitivo é uma ação somente se tais distinções estiverem presentes na mente de quem lhe diz respeito.

8 - As Ciências da Ação Humana

A língua alemã cunhou um termo que teria sido útil para denotar a totalidade das ciências que lidam com a ação humana como algo distinto das ciências naturais: *Geisteswissenschaften*. Infelizmente, alguns autores sobrecarregaram o termo com implicações metafísicas e místicas que diminuem sua utilidade. Em inglês, o termo *Pneumatology* [pneumatologia] – sugerido por Jeremy Bentham (1748-1832) como o oposto de *Somatology* [somatologia][10] – teria servido ao propósito, mas nunca foi aceito. O termo *Ciências Morais* como empregado por John Stuart Mill (1806-1873)[11] é insatisfatório por conta da afinidade etimológica com a disciplina normativa da Ética. O termo *Humanidades* é tradicionalmente empregado, de modo exclusivo, para os ramos históricos das ciências da ação humana. Assim, somos forçados a empregar o termo, um tanto pesado, "ciências da ação humana".

---

[10] BENTHAM, Jeremy. *Chrestomathia. In:* BOWRING, John (Ed.) Apêndice IV: Essay on Nomenclature and Classification. *The Works of Jeremy Bentham*, Volume 8: *Chrestomathia, Essays on Logic and Grammar, Tracts on Poor Laws, Tracts on Spanish Affairs*. Edinburgh: William Tait, 1843, p. 84, 88.

[11] Sobre a temática, ver: MILL, John Stuart. *A Lógica das Ciências Morais*. Intr. trad. Alexandre Braga Massella. São Paulo: Iluminuras, 1999. (N. T.)

Capítulo 1

1 - A Estrutura Lógica da Mente Humana

Na Terra, o homem ocupa uma posição peculiar que o distingue e o eleva acima de todas as outras entidades que constituem o nosso planeta. Enquanto todas as outras coisas, animadas ou inanimadas, se comportam de acordo com padrões regulares, só o homem parece desfrutar – dentro de limites definidos – de uma módica soma de liberdade. O homem medita sobre as condições de seu próprio eu e do ambiente, imagina estados de coisas que, como crê, servir-lhe-ão melhor que os existentes e almeja, por conduta

A Mente Humana

intencional, a substituição de um estado mais desejável por um menos desejável que predominaria, caso ele não interferisse.

Há na vastidão infinita daquilo que é chamado de universo ou natureza um pequeno campo em que a conduta consciente do homem pode influenciar o curso dos acontecimentos.

Esse fato é o que induz o homem a distinguir entre um mundo externo sujeito a uma necessidade inexorável e inextrincável e sua faculdade humana de pensar, cognoscer e agir. A mente ou a razão é contrastada com a matéria, a vontade com os impulsos automáticos, instintos e processos fisiológicos. Com total ciência do fato de que seu próprio corpo está sujeito às mesmas forças que determinam todas as outras coisas e seres, o homem imputa sua capacidade de pensamento, de volição e de ação a um fator invisível e intangível que chama de mente.

Há nos primórdios da história da humanidade tentativas de imputar tais faculdades de pensar e de visar intencionalmente às finalidades escolhidas a muitas ou mesmo a todas as coisas não-humanas. Mais tarde, as pessoas descobriram que debalde lidavam com coisas não-humanas como se fossem dotadas de algo análogo à mente humana. Então, desenvolveu-se uma tendência oposta. As pessoas tentaram reduzir os fenômenos mentais à ação de fatores que não eram especificamente humanos. A expressão mais radical dessa doutrina já estava implícita na famosa máxima de Locke segundo a qual a mente é uma folha de papel em branco em que o mundo exterior escreve a própria história.

Uma nova epistemologia do racionalismo visou a refutação desse empirismo integral. Gottfried von Leibniz (1646-1716) acrescentou à doutrina que nada existe no intelecto que não tenha passado antes pelos sentidos, salvo o próprio intelecto. Kant, despertado por David Hume (1711-1776) de seu "sono dogmático", expôs a doutrina racionalista em novas bases. A experiência, ensinou, só oferece a matéria-prima da qual a mente forma o que é chamado de conhecimento. Todo conhecimento está condicionado a categorias que precedem qualquer dado da experiência tanto no tempo como na lógica. As categorias são *a priori*; são o equipamento mental do indivíduo que lhe permite pensar e, devemos acrescentar, agir. Como todo o raciocínio pressupõe categorias *a priori*, é inútil participar de tentativas de prová-las ou refutá-las.

A reação empiricista contra o apriorismo está centrada numa interpretação errônea das geometrias não-euclidianas, a contribuição mais importante do século XIX para a Matemática. Dá ênfase ao caráter arbitrário dos axiomas e premissas e ao caráter tautológico do raciocínio dedutivo.

A dedução, ensina, nada pode acrescentar ao nosso conhecimento da realidade. Simplesmente explicita o que já estava implícito nas premissas. Como as premissas são meros produtos da mente e não derivam da experiência, o que delas se deduz nada pode afirmar sobre o estado do universo. O que a lógica, a matemática e outras teorias dedutivas aprioristicas apresentam são, no mais das vezes, as ferramentas mais convenientes ou úteis para as operações científicas. Uma das tarefas que incumbe ao cientista é escolher, dentre a multiplicidade dos sistemas de lógica, geometria e álgebra existentes, a que é mais conveniente para seu propósito específico[12]. Os axiomas dos quais um sistema dedutivo parte são arbitrariamente selecionados. Nada nos dizem acerca da realidade. Não há "primeiros princípios" *a priori* dados à mente humana[13]. Assim é a doutrina do famoso "Círculo de Viena" e de outras escolas contemporâneas de empirismo radical e de positivismo lógico.

Para analisar essa filosofia, remetamo-nos ao conflito entre a geometria euclidiana e as geometrias não-euclidianas que deu ensejo a essas controvérsias. É um fato inegável que o planejamento tecnológico conduzido pelo sistema euclidiano resultou em efeitos que eram esperados conforme as inferências derivadas desse sistema. As construções não ruíram, as máquinas funcionaram do modo esperado. O engenheiro prático não pode negar que essa geometria o auxiliou nas

---

[12] Cf. ROUGIER, Louis. *Traité de la connaissance*. Paris: Editions Gauthier-Villar, 1955. p. 13 ss.
[13] Idem. *Ibidem.*, p. 47 ss.

tarefas para desviar o curso que acontecimentos do mundo real exterior que teriam tomado na ausência de sua intervenção e para dirigi-los rumo aos fins que pretendia atingir. Ele deve concluir que essa geometria, embora baseada em ideias definidas *a priori*, afirma algo a respeito da realidade e da natureza. O pragmatista não pode deixar de admitir que a geometria euclidiana funciona do mesmo modo que todo o conhecimento oferecido *a posteriori* pelas as ciências naturais experimentais. À parte do fato de que os arranjos de experimentos de laboratório já pressupõem e sugerem a validade do esquema euclidiano, não devemos esquecer do fato de que a ponte George Washington sobre o rio Hudson e milhares de outras pontes prestam o serviço pretendido pelos construtores e confirmam a verdade prática não só dos conhecimentos aplicados da Física, da Química e da metalurgia, mais ainda, os da geometria de Euclides. Isso quer dizer que os axiomas dos quais parte Euclides começam a nos dizer alguma coisa sobre o mundo exterior que para nossa mente pode parecer nada mais "verdadeiro" que os ensinamentos das ciências naturais experimentais.

Os críticos do apriorismo aludem ao fato de que para o tratamento de certos problemas recorrer a uma das geometrias não-euclidianas parece mais conveniente que o recurso ao sistema euclidiano. Os corpos sólidos e os raios de luz de nosso ambiente, diz Hans Reichenbach (1891-1953), comportam-se segundo as leis de Euclides. Isso, contudo, acrescenta, é simplesmente "um fato empírico auspicioso". Além do espaço de nosso ambiente, o mundo físico funciona segundo outras geometrias[14]. Não há necessidade de provar esse ponto. Essas outras geometrias também partem de axiomas *a priori*, não de fatos experimentais. O que os pan-empiristas não conseguem explicar é como uma teoria dedutiva, partindo de postulados supostamente arbitrários, presta serviços valiosos, até mesmo indispensáveis, nos esforços de descrever de modo correto as condições do mundo externo e com elas lidar de maneira bem-sucedida.

Os fatos empíricos auspiciosos aos quais Reichenbach se refere é o caso da mente humana ter a habilidade de desenvolver teorias que, apesar de *a priori*, são instrumentais nos esforços de construir qualquer sistema de conhecimento *a posteriori*. Embora a Lógica, a Matemática e a Praxiologia não derivem da experiência, não são criadas arbitrariamente, mas nos são impostas pelo mundo em que vivemos, agimos e que queremos estudar[15]. Não são vazias, sem sentido ou apenas verbais. São, para o homem, as leis mais gerais do universo e, sem elas, nenhum conhecimento seria acessível ao homem.

As categorias *a priori* são o dote que permite ao homem alcançar tudo o que é especificamente humano e o distingue de todos os demais seres. Sua análise é a análise da condição humana, o papel que o homem desempenha no universo. São a força que permite ao homem criar e produzir tudo o que é chamado de civilização humana.

---

[14] Cf. REICHENBACH, Hans. *The Rise of Scientific Philosophy*. Berkeley: University of California Press, 1951. p. 137.
[15] Cf. COHEN, Morris. *Preface to Logic*. New York: Henry Holt & Co., 1944. p. 44, 92.; MISES, Ludwig von. *Ação Humana. Op. cit.* Parte I, Cap. 3, p. 103-23.

2 - A Hipótese sobre a Origem das Categorias
A PRIORI

Os conceitos de seleção natural e de evolução tornam possível o desenvolvimento de uma hipótese sobre a emergência da estrutura lógica da mente humana e do *a priori*.

Animais são guiados por impulsos e instintos. A seleção natural eliminou aqueles espécimes e espécies que desenvolveram instintos que eram uma deficiência na luta pela sobrevivência. Somente aqueles dotados de impulsos vantajosos para a própria preservação sobreviveram e puderam propagar a espécie.

Não estamos impedidos de pressupor que no longo prazo isso levou, a partir do ancestral não-humano do homem, ao aparecimento da espécie *Homo sapiens*, que alguns grupos de antropóides, por assim dizer, mais desenvolvidos, experimentaram com conceitos categoriais diferentes daqueles do *Homo sapiens* e tentaram utilizá-los para guiar a própria conduta. No entanto, como tais pseudocategorias não estavam ajustadas às condições da realidade, o comportamento dirigido por um quase-raciocínio que ao lhes servir de base estava fadado ao fracasso e significava desastre aos que a ele se atinham. Somente poderiam sobreviver aqueles grupos cujos membros agiam em concordância com as categorias corretas, isto é, com aquelas que estavam em conformidade com a realidade e, portanto, para utilizar o conceito do pragmatismo, funcionavam[16].

---

[16] MISES, Ludwig von. *Ação Humana. Op. cit.*, p. 119 ss.

Entretanto, a referência a essa interpretação da origem das categorias *a priori* não nos permite chamá-las de uma experiência precipitada, de uma experiência pré-humana e pré-lógica, por assim dizer[17]. Não devemos obliterar a diferença fundamental entre finalidade e a ausência de finalidade.

O conceito darwiniano de seleção natural tenta explicar a mudança filogenética sem recorrer à finalidade como fenômeno natural. A seleção natural é operativa não só sem nenhuma diferença intencional por parte dos elementos externos. Opera também sem nenhum comportamento intencional por parte das várias espécies envolvidas.

A experiência é um ato mental por parte dos homens pensantes e atuantes. É impossível atribuir a ela qualquer papel numa cadeia de causação totalmente natural cuja marca é a ausência de comportamento intencional. É logicamente impossível conciliar o que é proposital com a ausência de propósito. Aqueles primatas que tinham categorias úteis sobreviveram, não porque, ao experimentarem que tais categorias eram aproveitáveis, decidiram se manter fiéis a elas. Sobreviveram porque não lançaram mão de outras categorias que teriam resultado na própria extinção. Do mesmo modo como o processo evolucionário eliminou todos os outros grupos cujos indivíduos – por conta das propriedades específicas de seus corpos – não estavam aptos para a vida sob condições especiais do ambiente, também eliminou aqueles

---

[17] Como sugere em: BENDA, Julien. *La crise du racionalisme*. Paris: Éditions du Club Maintenant, 1949. p. 27 ss.

grupos cujas mentes desenvolveram-se de uma maneira que tornou pernicioso seu uso como guia de conduta.

As categorias *a priori* não são ideias inatas. O que uma criança normal – saudável – herda dos pais não são categorias, ideias ou conceitos, mas a mente humana que tem a capacidade de aprender e de conceber ideias, a capacidade de fazer o seu portador a se comportar como um ser humano, isto é, a agir[18].

O que quer que pensemos a respeito desse problema, uma coisa é certa. Já que as categorias *a priori* emanaram da estrutura lógica da mente humana, elas permitiram ao homem desenvolver teorias cuja aplicação prática o ajudaram nos esforços de permanência na luta pela sobrevivência e de obtenção dos vários fins almejados. Tais categorias forneceram um tipo de informação sobre a realidade do universo. Não são simples suposições arbitrárias sem valor informativo algum, nem meras convenções que podem muito bem ser substituídas por outras convenções. São ferramentas mentais necessárias para dispor os dados dos sentidos de maneira sistemática, para transformá-los em fatos da experiência; esses fatos, em tijolos para a construção de teorias e, por fim, as teorias, em técnicas para alcançar as finalidades desejadas.

Os animais também têm sentidos; alguns deles são até mesmo capazes de perceber estímulos que não afetam os sentidos humanos. O que os faz não tirar vantagens daquilo que

---

[18] Vale lembrar que, para Mises, a ação humana é um comportamento propositado, é a vontade posta em funcionamento na busca de fins e objetivos. Ver: MISES, Ludwig von. *Ação Humana. Op. cit.*,p. 35 ss. (N. T.)

os sentidos transmitem da maneira como fazem os homens não é uma inferioridade no equipamento sensorial, mas o fato de não terem o que chamamos de mente humana com estrutura lógica, com categorias *a priori*.

Teoria distinta da história é a busca por relações constantes entre entidades, ou o que exprime a mesma coisa, por regularidades na sucessão de eventos. Ao instituir a Epistemologia como uma teoria do conhecimento, o filósofo implicitamente pressupõe ou afirma que existe no esforço intelectual humano algo que permanece imutável, a saber, a estrutura lógica da mente humana.

Se não existisse nada permanente nas manifestações da mente humana, não poderia existir nenhuma teoria do conhecimento, mas apenas um relato histórico das várias tentativas feitas pelo homem para adquirir conhecimento. A condição da Epistemologia se pareceria com a dos vários ramos na História, por exemplo, com o que chamamos Ciência Política. Do mesmo modo como a Ciência Política simplesmente registra o que foi feito ou foi sugerido em seu campo no passado, mas fica perdida para dizer algo sobre as relações invariáveis entre os elementos com os quais realmente lida, a Epistemologia teria de restringir seu trabalho à reunião de dados históricos sobre atividades mentais do passado.

Ao enfatizar o fato de que a estrutura lógica da mente humana é comum a toda a espécie *Homo sapiens*, não queremos afirmar que essa mente humana como a conhecemos é a única ou a melhor ferramenta mental possível que pode ser imaginada, que já foi pensada ou que existirá. Na Epistemologia, assim como em outras ciências, não lidamos nem com a eternidade nem com condições em partes do universo de onde nenhum sinal chegue à nossa órbita, nem com o que poderá acontecer nos evos futuros. Talvez existam, em algum lugar do universo, serem cujas mentes sejam superiores às nossas da mesma maneira como nossas mentes superam as dos insetos. Talvez existirão seres que nos olharão com a mesma condescendência com que olhamos para uma ameba, mas o pensamento científico não pode tolerar tais imagens. É obrigado a limitar-se àquilo que é acessível à mente humana como ela é.

3 - O *A PRIORI*

Ninguém anula o significado cognitivo de um *a priori* por qualificá-lo como tautológico. Uma tautologia deve *ex definitione* ser a reafirmação de algo já dito anteriormente. Caso classifiquemos a geometria euclidiana como um sistema hierárquico de tautologias, podemos dizer: o teorema de Pitágoras é tautológico ao simplesmente expressar algo que já está implícito na definição de triângulo retângulo.

A questão, no entanto, é: como chegamos à primeira proposição – a básica – da qual a segunda proposição – a derivada – é mera tautologia? No caso das várias geometrias as respostas dadas hoje são: (a) por uma escolha arbitrária ou (b) por conta da conveniência ou adequação. Tal resposta não pode ser dada no que diz respeito à categoria da ação.

Também não podemos interpretar nosso conceito de ação como um precipitado da experiência. Faz sentido falar de experiência nos casos em que algo diferente daquilo que foi experimentado *in concreto* possivelmente seria o esperado antes da experiência. A experiência nos diz algo que não sabíamos antes e que não poderíamos aprender senão ao fazer aquela experiência. O traço característico, contudo, do conhecimento *a priori* é não podermos pensar a verdade de sua negação ou algo que poderia estar em desacordo com ele. O que o *a priori* expressa está necessariamente implícito em cada proposição que diga respeito ao assunto em tela. Está suposto em todo o pensar e em todo o agir.

Se qualificarmos um conceito ou uma proposição como *a priori*, queremos indicar: primeiro, que a negação daquilo que ela afirma é impensável para a mente humana e lhe parecerá um despropósito; segundo, que esse conceito ou proposição *a priori* está necessariamente contido em nosso modo mental de abordar todos os problemas concernentes, isto é, no pensar e no agir referentes a tais problemas.

As categorias *a priori* são um equipamento mental por meio do qual o homem é capaz de pensar, experimentar e, assim, adquirir conhecimento. Sua verdade ou validade não podem ser provadas ou refutadas como ocorre nas proposições *a posteriori*, pois são precisamente o instrumento que nos permite distinguir o que é verdadeiro ou válido daquilo que não o é.

O que sabemos é o que a natureza ou a estrutura dos sentidos e da mente nos torna compreensível. Vemos a realidade não como ela "é" e pode parecer a um ser perfeito, mas somente como a qualidade da razão e dos sentidos nos permite vê-la. O empirismo radical e o positivismo não querem admitir isso.

Do modo como a descrevem, a realidade escreve, assim como a experiência, a própria história em tábulas rasas da mente humana. Admitem que os sentidos são imperfeitos e que não refletimos plena e fidedignamente a realidade. No entanto, não analisam a capacidade da mente de produzir, do material dado pela sensação, uma representação não distorcida da realidade. Ao lidar com o *a priori*, ocupamo-nos das ferramentas mentais que nos permitem experimentar, aprender, conhecer e agir. Lidamos com a capacidade da mente e isso sugere que ocupemo-nos dos limites de tal competência.

Nunca devemos esquecer que a representação da realidade do universo está condicionada pela estrutura de nossa mente/razão, bem como de nossos sentidos. Não podemos evitar a hipótese de que há características da realidade ocultas de nossas faculdades mentais, mas que podem ser percebidas por seres equipados de mentes mais eficazes e, certamente, por um ser perfeito. Devemos tentar tomar ciência dos traços distintivos e das limitações de nossa razão para não nos tornarmos vítimas da ilusão da onisciência.

A arrogância positivista de alguns dos precursores do positivismo moderno manifesta-se de modo deveras flagrante na máxima: *Deus é um matemático*. Como mortais, dotados de sentidos manifestamente imperfeitos, reivindicam para a própria mente a faculdade de conceber o universo da mesma maneira como aquele que é total perfeição pode concebê-la? O homem não pode analisar as características essenciais da realidade sem a ajuda oferecida pelas ferramentas da Matemática, mas será o mesmo com o ser perfeito?

Afinal, é desnecessário perder tempo em controvérsias sobre o *a priori*. Ninguém nega ou pode negar que não há raciocínio humano ou busca humana pelo conhecimento que possa prescindir daquilo que esses conceitos, categorias e proposições *a priori* nos informam. Nenhum subterfúgio pode afetar minimamente o papel fundamental desempenhado por essa categoria de ação para todos os problemas da ciência do homem, para a Praxiologia, para a Economia e para a História.

4 - A Representação *a priori* da Realidade

Nenhum pensamento ou ação seria possível ao homem se o universo fosse caótico, isto é, se não houvesse regularidade alguma na sucessão ou concatenação dos acontecimentos. Em tal mundo de contingência ilimitada nada pode ser observado, a não ser a incessante mudança caleidoscópica. Não existiria para o homem a possibilidade de ter nenhuma expectativa. Toda a experiência seria apenas histórica, o registro daquilo que aconteceu no passado. Não seria permitida nenhuma inferência dos acontecimentos passados sobre o que pode acontecer no futuro. Por consequência, o homem não poderia agir. Seria, na melhor das hipóteses, um espectador passivo e não seria capaz de programar nada para o futuro, mesmo que fosse apenas para o futuro do instante iminente. A primeira conquista básica do pensamento é a ciência de relações constantes entre os fenômenos externos que afetam nossos sentidos. Um apanhado de acontecimentos que são regularmente relacionados de determinado modo a outros acontecimentos é chamado de uma coisa específica e, como tal, é distinto de outras coisas específicas. O ponto de partida para o conhecimento experimental é a noção de que um A é uniformemente seguido por um B. A utilização desse conhecimento, seja para a produção de B ou para evitar o surgimento de B é chamado de ação. O objetivo primário da ação tanto é realizar B como evitar que ele aconteça.

O que quer que os filósofos possam dizer a respeito da causalidade, resta o fato de que nenhuma ação pode ser executada por homens, caso não seja guiada por ela. Também não podemos conceber uma mente que não esteja ciente do nexo de causa e efeito. Nesse sentido, podemos falar de causalidade como uma categoria ou um *a priori* do pensamento e da ação.

Ao homem ansioso por remover, via conduta intencional, alguma inquietação sentida, sobrevém a questão: onde, como e quando seria necessário interferir na ordem para obter um determinado resultado? O conhecimento da relação entre causa e efeito é o primeiro passo rumo à orientação do homem no mundo e é a condição intelectual de qualquer atividade bem-sucedida. Todas as tentativas de encontrar um fundamento lógico, epistemológico ou metafísico satisfatório para a categoria da causalidade está fadado ao fracasso. Tudo o que podemos dizer acerca da causalidade é que é um *a priori* não só do pensamento do homem, mas da ação humana.

Filósofos célebres tentaram elaborar uma lista exaustiva de categorias *a priori*, as condições necessárias da experiência e do pensamento. Ninguém pode desmerecer essas tentativas em análises e sistematizações, caso perceba que qualquer que seja a solução proposta, ela nos deixa uma grande margem para o arbítrio do pensador individual. Só existe um ponto sobre o qual não pode haver nenhuma desavença, a saber, de que todas essas soluções podem ser reduzidas a uma percepção *a priori* sobre a regularidade na sucessão de todos os fenômenos do mundo externo observáveis. Num universo em que falte essa regularidade não poderá existir pensamento algum e nada poderá ser experimentado, visto que a experiência é a consciência da identidade ou de ausência de identidade naquilo que é percebido. É o primeiro passo para a classificação dos acontecimentos. E o conceito de classes seria vazio e inútil se não existisse regularidade.

Se não existe regularidade, seria impossível recorrer à classificação e a construir uma linguagem. Todas as palavras significam uma coleção de regularidades unidas por atos de percepção de relações regulares entre tais coleções. Isso também é válido para a linguagem da Física, que os positivistas querem elevar ao patamar de linguagem universal da ciência. Num mundo sem regularidade não haveria possibilidade alguma de formular "sentenças protocolares"[19]. Mesmo se, todavia, isso pudesse ser feito, tal "linguagem protocolar" não seria o ponto de partida da ciência da Física. Seria, simplesmente, a expressão de fatos históricos.

Se não existe regularidade alguma, nada pode ser aprendido da experiência. Ao proclamar a experiência como

---

[19] Sobre as *"sentenças protocolares"* [protocol language], ver: CARNAP, Rudolf. "Die physikalische Sprache als Universalsprache der Wissenschaft". *Erkenntnis*, II (1931), 432-65. Ver, também: CARNAP, Rudolf. "Über Protokollsätze". *Erkenntnis*, III (1932/33), 215-28.

o principal instrumento de aquisição do conhecimento, o empirismo, implicitamente, reconhece os princípios da regularidade e da causalidade. Quando o empirista se refere à experiência, isso significa: como A no passado era seguido de B, e como pressupomos que prevalece uma regularidade na concatenação e sucessão de acontecimentos naturais, esperamos que A também, no futuro, seja seguido por B. Portanto, há uma diferença fundamental entre o significado da experiência no campo dos acontecimentos naturais e no campo da ação humana.

5 - Indução

O raciocínio é sempre dedutivo. Isso estava implicitamente admitido em todas as tentativas de justificar a indução ampliativa por demonstrar ou provar sua legitimidade lógica, isto é, por oferecer uma interpretação dedutiva da indução. A situação difícil do empirismo consiste exatamente no fracasso em explicar de modo satisfatório como é possível inferir dos fatos observados algo referente a fatos ainda não observados.

Todo conhecimento humano a respeito do universo pressupõe e se baseia no reconhecimento de regularidades na sucessão e concatenação de eventos observáveis. Seria vã a busca por uma regra se não existir regularidade. A inferência indutiva é conclusão a partir das premissas que, invariavelmente, incluem a proposição fundamental da regularidade.

O problema prático da indução ampliativa deve ser manifestamente diferenciado do problema lógico. Os que se envolvem na inferência indutiva se deparam com o problema da amostragem correta. Devemos ou não, de inúmeras características dos casos individuais ou dos casos observados, escolher aquelas que não relevantes para a produção do efeito em questão? Sérias falhas dos esforços para aprender algo sobre o estado da realidade, seja na busca terrena pela verdade no dia a dia ou uma pesquisa científica sistemática, estão sujeitas a erro nessa escolha. Nenhum cientista tem dúvidas de que aquilo que é *corretamente* observado em um caso deva também ser observado em todos os outros casos, dadas as mesmas condições. O propósito dos experimentos laboratoriais é observar os efeitos da mudança em um fator somente, permanecendo imutáveis todos os demais fatores. O sucesso ou o fracasso de tais experimentos pressupõem, é claro, o controle de todas as condições que compõem esse arranjo. As conclusões derivadas da experimentação não são baseadas na repetição do mesmo arranjo, mas na hipótese de que o que aconteceu em um caso deva necessariamente ocorrer em todos os outros casos do mesmo tipo. Seria impossível inferir o que quer que fosse de um caso ou de uma série inumerável de casos sem essa hipótese, que pressupõe a categoria *a priori* da regularidade. A experiência é sempre a experiência de acontecimentos passados e nada pode nos ensinar sobre acontecimentos futuros se a categoria da regularidade fosse apenas uma vã suposição.

A abordagem probabilística dos panfisicalistas ao problema da indução é uma tentativa abortada de lidar com a indução sem referência à categoria da regularidade. Se não levarmos em conta a regularidade não há nenhum motivo para inferir de qualquer coisa de que o que aconteceu no passado acontecerá no futuro. Assim que começarmos a prescindir da categoria da regularidade, todo o esforço científico parecerá inútil, e a busca pelo conhecimento daquilo que é popularmente conhecido como "leis da natureza" se tornará sem sentido e fútil. O que é a ciência natural senão a regularidade sobre o fluxo dos acontecimentos?

A categoria da regularidade, todavia, é rejeitada pelos defensores do positivismo lógico. Julgam que a Física moderna levou a resultados incompatíveis com a doutrina de uma regularidade universalmente predominante e demonstrou o que é considerado pela "escola filosófica" como a manifestação de uma regularidade necessária e inexorável é apenas o produto de um grande número de ocorrências atômicas. Na esfera microscópica, dizem, não há nenhuma regularidade. O que os físicos macroscópicos costumam considerar como o resultado de uma operação de regularidade estrita é apenas o resultado de um grande número de processos elementares meramente acidentais. As leis da física macroscópica não são leis severas, mas, na verdade, leis estatísticas. Poderia ocorrer que fatos na esfera microscópica produzissem, na esfera macroscópica, fatos diferentes dos descritos simplesmente pelas leis da estatística da física macroscópica, embora admitam a probabilidade de tal ocorrência seja muito pequena. Argumentam, contudo, que o conhecimento dessa possibilidade derruba a ideia de que prevalece no universo uma regularidade estrita na sucessão e concatenação de todos os acontecimentos. As categorias da regularidade e da causalidade devem ser abandonadas e substituídas pelas leis da probabilidade[20].

É verdade que os físicos de nossa época são confrontados com o comportamento, por parte de algumas entidades, que não podem descrever como o resultado de uma regularidade discernível. Entretanto, essa não é a primeira vez em que a ciência enfrenta tal problema. A busca humana pelo conhecimento sempre deve encontrar algo que não pode remontar a outra coisa de que pareceria um efeito necessário. Há sempre, na ciência, um dado último. Para os físicos contemporâneos, o comportamento dos átomos parece ser um dado último. Os físicos, hoje, esforçam-se em vão para reduzir certos processos atômicos a suas causas. Os maravilhosos feitos da Física em nada ficam diminuídos ao afirmarmos que este estado de coisas é aquilo que comumente chamado de ignorância.

O que torna possível à mente humana se orientar na multiplicidade desconcertante dos estímulos externos que afetam nossos sentidos e adquirir o que é chamado de conhecimento e para desenvolver as ciências naturais é o conhecimento da regularidade e da uniformidade inevitáveis predominantes na sucessão e na concatenação de tais acontecimentos. O critério que nos induz a distinguir várias classes de coisas é o comportamento dessas coisas. Se uma coisa, em um aspecto, se comporta (reage a um determinado estímulo) de modo diferente de outra coisa a que se assemelha em todos os outros aspectos, ela deve ser nomeada em uma classe diferente.

---

[20] Cf. REICHENBACH, Hans. *The Rise of Scientific Philosophy*. Op. cit., p. 157 ss.

Podemos olhar o comportamento das moléculas e dos átomos que estão na base das doutrinas probabilísticas, sejam como elementos originais, sejam como derivados de outros elementos da realidade. Não importa qual alternativa escolhamos. Em qualquer um dos casos o comportamento dessas partículas é resultado de sua própria natureza (para dizer de modo mais correto: é o comportamento que constitui o que chamamos de própria natureza). Como vemos, existem classes diferentes dessas moléculas e átomos. Não são uniformes, e o que chamamos de moléculas e átomos são grupos compostos de vários subgrupos de cada um desses membros, os quais, de alguma maneira, diferem em comportamento dos membros de outros subgrupos. Caso o comportamento dos membros dos vários subgrupos fossem diferentes daquilo que são ou se a distribuição numérica dos membros do subgrupo fosse diferente, o efeito conjunto produzido pelo comportamento de todos os membros do grupo também seria diferente. Esse efeito é determinado por dois fatores: o comportamento específico dos membros de cada subgrupo e o tamanho dos membros do subgrupo.

Caso os proponentes da doutrina probabilística da indução tivessem reconhecido o fato de que existem vários subgrupos de entidades microscópicas, teriam percebido que o efeito conjunto da operação dessas entidades resulta naquilo que a doutrina macroscópica chama de uma lei que não admite exceção. Teriam de ter confessado que não sabemos atualmente por que os subgrupos diferem uns dos outros em alguns aspectos e como, da interação dos membros dos vários subgrupos, emerge um determinado efeito conjunto na esfera macroscópica. Em vez desse procedimento, imputam arbitrariamente às moléculas individuais e aos átomos a faculdade de escolher entre várias alternativas de comportamento. A doutrina deles não difere essencialmente do animismo primitivo. Assim como os primitivos imputava, à "alma" do rio o poder de escolher entre fluir suavemente no próprio leito ou inundar os campos adjacentes, da mesma maneira eles acreditam que essas entidades microscópicas estão livres para determinar algumas características no próprio comportamento, como por exemplo, a velocidade e a órbita do movimento. Na filosofia deles está implícito que essas entidades microscópicas são agentes da mesma maneira que os homens.

No entanto, mesmo que fôssemos aceitar essa interpretação, não devemos esquecer que a ação humana é totalmente determinada pelo equipamento psicológico dos indivíduos e por todas as ideias que estão agindo nessas mentes. Como não temos motivo algum para pressupor que essas entidades microscópicas são dotadas de uma mente capaz de gerar ideias, devemos presumir que aquilo que é chamado de escolha corresponde necessariamente à estrutura física e química dessas partículas. O átomo ou molécula individuais se comportam num determinado ambiente e sob determinadas condições exatamente como a estrutura lhes ordena. A velocidade e a órbita dos movimentos e a reação a quaisquer encontros com fatores externos às suas naturezas ou estruturas são estritamente determinadas por essa natureza ou estrutura. Se a pessoa não aceita essa interpretação, se entrega ao absurdo da hipótese metafísica de que essas moléculas e átomos são dotados de livre arbítrio no sentido em que as doutrinas indeterministas mais radicais e simples atribuem ao homem.

Bertrand Russell tenta ilustrar o problema ao comparar a posição da mecânica quântica com relação ao comportamento dos átomos com a da estrada de ferro com relação ao comportamento das pessoas que utilizam suas instalações. O bilheteiro em Paddington pode descobrir, se quiser, que proporção de viajantes saem daquela estação e se dirigem a Birmingham, qual a proporção que vai para Exeter e assim por diante, mas ele nada sabe das razões individuais que levam a uma escolha em um caso e a outra escolha, noutro caso. Russell tem de admitir, todavia, que os casos não são "completamente análogos" porque o bilheteiro pode, nos momentos fora do trabalho, descobrir coisas sobre os seres humanos que estes não mencionam ao comprar passagens, ao passo que o físico, ao observar os átomos não tem essa vantagem[21]

É característico do raciocínio de Russell que ele exemplifique esse caso ao referir-se à mente de um funcionário subalterno para quem é ordenado o desempenho invariável de um número estritamente limitado de operações simples. O que tal homem (cujo trabalho pode muito bem ser executado por uma máquina automática de venda de bilhetes) pensa a respeito das coisas que transcendem a esfera estrita de suas tarefas não tem proveito. Para os fundadores que tomam a iniciativa de promover o projeto da estrada de ferro, para os capitalistas que investem na empresa e para os gerentes que

---

[21] RUSSELL, Bertrand. *Religion and Science*. London: Home University Library, 1936. p.152 ss.

administram as operações, os problemas surgem sob uma luz bem diferente. Constroem e operam uma estrada de ferro porque preveem o fato de que existem determinados motivos que levarão a um determinado número de pessoas a viajar de um ponto a outro do percurso. Sabem as condições que determinam o comportamento dessas pessoas, sabem também que essas condições são mutáveis, e que têm a intenção de influenciar o tamanho e a direção dessas mudanças para preservar e aumentar o patrocínio e o resultado das vendas do empreendimento. A conduta dos negócios não tem nenhuma relação com uma confiança na existência de uma mística "lei estatística". É guiado pela percepção de que existe uma demanda latente por terminais de deslocamento por parte de um determinado número de pessoas que pagam para isso ser satisfeito pela operação de uma estrada de ferro. Estão plenamente conscientes do fato de que a quantidade de serviço que são capazes de vender pode, um dia, ser reduzida de modo drástico de modo que sejam forçados a largar o negócio.

Bertrand Russell e outros positivistas ao se referirem àquilo que chamam de "leis estatísticas" cometem um erro grave ao discorrer sobre as estatísticas humanas, isto é, estatísticas que lidam com os fatos da ação humana, distintos dos fatos da fisiologia humana. Não levam em conta que essas cifras estatísticas estão em contínua mudança, às vezes de modo mais rápido, outras vezes mais lentamente. Existem avaliações humanas e, por consequência, nas ações humanas não existe tal regularidade como no campo pesquisado pelas ciências naturais. O comportamento humano é guiado por motivos. O historiador, ao lidar com o passado, bem como o empresário, decidido a prever o futuro, devem tentar "compreender" esse comportamento[22].

Se os historiadores e os indivíduos que agem não forem capazes de aplicar essa compreensão específica ao comportamento dos demais seres humanos e, se as ciências naturais e os agentes não estão em posição de aprender algo sobre a regularidade na concatenação e sucessão dos fatos naturais, o universo lhes parecerá como um caos ininteligível e não poderão, por nenhum meio, planejar a consecução de fins. Não haverá raciocínio, conhecimento ou ciência e não existirá nenhuma influência intencional, por parte do homem, nas condições ambientais.

As ciências naturais só são possíveis porque nela prevalece a regularidade na sucessão de acontecimentos externos. É claro que existem limites ao que o homem pode aprender sobre a estrutura do universo. Há coisas que não podem ser observadas e relações sobre as quais a ciência até agora não ofereceu uma interpretação. No entanto, a consciência desses fatos não falsifica as categorias da regularidade e da causalidade.

6 - O Paradoxo do Empirismo de Probabilidade

O empirismo proclama que a experiência é a única fonte de conhecimento humano e rejeita como predisposição metafísica a ideia de que toda a experiência pressupõe categorias *a*

---

[22] Sobre essa "compreensão" ver, mais adiante: "Necessidade e Volição". p. 173 ss.

priori. Ao partir, todavia, da abordagem empiricista, postula a possibilidade de acontecimentos que nunca foram experimentados por nenhum homem. Assim, nos é dito, a Física não pode excluir a possibilidade de que *"ao colocarmos um cubo de gelo em um copo d'água, a água comece a ferver e o cubo de gelo fique tão frio quanto o interior de uma câmara frigorífica"*[23].

No entanto, esse neoempirismo está longe de ser consistente na aplicação dessa doutrina. Se não existe nenhuma regularidade na natureza, nada justifica a distinção entre as várias classes de coisas e fatos. Se alguém chama algumas moléculas de oxigênio e outras de nitrogênio, podemos concluir que cada membro dessas classes se comporta de um modo bastante diferente do comportamento dos membros de outras classes. Se uma pessoa pressupõe que o comportamento de uma molécula individual pode se desviar do modo como outra molécula se comporta, essa pessoa deve atribuí-la a uma classe especial ou deve pressupor que esse desvio foi induzido pela intervenção de algo a que outros membros dessa classe não foram expostos. Se alguém disser que não pode excluir a possibilidade de que "um dia as moléculas do ar em nosso cômodo, por puro acaso, cheguem a tal estado ordenado que as moléculas de oxigênio fiquem de um lado e as de nitrogênio de outro"[24], podemos concluir que não há nada nem na natureza do oxigênio, nem no nitrogênio e nem no ambiente em que estão que resultem no modo como estão distribuídos no ar. Essa pessoa

---

[23] Cf. REICHENBACH, Hans. *The Rise of Scientific Philosophy*. Op. cit., p. 162.
[24] Idem. *Ibidem.*, p. 161.

pressupõe que o comportamento das moléculas individuais em todos os outros aspectos está determinado pela sua constituição, mas que são "livres" para escolher o local em que residirão. O pressuposto, bastante arbitrário, é que uma característica das moléculas, a saber, o movimento, não é determinado, ao passo que todas as outras características o são. Isso significa que existe alguma coisa na natureza das moléculas — e podemos ficar tentados a dizer, na "alma" — que lhes confere a faculdade de escolher o caminho de suas andanças. Deixamos de perceber que a descrição completa do comportamento das moléculas também deve incluir os movimentos. Tem de lidar com o processo que faz com que as moléculas de oxigênio e de nitrogênio se associem do modo como o fazem no ar.

Se Reichenbach tivesse sido contemporâneo dos magos e dos médicos das tribos, teria argumentado: algumas pessoas são atingidas por uma doença ao apresentar determinados sintomas que as matam; outras permanecem vivas e saudáveis. Não sabemos de nenhum fator cuja presença cause o sofrimento dos acometidos pela doença e cuja ausência causaria a imunidade dos outros. É óbvio que esses fenômenos não podem ser cientificamente tratados se nos aferrarmos ao conceito supersticioso de causalidade. Tudo o que podemos saber a esse respeito é a "lei estatística" de que x% da população foi afetada e o restante não foi.

7 - O Materialismo

O determinismo deve ser claramente distinto do materialismo. O materialismo declara que os únicos fatores que produzem mudança são os que estão acessíveis à inquirição pelos métodos das ciências naturais. Não nega, necessariamente, o fato de que as ideias humanas, os juízos de valor e as vontades também sejam reais e possam produzir determinadas mudanças. Ainda que não negue isso, contudo, afirma que esses fatores ideais são o resultado inevitável de fatos externos que, necessariamente, produzem na estrutura corporal humana determinadas reações. É apenas uma deficiência do atual estado das ciências naturais que nos impede de imputar todas as manifestações da mente humana ao material – físico, químico, biológico e fisiológico –, aos acontecimentos que lhes fizeram aparecer. Um conhecimento mais perfeito, dizem, nos mostrará como os fatores materiais produziram, de modo necessário, no homem Maomé (†632), a religião muçulmana; no homem Descartes (1596-1650), as coordenadas cartesianas; e no homem Racine (1639-1699), *Fedra*.

É inútil argumentar com os defensores de uma doutrina que simplesmente estipula um programa sem indicar como ele possa ser efetivado. O que pode ser feito e deve ser feito é revelar como tais mensageiros se contradizem e quais consequências devem resultar da aplicação consistente desses princípios.

Se o surgimento de cada ideia for tratado do modo como lidamos com o surgimento de todos os outros acontecimentos naturais, não será mais permitido traçar distinção entre proposições verdadeiras e falsas. Assim, os teoremas de Descartes não são nem melhores nem piores que a confusão nos exames finais de Pedro, um candidato a diploma não muito brilhante. Os fatores materiais não erram. Produziram em Descartes as coordenadas cartesianas e, no homem Pedro, algo que seu professor, um homem não iluminado pelo evangelho do materialismo, considera um disparate. Entretanto, o que autoriza esse professor a se posicionar como juiz da natureza? Quem são os filósofos materialistas para condenar o que os fatores materiais produziram nos corpos dos filósofos "idealistas"?

Seria inútil para os materialistas apontar a distinção pragmatista entre o que funciona e o que não funciona, visto que essa discussão introduz, na cadeia de raciocínio, um fator estranho às ciências naturais, a saber, a finalidade. Uma doutrina ou proposição funciona se a conduta por ela direcionada resultar no fim pretendido. A escolha da finalidade, todavia, não é determinada pelas ideias, ela é em si mesma um fato mental. Da mesma maneira o é o juízo de se o fim escolhido foi alcançado ou não. Para o materialismo consistente não é possível distinguir entre a ação intencional e a vida vegetativa, como a de uma planta.

Os materialistas pensam que sua doutrina apenas elimina a distinção entre o que é moralmente bom do que é moralmente mau. Deixam de perceber que ela apaga qualquer diferença entre o que é verdadeiro e o que é falso, privando, assim, todos os atos mentais de significado. Se não há interposição entre as "coisas reais" do mundo exterior e os atos mentais, nada pode ser visto como algo essencialmente diferente da obra das forças descritas pelas ciências naturais tradicionais. Então, devemos tolerar esses fenômenos mentais da mesma maneira que reagimos aos acontecimentos naturais. Numa doutrina que afirma que os pensamentos estão para o cérebro assim como a bile está para o fígado[25], não é mais permitido traçar distinções entre ideias verdadeiras e falsas que entre a bile verdadeira e a falsa.

8 - O Absurdo de Qualquer Filosofia Materialista

As dificuldades intransponíveis com que qualquer interpretação materialista da realidade se depara podem ser apresentadas na análise da mais popular das filosofias materialistas, o materialismo dialético marxista.

É claro que o que é chamado de materialismo dialético não é uma doutrina materialista verdadeira. No contexto marxista, o fator que produz todas as mudanças nas condições ideológicas e sociais da história do homem são "as forças produtivas materiais". Nem Karl Marx (1818-1883), nem seus seguidores definiram esse termo. No entanto, de todos os exemplos dados devemos inferir que o que tinham em mente eram as ferramentas, as máquinas e outros artefatos que os homens empregam nas atividades produtivas. Esses instrumentos, contudo, por si sós, não são as matérias supremas, mas produtos de um processo mental intencional[26]. O marxismo, entretanto, é a única tentativa de levar uma doutrina

---

[25] VOGT, Karl. *Köhlerglaube und Wissenschaft*. 2 ed. Giessen, 1855. p. 32.
[26] MISES, Ludwig von. *Teoria e História. Op. cit.*, p. 90 ss.

materialista ou quase-materialista além da mera enunciação do princípio metafísico e a deduzir disso todas as demais manifestações da mente humana. Assim, devemos nos referir ao marxismo, caso queiramos demonstrar a falha fundamental do materialismo.

Como Marx observa, as forças produtivas materiais geram – independente da vontade dos homens – as "relações de produção", isto é, o sistema social de leis de propriedade e a sua "superestrutura ideológica", ou seja, as ideias jurídicas, políticas, religiosas, artísticas e filosóficas[27]. Nesse esquema, ação e volição são imputadas às forças produtivas materiais. Querem alcançar um determinado objetivo, a saber, querem se livrar dos grilhões que impedem o desenvolvimento. Os homens se equivocam ao acreditar que pensam por si mesmos, que lançam mão de juízos de valor e agem. Na verdade, a produção de relações, o efeito necessário do estágio dominante das forças produtivas materiais é a determinação das ideias, das vontades e das ações. Todas as mudanças históricas são, em última instância, produzidas pelas mudanças nas forças produtivas materiais que, como supõe Marx, são independentes da influência humana. Todas as ideias humanas são a superestrutura adequada das forças produtivas materiais. Essas forças pretendem, por fim, a instituição do socialismo, a transformação que necessariamente virá "com a inexorabilidade de uma lei da natureza".

---

[27] Cf. MARX, Karl. *Zur Kritik der politischen Oekonomie*. Ed. Kautsky. Stuttgart, 1897. p. x-xii.

Agora, por uma questão argumentativa, admitamos que as forças produtivas materiais têm uma constituição tal que estejam constantemente tentando se livrar dos grilhões que impedem o próprio desenvolvimento. Por que dessas tentativas deve emergir primeiro o capitalismo e, num estágio posterior, o socialismo? Será que essas forças refletiram a respeito dos próprios problemas e, por fim, chegaram à conclusão de que as relações de propriedade existentes, por elas mesmo terem sido formas de desenvolvimento (em outras palavras, por terem sido "forças"), tornaram-se grilhões[28] e, portanto, não correspondem mais ("*entsprechen*") ao presente estágio das ("forças") de desenvolvimento[29]? E se elas, tendo por base esse *insight*, resolverem que os grilhões têm de "ser rompidos" e assim começarem a agir de modo a rompê-los? Será que elas determinarão que novas relações de produção têm de assumir o lugar das que foram destruídas?

O absurdo de imputar tal pensamento e ação às forças produtivas materiais é tão flagrante que o próprio Marx prestou pouca atenção à famosa doutrina quando, posteriormente, no seu principal tratado, *O Capital*, fez um prognóstico mais específico sobre a chegada do socialismo. Nessa obra refere-se não só à ação por parte das forças produtivas materiais. Fala das massas proletárias que, insatisfeitas com o empobrecimento progressivo que o capitalismo supostamente

---

[28] Idem, *ibidem*, p. xi.
[29] MARX, Karl & ENGELS, Friedrich. *Manifesto do Partido Comunista*. I.

traz, visam o socialismo, obviamente por considerarem um sistema mais satisfatório[30].

Todas as variedades de metafísica materialista ou quase-materialista devem sugerir a conversão de um fator inanimado em quase-humano e atribuir-lhe o poder de pensar, de fazer juízos de valor, de escolher e de recorrer a meios de atingir aos fins que escolher. Deve transferir a faculdade especificamente humana de agir para uma entidade não humana implicitamente dotada de inteligência e discernimento. Não há como eliminar da análise do universo qualquer referência à razão. Os que tentaram simplesmente colocaram no lugar da realidade uma ilusão mental inventada por eles mesmos.

Do ponto de vista do materialismo professado por Marx – e, nesse quesito, do ponto de vista de qualquer doutrina materialista –, ele não tinha o direito de rejeitar como falsa nenhuma doutrina desenvolvida por aqueles que dele discordavam. Seu materialismo lhe teria prescrito uma espécie de reconhecimento apático de qualquer opinião e uma prontidão para atribuir a cada ideia gerada por um ser humano o mesmo valor de qualquer outra ideia desenvolvida por alguém. Para escapar de um fim tão autoderrotado, Marx recorreu ao esquema da filosofia da história. Pretextou que, por força de um carisma especial, negado a qualquer outro mortal, ele tivera a revelação que lhe disse qual curso a história deveria, necessária e inevitavelmente, tomar. A história rumava

---

[30] MARX, Karl. *Das Capital*. 7 ed. Hamburg, 1914. Vol. I. Cap. xxiv. p. 728. Para uma análise crítica dessa argumentação, ver: MISES, Ludwig von. *Teoria e História*. *Op. cit.* p. 87 ss.

para o socialismo. O sentido da história, o propósito para o qual o homem foi criado (e não disse por quem) é tornar o socialismo real. Não há necessidade de prestar atenção às ideias das pessoas que não entendam essa mensagem ou que obstinadamente se recusem a acreditar.

O que a epistemologia tem a aprender desse estado de coisas é que qualquer doutrina que ensine que forças "reais" ou "externas" escrevem a própria história na mente humana e que, portanto, tente reduzir a mente humana a um aparato que transforma "realidade" em ideias, da mesma maneira que órgãos digestivos assimilam o alimento, é inútil para distinguir entre o que é ou não verdadeiro. A única maneira de evitar o ceticismo radical incapaz de separar cuidadosamente a verdade da falsidade nas ideias é distinguir entre homens "bons", ou seja, aqueles dotados da faculdade de julgar em conformidade com a misteriosa capacidade sobrehumana que dirige todas as coisas no universo e os homens "maus", aos quais falta essa capacidade. Devem ser consideradas inadequadas quaisquer tentativas dos homens "maus" de mudança de opinião por intermédio do raciocínio discursivo e da persuasão. O único meio de encerrar o conflito de ideias antagônicas é exterminar os homens "maus", ou seja, os portadores de ideias diferentes daquelas dos homens "bons". Assim, o materialismo finalmente gera os mesmos métodos de lidar com os dissidentes que os tiranos sempre utilizaram em todos os lugares.

Ao reconhecer esse fato, a epistemologia oferece uma indicação para compreender a história de nossa época.

Capítulo

2

1 - Homem e Ação

O traço característico do homem é a ação. O homem visa mudar algumas das condições de seu ambiente para substituir um conjunto de situações menos condizentes por uma situação que mais lhe convenha. Todas as manifestações de vida e de comportamento com relação às quais o homem difere de outros seres e coisas conhecidas são instâncias de ação e somente podem ser tratadas com o que podemos chamar de um ponto de vista ativo. O estudo do homem, posto que não seja biologia, começa e termina com o estudo da ação humana.

A ação é uma conduta intencional. Não é apenas conduta, mas condutas geradas por juízos de valor, visando um fim definido e

O Fundamento Ativo do Conhecimento

guiadas por ideias relativas à adequação ou inadequação de determinados meios. É impossível lidar com isso sem as categorias da causalidade e da finalidade. É conduta consciente. É escolha, é volição; é a demonstração da vontade.

A ação é, por vezes, vista como uma variação humana da luta pela sobrevivência comum a todos os seres vivos. No entanto, o termo "luta pela sobrevivência" como aplicada aos animais e às plantas é uma metáfora. Seria um erro inferir o que fosse desse uso. Ao aplicar literalmente o termo *luta* aos animais e plantas, estaríamos dotando-os do poder de tomar ciência dos fatores que ameaçam a existência, da vontade de preservar a própria integridade, e da faculdade mental de encontrar os meios de sua preservação.

Visto de uma perspectiva ativa, o conhecimento é uma ferramenta da ação. Sua função é informar ao homem como deve proceder nos seus empreendimentos para remover a intranquilidade. Nos estágios mais turbulentos da evolução do homem, das condições da era da pedra àquelas da época do capitalismo moderno, a inquietude também é sentida pela mera prevalência da ignorância a respeito da natureza e do significado de todas as coisas, não importando se o conhecimento desses fundamentos seria de uso prático para qualquer planejamento tecnológico. Viver em um universo cuja estrutura não é familiar para a pessoa, gera um sentimento de ansiedade. Livrar-se dessa angústia e conferir certeza aos homens sobre as coisas últimas tem sido, desde o início, a preocupação da religião e da metafísica. Mais tarde, a filosofia do Iluminismo e as escolas subsidiárias prometeram que as ciências naturais solucionariam todos os problemas envolvidos. De qualquer modo, é fato que preocupar-se com a origem e a essência das coisas, a natureza do homem e seu papel no universo, é uma das preocupações de muitas pessoas. Visto desse ângulo, a simples busca do conhecimento, não motivada pelo desejo de melhorar as condições exteriores da vida, também é ação, isto é, um esforço para obter um conjunto mais desejável de situações.

Outra questão é se a mente humana está adaptada para a plena solução dos problemas relacionados. Pode ser questionado se a função biológica da razão é ajudar o homem em sua luta pela sobrevivência e para a eliminação do desconforto. Qualquer passo além dos limites esboçados por essa função, dizem, leva a fantásticas especulações místicas que não são passíveis de demonstração ou de refutação. A onisciência sempre é negada ao homem. Cada busca pela verdade deve, cedo ou tarde, mas inevitavelmente, levar a um dado irredutível[31].

A categoria da ação é a categoria fundamental do conhecimento humano. Abrange todas as categorias da lógica e a categoria da regularidade e da causalidade. Indica a categoria de tempo e a de valor. Envolve todas as manifestações específicas da vida humana como distintas das manifestações da estrutura fisiológica que o homem compartilha com outros animais. Ao agir, a mente do indivíduo se vê como algo diferente do meio, do mundo exterior, e tenta estudar esse mesmo ambiente para influenciar o curso dos acontecimentos que nele se dão.

2 - Finalidade

O que distingue o campo da ação humana do campo dos acontecimentos exteriores como os investigados pelas ciências naturais é a categoria da finalidade. Não sabemos de quaisquer causas finais que operem no que chamamos natureza. Sabemos, todavia, que o homem visa determinados objetivos escolhidos. Nas ciências naturais buscamos as relações constantes entre vários acontecimentos. Ao lidar com a ação humana, buscamos os fins que o ator quer ou quis alcançar e procuramos o resultado que sua ação acarretou ou acarretará.

---

[31] Ver: MISES, Ludwig von. *Necessidade e Volição* (Cap. III do presente livro). p. 180.

A clara distinção entre um campo da realidade sobre o qual o homem nada mais pode aprender senão aquilo que é descrito por uma regularidade concatenada e pela sucessão de acontecimentos, e um campo em que os esforços intencionais em busca dos fins escolhidos são conquistas de uma longa evolução. O homem, ele mesmo um ser agente, estava primeiramente inclinado a explicar todos os acontecimentos como manifestações da ação de seres que vivem de um modo que não é essencialmente diferente do nosso. O animismo imputa a todas as coisas do universo a faculdade de ação. Quando a experiência fez com que as pessoas abandonassem essa crença, ainda se presumia que Deus ou a natureza agissem de modo não diferente da ação humana. A emancipação desse antropomorfismo é um dos fundamentos epistemológicos da ciência natural moderna.

A filosofia positivista, que atualmente arroga-se o título de filosofia científica, acredita que essa rejeição do finalismo pelas ciências naturais significa a refutação de todas as doutrinas teológicas, bem como a dos ensinamentos das ciências da ação humana. Alega que as ciências naturais podem resolver todos os "enigmas do universo" e oferecem uma resposta supostamente científica para todas as questões que possam afligir a humanidade.

No entanto, as ciências naturais não contribuíram em nada para o esclarecimento dos problemas com os quais a religião tenta lidar. O repúdio do antropomorfismo ingênuo que imaginou um ser supremo como um ditador ou um relojoeiro foi um feito da Teologia e da Metafísica. Com relação à doutrina de que Deus é totalmente diferente do homem e que sua essência e natureza não podem ser apreendidas pelo homem mortal, as ciências naturais e a filosofia que delas derivam nada têm a dizer. O transcendente está além da região em que a física e a fisiologia nos informam. A lógica não pode provar nem refutar o núcleo das doutrinas teológicas. Tudo o que a ciência – salvo a História – pode fazer com relação a isso é expor as falácias das mágicas, superstições fetichistas e suas práticas.

Ao negar a autonomia das ciências da ação humana e a categoria de causas finais, o positivismo manifesta um postulado metafísico que não pode substanciar-se com nenhuma das descobertas dos métodos experimentais das ciências naturais. É um passatempo injustificado aplicar à descrição do comportamento do homem os mesmos métodos que as ciências naturais aplicam ao lidar com o comportamento dos ratos ou do ferro. Os mesmos acontecimentos exteriores produzem em homens diferentes e nos mesmos homens em épocas diferentes, reações diversas. As ciências naturais ficam desamparadas diante dessa "irregularidade". Seus métodos só podem lidar com acontecimentos que sejam regidos por padrões regulares. Além disso, não há espaço algum para concepções de significado, avaliação e finalidade.

3 - Avaliação

Avaliar é uma reação emocional do homem aos vários estados de seu meio, tanto o mundo externo quanto as condições psicológicas do próprio corpo. O homem distingue entre estados mais e menos desejáveis, como dizem os otimistas, ou entre males maiores ou menores, como os pessimistas estão prontos a dizer. O homem age quando acredita que a ação pode resultar na substituição de um estado menos desejável por um mais desejável.

O fracasso das tentativas de aplicar os métodos e os princípios epistemológicos das ciências naturais aos problemas da ação humana é motivado pelo fato de tais ciências não terem ferramentas para lidar com a avaliação de valor. Na esfera do fenômeno que estudam não há espaço para nenhum comportamento intencional. O próprio físico e sua pesquisa em Física são entidades fora da órbita que investiga. Os julgamentos de valor não podem ser percebidos por atitudes observacionais do experimentador e não podem ser descritos pelas sentenças protocolares da linguagem da Física. No entanto são, também da perspectiva das ciências naturais, um fenômeno verdadeiro, pois um elo necessário na corrente de acontecimentos que produzem um determinado fenômeno físico.

O físico pode, hoje, rir da doutrina que interpreta certos fenômenos como efeito de um *horror vacui*. Falha, todavia, em perceber que os postulados do panfisicalismo não são menos ridículos. Se eliminarmos qualquer referência a juízos de valor, é impossível dizer alguma coisa sobre as ações do homem, isto é, sobre todo o comportamento que não é simplesmente a consumação de processos fisiológicos que ocorrem no corpo humano.

4 - A Quimera da Ciência Unificada

O propósito de todos os tipos de positivismo é silenciar as ciências da ação humana. Para o bem da argumentação, devemos nos abster de analisar as contribuições do positivismo para a epistemologia das ciências naturais tanto com relação à originalidade quanto à solidez. Nem devemos ter de nos estender demasiadamente nos motivos que incitaram os ataques apaixonados de autores positivistas aos "procedimentos anticientíficos" da Economia e da História. Advogam certas reformas políticas, econômicas e culturais que, acreditam, trarão a salvação da humanidade e estabelecerão a felicidade eterna. Como não podem refutar a crítica devastadora que seus planos fantásticos recebem por parte dos economistas, querem suprimir a "ciência lúgubre".

O problema se o termo "ciência" deva ser aplicado somente às ciências naturais ou também à Praxiologia e à História é meramente linguístico e a solução difere nos usos das diferentes línguas. Em inglês, o termo "ciência", para muitas pessoas refere-se somente às ciências naturais[32]. No alemão é costume falar de *Geschichtswissenschaft* e a denominar vários

---

[32] Na obra *The Idea of History* (Oxford: Oxford University Press, 1946), afirma R. G. Collingwood (1889-1943): *"Há um emprego coloquial, como aquele em que 'hall' significa 'music hall' [sala de música] ou 'pictures', 'moving pictures' [filmes de cinema], segundo o qual 'ciência' significa 'ciência natural'"*. No entanto, *"na tradição do modo de falar europeu [...] ininterrupta até os dias de hoje, a palavra 'ciência' significa qualquer conjunto de conhecimentos organizado"* (p. 249). Sobre o uso francês, ver: LALANDE, André. *Vocabulaire technique et critique de la philosophie*. Paris: Presses Universitaires de France, 5ª ed., 1947. p. 933-40.

ramos da História de *Wissenchaft*, tais como *Literaturwissenschaft*, *Sprachwissenschaft*, *Kunstwissenschaft*, *Kriegwissenshaft*. Poderíamos refutar o problema como algo meramente verbal, como uma tergiversação vazia a respeito de palavras.

Auguste Comte (1798-1857) postulava que a ciência empírica da Sociologia, modelada com base na Mecânica Clássica, deveria lidar com as leis da sociedade e com os fatos sociais. As muitas centenas de milhares de adeptos de Comte denominam-se sociólogos e publicam, em livros, contribuições à Sociologia. Na verdade, lidam com vários capítulos da história até então mais ou menos negligenciados e, em geral, agem de acordo com os métodos consagrados da pesquisa histórica e etnológica. É irrelevante se mencionam no título de seus livros o período e a área geográfica com que trabalham. Os estudos "empíricos" sempre necessariamente se referem a uma determinada época da história e descrevem um fenômeno que passa a existir, mudar e desaparecer no fluxo do tempo. Os métodos das ciências naturais não podem ser aplicados ao comportamento humano, pois esse comportamento, além daquilo que o qualifica como ação humana e é estudado pela ciência apriorística da Praxelogia, carece da peculiaridade que caracteriza os acontecimentos no campo das ciências naturais, a saber, a regularidade.

Não há como confirmar ou rejeitar pelo raciocínio discursivo as ideias metafísicas que estão na base do programa ruidosamente anunciado de "Ciência Unificada" como apresentado por Otto Neurath na *International Encyclopedia of Unified Science* [*Enciclopédia Internacional de Ciência Unificada*], a sagrada escritura do Positivismo Lógico, do panfisicalismo e do empirismo intolerante. Paradoxalmente, tais doutrinas, que começaram de uma rejeição radical à história, pedem-nos que olhemos todos os acontecimentos como parte da questão subordinada de uma história cósmica abrangente. O que sabemos a respeito dos acontecimentos naturais, por exemplo, o comportamento do sódio e das alavancas, pode, como dizem, ser válido somente para um determinado período de agregação cósmica em que nós e as gerações mais antigas de cientistas viveram. Não há motivo algum para atribuir a afirmações químicas ou mecânicas "qualquer tipo de universalidade" em vez de tratá-las como afirmações históricas[33]. Vistas por essa perspectiva, as ciências naturais tornam-se um capítulo da história cósmica. Não há conflito entre fisicalismo e história cósmica.

Devemos admitir que nada sabemos sobre as condições num período de história cósmica para o qual as afirmações daquilo que, em nosso período, chamamos de ciências naturais não mais serão válidos. Ao falar sobre ciência e conhecimento temos em mente apenas as condições que nosso viver, pensar e agir permitem investigar. Aquilo que está além das condições de tal estado de coisas – talvez, temporalmente limitado – é, para nós, uma região desconhecida e incognoscível. Nesse setor do universo que é acessível às mentes investigativas vigora um dualismo na sucessão e na concatenação dos acontecimentos. Existe, por um lado, o campo

---

[33] NEURATH, Otto. "Foundations of the Social Sciences". *In*: *International Encyclopedia of Unified Science*. Chicago: University of Chicago Press, 1952. Vol. II, n. 1, p. 9.

dos acontecimentos externos, a respeito dos quais podemos aprender que aí predominam entre eles constantes relações mútuas, e há o campo da ação humana, sobre o qual nada podemos aprender sem recorrer à categoria da finalidade. Todas as tentativas de desconsiderar esse dualismo são ditadas por predisposições metafísicas arbitrárias, geram apenas disparates, e são inúteis para a ação prática.

A diferença que existe em nosso meio entre o comportamento do sódio e o de um autor que, nos escritos, refere-se ao sódio não pode ser destruída sem nenhuma referência à possibilidade de que certa vez houve ou haverá, nos períodos futuros da história cósmica, condições sobre as quais nada sabemos. Todo o nosso conhecimento deve levar em conta o fato de que, com relação ao sódio, nada sabemos sobre as causas finais que regem seu comportamento, ao passo que sabemos que o homem, por exemplo, ao escrever um ensaio sobre o sódio, visa determinada finalidade. As tentativas do behaviorismo (ou dos "behavioristas")[34] de lidar com a ação humana segundo um padrão de estímulo-resposta fracassaram lamentavelmente. É impossível descrever qualquer ação humana se não tomarmos como referência o significado que o ator vê no estímulo, bem como no fim pretendido por sua resposta.

Também conhecemos a finalidade que impele os defensores de todos esses modismos que, hoje em dia, são alardeados sob a égide de Ciência Unificada. Seus autores são levados pelo complexo ditatorial. Querem tratar dos homens

---

[34] Idem., *Ibidem*, p. 17.

da maneira como os engenheiros tratam dos materiais com que constroem casas, pontes e máquinas. Querem substituir as ações dos cidadãos pela "engenharia social" e por seus próprios planos abrangentes e completos para as demais pessoas. Veem-se no papel do ditador – o *duce*, o *füher*, o *czar* da produção – em cujas mãos todos os outros espécimes de humanos são meros peões. Caso refiram-se à *sociedade* como um agente ativo, referem-se a eles mesmos. Caso digam que a ação consciente da sociedade deve ser substituída pela anarquia predominante do individualismo, querem indicar tão somente as próprias consciências e a de mais ninguém.

5 - Os Dois Ramos das Ciências da Ação Humana

Há dois ramos das ciências da Ação Humana: de um lado, a Praxiologia, e, de outro, a História.

A Praxiologia é *a priori*. Começa de uma categoria *a priori* de ação e dela faz desdobrar tudo o que contém. Por motivos práticos, a Praxiologia, de regra, não presta muita atenção àqueles problemas que não servem para o estudo da realidade da ação do homem, mas restringe sua atividade aos problemas necessários para a elucidação daquilo que acontece na realidade. Seu propósito é lidar com a ação nas condições que o homem de ação tem de enfrentar. Isso não altera o caráter apriorístico da Praxiologia, apenas circunscreve o campo que os praxiologistas individuais costumeiramente escolhem para trabalhar. Referem-se à experiência somente para separar aqueles problemas que são de interesse para o estudo do homem como realmente é e age a partir de outros problemas que oferecem mero interesse acadêmico. A resposta à pergunta se determinados teoremas da Praxiologia se aplicam a um determinado problema de ação depende do determinar se as hipóteses que caracterizam tal teorema têm algum valor para a cognição da realidade. Certamente, isso não depende da resposta à questão de se essas afirmações correspondem ou não ao real estado de coisas que os praxiologistas querem pesquisar. As construções imaginárias são as principais – ou, como alguns prefeririam dizer, as únicas – ferramentas mentais da Praxiologia para descrever condições que nunca podem estar presentes na realidade das ações. São indispensáveis, todavia, na concepção do que está ocorrendo na realidade. Até mesmo os mais fanáticos defensores de uma interpretação empiricista dos métodos da Economia empregam a construção imaginária de uma economia uniformemente circular (equilíbrio estático), muito embora tal estado de coisas, humanamente, nunca possa acontecer[35].

Na esteira da análise de Immanuel Kant (1724-1804), os filósofos perguntaram-se: "Como a razão humana, ao pensar aprioristicamente, lida com a realidade do mundo exterior?" No que diz respeito à Praxiologia, a resposta é óbvia. Ambos, tanto o pensamento apriorístico, de um lado, quanto o raciocínio e a ação humana, de outro, são manifestações da razão humana. A estrutura lógica da razão humana cria a realidade da ação. Razão e ação são congêneres e homogêneas, dois

---

[35] MISES, Ludwig von. *Ação Humana. Op. cit.* p. 300-07.

aspectos de um mesmo fenômeno. Nesse sentido, podemos empregar a máxima de Empédocles de Agrigento (495/490-435/430 a. C.): γνῶσις τοῦ ὁμοίου τῷ ὁμοίῳ [o conhecimento do igual se faz pelo igual][36].

Alguns autores levantaram a questão um tanto superficial de como o praxiologista reagiria a uma experiência que contradissesse os teoremas de sua doutrina apriorística. A resposta é: da mesma maneira que um matemático reagirá à "experiência" de que não há diferença entre duas maçãs e sete maçãs ou um lógico à "experiência" de que A e não-A são idênticos. A experiência no âmbito da ação humana pressupõe a categoria de ação humana e tudo o que dela derive. Se não houver referência ao sistema do *a priori* praxiológico, não é possível falar de ação, mas apenas de acontecimentos que devem ser descritos em termos de ciências naturais. Estar cônscio dos problemas que interessam às ciências da ação humana está condicionado pela familiaridade com as categorias *a priori* da Praxiologia. De modo incidental, também podemos observar que qualquer experiência no campo da ação humana é especificamente uma experiência histórica, isto é, a experiência de um fenômeno complexo, que nunca pode falsificar nenhum teorema da maneira como pode fazer uma experiência de laboratório com relação às afirmações das ciências naturais.

---

[36] ARISTÓTELES. *Metafísica*. III, 4, 1000b. [Utilizamos aqui a versão portuguesa da doxografia de Empédocles publicada na seguinte edição brasileira: BORNHEIM, Gerd A. (Org.). *Os Filósofos Pré-Socráticos*. São Paulo: Cultrix, 7ª edição, 1991. p. 84. (N. T.)].

Até agora, a única parte da Praxiologia que evoluiu para um sistema científico foi a Economia. Um filósofo polonês, Tadeusz Kotarbinski (1886-1981), tentou desenvolver um novo ramo da Praxiologia, a teoria praxiológica do conflito e da guerra, em oposição à teoria da cooperação ou econômica[37].

Outro ramo das ciências da ação humana é a História. Abrange a totalidade daquilo que é experimentado acerca da ação humana. É o registro metodicamente organizado da ação humana, a descrição dos fenômenos como ocorreram no passado. O que distingue as descrições da História das feitas pelas ciências naturais é que não são interpretadas à luz da categoria da regularidade. Quando um físico diz: "Se A encontra B, o resultado é C", ele quer, não importa o que digam os filósofos, afirmar que C emergirá quando e onde A encontrar B em condições análogas. Quando o historiador se refere à Batalha de Canas, em 216 a.C., sabe que está falando do passado e que essa determinada batalha nunca mais ocorrerá novamente.

A experiência é uma atividade mental uniforme. Não existem dois ramos diferentes de experiência, um que sirva às ciências naturais e o outro à pesquisa histórica. Todo o ato de experiência é uma descrição do que aconteceu em termos

---

[37] KOTARBINSKI, Tadeusz. *Considérations sur la théorie générale de la lute*. In: *Z zagadnień ogólnej teorii walki*. Varsóvia: Sekc. Psycholog. Tow. Wiedzy Wojskowej, 1938. p. 65-92; Idem, *Idée de la methodologie générale praxeologie*. In: *Travaux du IXe Congrés International de Philosophie*. Paris: Hermann et cie, 1937. IV, p. 190-94. A teoria dos jogos não faz nenhuma referência à teoria da ação. É claro, jogar algo é ação, mas igualmente o é fumar um cigarro ou morder um sanduíche. Ver na presente edição: "Alguns Erros Populares Acerca do Escopo e Método da Economia". p 203 ss.

do preparo lógico e praxiológico do observador e de seu conhecimento de ciências naturais. É a postura do observador que interpreta a experiência adicionando a ela o próprio estoque de fatos experimentados anteriormente acumulados. O que distingue a experiência do historiador da experiência do naturalista e do físico é a busca pelo significado que o acontecimento teve ou tem para aqueles que acarretaram ou foram afetados por tal acontecimento.

As ciências naturais não sabem nada sobre causas finais. A finalidade da praxiologia é a categoria fundamental, mas a praxiologia abstrai do conteúdo concreto dos fins visados pelos homens. É a História que lida com fins concretos pois sua principal questão é: qual significado os atores davam à situação em que se encontravam?; qual o significado de sua reação?; e, por fim, qual o resultado dessas ações? A autonomia da História ou, digamos, das várias disciplinas históricas consiste na dedicação ao estudo do significado.

Talvez não seja demais enfatizar novamente que quando os historiadores dizem "significado", referem-se ao significado que os homens individuais – os próprios atores e aqueles afetados por suas ações, ou os historiadores – viam nas ações. A história como tal nada tem em comum com a perspectiva das filosofias da história que pretendem conhecer o significado que Deus ou um semideus – tais como as forças produtivas materiais no plano de Karl Marx (1818-1883) – dá aos vários acontecimentos.

6 - A característica Lógica da Praxiologia

Praxiologia é *a priori*. Todos os seus teoremas são produtos do raciocínio dedutivo que começa da categoria da ação. As questões de se os juízos da praxiologia devem ser chamados analíticos ou sintéticos e se procedimento deve ou não ser qualificado como "meramente" tautológico, são apenas de interesse verbal.

O que a praxiologia assevera, em geral, com relação à ação humana é estritamente válido sem exceção para toda ação. Há a ação e a ausência de ação, mas não existe nada no intervalo. Cada ação é uma tentativa de cambiar um conjunto de situações, e tudo o que a praxiologia afirma com relação à troca refere-se estritamente a isso. Ao lidar com todas as ações encontramos os conceitos fundamentais, os fins e os meios, o sucesso ou o fracasso, o lucro ou a perda, os custos. Uma troca pode ser direta ou indireta, isto é, realizada pela interposição de um estágio intermediário. Se uma determinada ação foi uma troca indireta, tem de ser determinada pela experiência, mas se foi uma troca indireta, então tudo o que a praxiologia diz a respeito de troca indireta, em geral, aplica-se ao caso.

Cada teorema da praxiologia é deduzido por raciocínio lógico da categoria da ação. Faz parte da certeza apodíctica conferida pelo raciocínio lógico que parte de uma categoria *a priori*.

Na cadeia de raciocínio praxiológico, o praxeólogo introduz certas hipóteses a respeito das condições do ambiente em que ocorre a ação. Tenta descobrir como essas condições especiais afetam o resultado ao qual o raciocínio deve conduzir. A questão de se as condições reais do mundo exterior correspondem ou não a essas hipóteses deve ser respondida pela experiência, mas se a resposta é afirmativa, todas as conclusões derivadas de um raciocínio praxiológico logicamente correto descrevem estritamente o que ocorre na realidade.

7 - A característica Lógica da História

História no sentido mais amplo do termo é a totalidade da experiência humana. História é experiência, e toda experiência é histórica. A história também abrange toda a experiência das ciências naturais. O que caracteriza as ciências naturais como tais é o fato de que abordam o material da experiência com a categoria de uma regularidade estrita na sucessão de acontecimentos. História no sentido estrito do termo, isto é, a totalidade da experiência a respeito da ação humana não deve referir-se e não se refere a essa categoria. Isso a distingue epistemologicamente das ciências naturais.

Experiência é sempre experiência do passado. Não há experiência e não há história do futuro. Seria desnecessário repetir esse truísmo caso não fosse pelo problema da previsão dos negócios pelos estatísticos, sobre os quais falaremos mais adiante[38].

História é o registro das ações humanas. Demonstra o fato de que os homens, inspirados por determinadas ideias,

---

[38] Ver no presente livro: "Certeza e Incerteza". p. 207 ss.

fazem determinados juízos de valor, escolhem determinados fins, e lançam mão de determinados meios para obter os fins escolhidos e lida, além disso, com os resultados das ações, o conjunto de situações que a ação acarretou.

O que distingue as ciências da ação humana das ciências naturais não são os acontecimentos investigados, mas o modo como são vistos. O mesmo evento parece diferente quando visto à luz da história e quanto visto à luz da física e da biologia. O que interessa ao historiador em um caso de assassinato ou em um incêndio não é o que interessa ao fisiologista ou ao químico, caso não estejam agindo como peritos de um tribunal. Para o historiador os acontecimentos do mundo exterior que são estudados pelas ciências naturais contam apenas no que afetam a ação humana ou por ela são produzidos.

O dado último na história é chamado individualidade. Quando o historiador alcança o ponto além do qual não pode mais seguir adiante, refere-se à individualidade. "Explica" um acontecimento – a origem de uma ideia ou a realização de uma ação – ao remontar à atividade de um homem ou de uma multidão de homens. Aqui, enfrenta a barreira que faz com que as ciências naturais não tenham de lidar com as ações dos homens, a saber, nossa inabilidade de aprender como determinados acontecimentos exteriores produzem determinadas reações nas mentes dos homens, ou seja, ideias e vontades.

Foram feitas tentativas inúteis de reportar as ações humanas aos fatores que podem ser descritos pelos métodos das ciências naturais. Salientando o fato de que o desejo de preservar a própria vida e propagar a própria espécie está registrado em toda criatura, fome e sexo foram proclamados como os primeiros ou mesmo como as únicas fontes da ação humana. No entanto, não podemos negar que predominam diferenças consideráveis entre a maneira com que esses impulsos biológicos afetam o comportamento do homem e de seres não humanos e que o homem, além de querer satisfazer seus impulsos animais, também está decidido a alcançar outras finalidades que são especificamente humanas e, portanto, normalmente os denomina como fins mais elevados. Que a estrutura psicológica do corpo humano – primeiramente, todos os apetites do estômago e das glândulas sexuais – afetam as escolhas do agente, isso nunca foi esquecido pelos historiadores. Afinal, o homem é um animal, mas um animal que age; escolhe entre finalidades conflitantes. É precisamente esse o tema tanto da praxiologia quanto da história.

8 - O Método Timológico

O ambiente em que o homem age é moldado pelos eventos naturais, por um lado, e pela ação humana, de outro. Os planos de futuro serão codeterminados pelas ações das pessoas que estão planejando e agindo como esse homem. Se quiser ser bem-sucedido, deve antecipar as condutas dos demais.

A incerteza do futuro é causada não só pela incerteza a respeito das ações futuras das outras pessoas, mas também pelo conhecimento insuficiente acerca de muitos acontecimentos naturais que são importantes para a ação. A meteorologia oferece alguma informação sobre os fatores que determinam as condições atmosféricas, mas esse conhecimento, na melhor das hipóteses, permite ao especialista prever o tempo com alguma probabilidade por poucos dias, nunca para períodos mais longos. Existem outros campos em que o conhecimento antecipado do homem é ainda mais limitado. Tudo o que o homem pode fazer com essas condições insuficientemente conhecidas é utilizar o que as ciências naturais lhe deram, não importando quão pouco isso possa ser.

Radicalmente diferente dos métodos aplicados ao lidar com acontecimentos naturais são aqueles aos quais recorre o homem ao prever a conduta dos outros homens. A filosofia e a ciência, por um longo período, prestaram pouca atenção a esses métodos. Eram considerados como não científicos e não mereciam atenção dos pensadores sérios. Quando os filósofos começaram a lidar com eles, chamaram-nos psicológicos. Esse termo, todavia, tornou-se inapropriado quando as técnicas da psicologia experimental evoluíram e quase tudo o que a geração anterior chamara de psicologia foi completamente rejeitado como anticientífico ou atribuído a uma classe de atividades denominada, com desdém, de "mera literatura" ou "psicologia literária". Os defensores da psicologia experimental estavam confiantes que, um dia, seus experimentos de laboratório dariam a solução científica de todos os problemas sobre os quais, diziam, as ciências tradicionais do comportamento humano balbuciavam conversas infantis ou metafísicas.

De fato, a psicologia experimental nada tem a dizer e nunca disse nada sobre os problemas que as pessoas têm em mente quando se referem à psicologia em relação às ações dos demais homens. O problema primário e central de uma "psicologia literária" é significativo, algo que é inaceitável para qualquer ciência natural e quaisquer atividades de laboratório. Ao passo que a psicologia experimental é um ramo das ciências naturais, a "psicologia literária" lida com as ações humanas, a saber, com ideias, juízos de valor e desejos que determinam a ação. Como o termo "psicologia literária" é um tanto pesado e não permite formar um adjetivo correspondente, sugiro que seja substituído pelo termo timologia[39].

A timologia é um ramo da história ou, como R. G. Collingwood (1889-1943) formulou, pertence à "esfera da história"[40]. Lida com as atividades mentais dos homens que determinam suas ações. Lida com os processos mentais que resultam em um determinado tipo de comportamento, com

---

[39] MISES, Ludwig von. "Psicologia e Timologia". *In: Teoria e História*. p. 191-204.

[40] Quando, em 1863, Hippolyte Taine (1828-1893) escreveu *"L'histoire au fond est un problème de psycologie"* [a história é no fundo um problema psicológico], na *Histoire de la litérature anglaise* (Paris: L. Hachette et cie, 10ª edição, 1899. Vol. I, Introduction, p. xlv), não percebeu que o tipo de psicologia que tinha em mente não era a ciência natural chamada psicologia experimental, mas o tipo de psicologia denominada Timologia, que é, por si mesma, uma disciplina histórica, uma *Geisteswissenchaft* na terminologia de Wilhelm Dilthey (1833-1911) na obra *Einleitung in die Geisteswissenchaften* (Leipzig: Duncker and Humblot, 1883). Na já citada *The Idea of History*, R. G. Collingwood faz a distinção entre *"pensamento histórico"*, que *"estuda o agir da mente de determinadas maneiras em determinadas situações"*, e o outro modo problemático de estudar a mente, a saber, ao *"investigar suas características gerais abstratamente de qualquer situação ou ação em particular"*. Essa última *"não seria história, mas ciência mental, psicologia ou filosofia da mente"* (p. 221). Tal é uma *"ciência mental positiva, como elevou-se acima da esfera da história e estabeleceu leis permanentes e imutáveis da natureza humana"*, assinala Collingwood, é *"possível somente a quem confunde as condições transitórias de determinado período histórico com as condições permanentes da vida humana"* (p. 224).

as reações da mente às condições do ambiente do indivíduo. Lida com algo invisível e intangível que não pode ser percebido pelos métodos das ciências naturais, mas essas ciências devem admitir que tal fator deve ser considerado como real também sob seus pontos de vista, como um elo em uma cadeia de acontecimentos que resulta em mudanças na esfera da descrição que consideram como campo específico dos estudos.

Ao analisar e derrubar as afirmações do positivismo de Comte, um grupo de filósofos e historiadores conhecidos como a *Südwestdeutsche Schule*[41] elaborou a categoria da compreensão (*Verstehen*) que já, de modo menos explícito, fora familiar a autores mais antigos. Esse entendimento específico das ciências da ação humana destina-se a determinar

---

[41] Corrente do neokantismo ou neocriticismo mais conhecida como Escola de Baden, que junto com a chamada Escola de Marburgo, propunha o retorno aos princípios filosóficos de Immanuel Kant, opondo-se tanto ao idealismo objetivo apregoado pela metafísica de G. W. F. Hegel (1770-1831) e de seus discípulos quanto à concepção absoluta de ciência defendida pelo positivismo e por diversas outras formas de cientificismo. Os pensadores da Escola de Marburgo enfatizavam a lógica e a epistemologia, ao passo que os da Escola de Baden se voltavam principalmente para a cultura e os valores. Dentre os autores da Escola Baden se destacam Wilhelm Windelband (1848-1915), Heinrich Rickert (1863-1936) e Ernst Troeltsch (1865-1923). De certa forma, os trabalhos do filósofo da Escola de Marbugo, Ernst Cassirer (1874-1945), apresentam uma síntese das duas vertentes no neokantismo. Os postulados filosóficos do neocriticismo da Escola de Baden e da Escola de Marburgo influenciaram diferentes correntes contemporâneas de pensamento, como a Fenomenologia de Edmund Husserl (1859-1938), a sociologia de Georg Simmel (1858-1918) e de Max Weber (1864-1920), o revisionismo marxista de Eduard Bernstein (1850-1932), o pensamento político de Leo Strauss (1899-1973) e de Eric Voegelin (1901-1985), as teorias do conhecimento de Susanne Langer (1895-1985) e de Bernard Lonergan S. J. (1904-1984), e a epistemologia apriorista da Escola Austríaca de Economia, principalmente nos trabalhos de Ludwig von Mises (N. T.).

os fatos que os homens atribuem um significado definitivo para o estado de seu meio, que valoram tal estado e, motivados por tais julgamentos de valor, recorrem a determinados meios para preservar ou obter certo conjunto de situações diferente daquele que preponderaria caso tivessem evitado qualquer reação intencional. Compreender negociações com julgamentos de valor, com escolhas dos fins e dos meios para a obtenção desses fins, e com avaliação do resultado das ações executadas.

Os métodos de pesquisa científica não são categoricamente diferentes desses procedimentos aplicados por todos nos mundanos comportamentos diários. São apenas mais refinados e, na medida do possível, são purificados de inconsistências e contradições. A compreensão não é um método procedimental característico somente de historiadores. É praticado por crianças logo que ultrapassam o estágio meramente vegetativo dos primeiros dias e semanas. Não existe resposta consciente do homem a qualquer estímulo que não seja dirigida pelo entendimento.

A compreensão pressupõe e sugere uma estrutura lógica da razão humana com todas as categorias *a priori*. A lei biogenética representa a ontogenia do indivíduo como uma recapitulação abreviada da filogenia da espécie. De maneira análoga, podemos descrever mudanças na estrutura intelectual. A criança recapitula no desenvolvimento pós-natal a história da evolução intelectual da humanidade[42]. O lactente

---

[42] BROWN, R. *et alli*. *Language, Thought and Culture*. Ed. Paul Henle. Ann Arbor: University of Michigan Press, 1958. p. 48. É claro que a analogia não é

torna-se timologicamente humano quando começa a despontar, de modo sutil, em sua mente que um determinado fim pode ser alcançado por um determinado modo de conduta. Os animais não-humanos nunca vão além de impulsos instintivos e reflexos condicionados.

 O conceito de compreensão foi elaborado pela primeira vez por filósofos e historiadores que desejavam refutar o descrédito positivista dos métodos da história. Isso explica por que foi inicialmente tratada apenas como uma ferramenta mental para o estudo do passado; mas os serviços que a compreensão prestou ao homem ao lançar luzes sobre o passado são somente um estágio preliminar na tentativa de prever o que pode ocorrer no futuro. Visto do ponto de vista prático, o homem parece estar interessado no passado somente para ser capaz de prever o futuro. As ciências naturais lidam com a experiência – que necessariamente é sempre um registro do que ocorreu no passado – porque as categorias da regularidade e da causalidade tornam tais estudos úteis como guias da ação tecnológica, que inevitavelmente sempre visará um arranjo de condições futuras. A compreensão do passado presta um serviço semelhante ao tornar a ação o mais bem-sucedida possível. A compreensão busca antecipar as condições futuras tanto quanto conta com as ideias humanas, as avaliações e ações. Não há ação que possa ser planejada ou executada, a não ser para Robinson Crusoe antes de encontrar Sexta-Feira, sem uma total atenção àquilo que os

---

completa, assim como a imensa maioria para na evolução cultural muito antes de alcançar a eminência timológica de sua época.

outros atores homens irão fazer. Agir significa compreender as reações dos outros homens.

A antevisão de acontecimentos no âmbito explorado pelas Ciências Naturais tem por base as categorias da regularidade e da causalidade. Há algumas pontes rodoviárias que ruiriam caso um caminhão de dez toneladas as cruzassem. Não esperamos que tal carga faça ruir a ponte George Washington. Cremos firmemente nas categorias que são os fundamentos de nosso conhecimento físico e químico.

Ao lidar com as reações de nossos semelhantes não podemos confiar em tal regularidade. Pressupomos que, em geral, a vontade futura das pessoas, dadas as mesmas condições, não se desviam, salvo motivos especiais, da conduta passada. No entanto, embora saibamos ser diferentes das demais pessoas, tentamos adivinhar como elas reagirão às mudanças no meio em que vivem. Daquilo que conhecemos sobre o comportamento passado de uma pessoa, construímos um plano a respeito do que chamamos de características. Admitimos que as características não mudarão caso inexistam interferências por motivos especiais e, mais adiante, tentamos até mesmo prever como determinadas mudanças nas condições afetarão as reações. Comparada com a certeza aparentemente absoluta oferecida por algumas das ciências naturais, tais hipóteses e todas as conclusões delas decorrentes parecerão um tanto vacilantes; os positivistas podem ridicularizá-las como não científicas. São, contudo, a única abordagem disponível aos problemas relacionados e indispensáveis para qualquer ação a ser efetuada em um ambiente social.

A compreensão não trata do lado praxiológico da ação humana. Diz respeito aos julgamentos de valor e à escolha de fins e de meios por parte de nossos semelhantes. Não se refere ao campo da Praxiologia e da Economia, mas ao campo da História. É uma categoria timológica. O conceito de características humanas; seu conteúdo concreto em cada instância decorre da experiência histórica.

Nenhuma ação pode ser planejada e executada sem a compreensão do futuro. Mesmo a ação de um indivíduo isolado é guiada por hipóteses definidas sobre os futuros juízos de valor do agente e são, até o momento, determinados pela imagem do agente das próprias características.

O termo "especular" foi empregado originalmente para indicar qualquer tipo de meditação e formação de opinião. Atualmente, é empregado com uma conotação oprobriosa para denegrir aqueles que, numa economia de mercado capitalista, destacam-se por prever melhor que o homem médio as reações futuras de seus semelhantes. A lógica desse uso semântico é vista na incapacidade das pessoas de pouca visão de notar a incerteza do futuro. Tais pessoas deixam de perceber que todas as atividades de produção visam satisfazer os desejos mais urgentes do futuro e que hoje não dispomos de nenhuma certeza sobre as condições futuras. Não estão cientes do fato de que há um problema qualitativo na provisão para o futuro. Em todos os escritos dos autores socialistas não há a menor alusão ao fato de que um dos principais problemas da realização de atividades de produção é prever as demandas *futuras* dos consumidores[43].

Toda ação é especulação, ou seja, é guiada por determinada opinião a respeito de condições incertas do futuro. Mesmo nas atividades de curto prazo essa incerteza predomina. Ninguém pode saber se algum fato inesperado não tornará infrutífero tudo o que havia previsto para o próximo dia ou para a próxima hora.

---

[43] MISES, Ludwig von. "Ideias e Interesses". In: Teoria e História. Op. cit., p. 107 ss.

Capítulo 3

1 - O Infinito

A negação, a noção da ausência ou da não existência de alguma coisa, a negação de uma proposição é concebível à mente humana. A noção de negação absoluta, no entanto, está além da compreensão do homem. Da mesma maneira está a noção do surgimento de alguma coisa do nada, a noção de um começo absoluto. O Senhor, diz a Bíblia, criou o mundo do nada; mas o próprio Deus estava lá desde a eternidade e sempre estará na eternidade, sem princípio ou fim.

Do modo como a razão humana compreende, tudo o que acontece, acontece a algo que já existia. O surgimento de alguma coisa nova é vista como evolução – a chegada à maturidade – de alguma coisa que, em potencial, já estava presente no que existia. A totalidade do universo

Necessidade e Volição

como era ontem já inclui, potencialmente, a totalidade do universo como ele é hoje. O universo é um contexto que abrange a totalidade dos elementos, uma continuidade que se alonga para o passado e para o futuro até o infinito, uma entidade que encerra tanto a origem como o fim, muito além da capacidade mental humana.

Tudo o que existe, é como é e não alguma coisa diferente porque aquilo que o precedeu era de um determinado formato e estrutura e não um formato e uma estrutura diferentes.

Não sabemos o que um super-homem, uma mente totalmente perfeita pensaria sobre esses assuntos. Somos apenas homens dotados de mente humana e não podemos nem mesmo imaginar a potência e a capacidade de tal mente mais perfeita, essencialmente diferente de nossas capacidades mentais.

2 - O Dado Irredutível

Portanto, a pesquisa científica nunca será bem-sucedida em oferecer uma resposta completa ao que é chamado enigma do universo. Nunca poderá mostrar o quanto é inconcebível que nada emerja daquilo que é e como um dia, tudo o que existe poderá desaparecer novamente e só permanecer o "nada".

A pesquisa científica, mais cedo ou mais tarde, contudo de modo inevitável, encontra alguma coisa irredutível, que não pode remontar a nada que pareça como um derivativo regular ou necessário. O progresso científico consiste em empurrar cada vez mais para trás esse dado irredutível. No entanto, sempre permanece uma coisa que – para a mente humana sedenta pelo conhecimento pleno – é, num determinado estágio da história da ciência, um ponto de chegada provisório. Foi a rejeição de todo o pensamento filosófico e epistemológico por alguns físicos brilhantes, mas parciais, das últimas décadas que interpretaram como uma refutação do determinismo o fato de que era inútil voltar atrás em fenômenos – que para eles eram dados irredutíveis – de alguns outros fenômenos. Talvez isso seja verdade, embora não seja provável, que os físicos contemporâneos tenham, em alguns pontos, atingido uma barreira além da qual a expansão do conhecimento não mais seja possível ao homem. Ainda que isso possa ser assim, contudo, não existe em todo o ensino das ciências naturais nada que possa ser, de alguma maneira, considerado incompatível com o determinismo.

As ciências naturais estão totalmente baseadas na experiência. Tudo o que sabem e com o que lidam deriva da experiência. E a experiência nada pode ensinar se não existir regularidade na concatenação e na sucessão dos acontecimentos.

O filósofo do positivismo, todavia, tenta asseverar mais do que pode ser aprendido da experiência. Supõe saber que nada existe no universo que não possa ser investigado e plenamente esclarecido pelos métodos experimentais das ciências naturais. Todos admitem, entretanto, que até agora esses métodos não contribuíram em nada para a explicação do fenômeno da vida como algo distinto do fenômeno físico-químico. Todos os esforços desesperados para reduzir o pensamento e a avaliação a princípios mecânicos falharam.

Não é que o propósito das observações precedentes seja expressar opinião sobre a natureza e estrutura da vida e da mente. Este ensaio não é, como já dissemos nas primeiras palavras do prefácio, uma contribuição à Filosofia. Temos de nos referir a esses problemas somente para mostrar que o tratamento que o positivismo lhes oferece supõe um teorema para o qual não é possível oferecer nenhuma justificativa experimental, a saber, o teorema de que todos os fenômenos observáveis são passíveis de uma redução a princípios físicos e químicos. De onde os positivistas derivam esses teoremas? Certamente seria errado qualificá-los como suposições *a priori*. Uma marca característica de uma categoria *a priori* é que qualquer hipótese diferente com relação à questão a que diz respeito parece, à razão humana, impensável e autocontraditória. Certamente esse não é o caso do dogma positivista com o qual nos deparamos. As ideias ensinadas por determinados sistemas religiosos e metafísicos não são impensáveis nem autocontraditórias. Não existe nada em suas estruturas lógicas que forcem a qualquer homem razoável a rejeitá-las pelas mesmas razões que ele, por exemplo, rejeitaria a tese de que não existe diferença ou distinção entre A e não-A.

O abismo que na Epistemologia separa os acontecimentos no campo pesquisado pelas ciências naturais dos campos na esfera do pensamento e da ação não têm diminuído por nenhuma das descobertas e dos feitos nas ciências naturais. Tudo o que sabemos sobre a relação mútua e a interdependência desses dois domínios da realidade é metafísica. A doutrina positivista que nega a legitimidade de qualquer doutrina metafísica não é menos metafísica do que quaisquer outras doutrinas com as quais discorda. Isso quer dizer: o que um homem no atual estado da civilização e conhecimento diz sobre tais assuntos como alma, mente, crença, pensamento, raciocínio e arbítrio não tem o caráter epistemológico da ciência natural e não pode, de maneira alguma, ser considerado como conhecimento científico.

Um homem honesto, perfeitamente familiarizado com os feitos da ciência natural contemporânea terá de admitir, livre e irreservadamente, que as ciências naturais nada sabem sobre o que é a mente, como ela funciona, e que seus métodos de pesquisa não são adequados para lidar com os problemas tratados pelas ciências da ação humana.

Teria sido sensato, da parte dos defensores do positivismo lógico, levar a sério o conselho de Ludwig Wittgenstein (1889-1951): "Sobre aquilo de que não se pode falar, deve-se calar"[44].

3 - ESTATÍSTICA

A estatística é a descrição em termos numéricos de experiências sobre fenômenos não sujeitos à uniformidade regular. Até onde é discernível a regularidade na sucessão dos fenômenos, não é necessário recorrer à estatística. O objetivo da estatística vigorosa não é estabelecer o fato de que todos os homens são mortais, mas informar sobre a extensão da vida humana, uma magnitude que não é uniforme. A estatística é, portanto, um método específico da história.

Onde existe regularidade, a estatística pode não demonstrar nada além de que A é sucedido, em todos os casos por P e em nenhum caso por algo diferente de P. Se a estatística mostrar que A é em x% de todos os casos sucedido por P e em (100-x) % de todos os casos sucedido por Q, devemos supor que um conhecimento mais perfeito terá de dividir A em dois fatores B e C dos quais o primeiro é regularmente sucedido por P e o outro sucedido por Q.

A estatística é um dos recursos da pesquisa histórica. Existem, no campo da ação humana, determinadas ocorrências e acontecimentos com traços característicos que podem

---

[44] WITTGENSTEIN, L. *Tratactus Logico-Philosophicus*. New York, 1922. p. 188 ss.

ser descritos em termos numéricos. Assim, por exemplo, o impacto de uma determinada doutrina sobre as mentes das pessoas não permite nenhuma expressão numérica. Sua "quantidade" só pode ser determinada pelo método da compreensão específica das disciplinas históricas[45]. No entanto, o número de pessoas que perde a vida em lutas para obter, por meio de guerras, revoluções e assassinatos, as condições sociais de acordo com uma determinada doutrina pode ser determinado com precisão em números, caso esteja disponível toda a documentação necessária.

As estatísticas oferecem uma informação numérica sobre fatos históricos, ou seja, sobre eventos que aconteceram em um determinado período de tempo, num determinado povo, numa determinada área. Trata do passado e não do futuro. Como qualquer outra experiência passada, ocasionalmente pode oferecer serviços importantes no planejamento do futuro, mas isso não quer dizer que seja diretamente válida para o futuro.

Não existem leis estatísticas. As pessoas recorrem aos métodos estatísticos exatamente onde não estão em posição de encontrar regularidade na concatenação e na sucessão de acontecimentos. A realização estatística mais celebrada, as tabelas de mortalidade, não mostram estabilidade, mas mudanças nas taxas de mortalidade da população A duração média da vida humana muda ao longo do curso da história, e mesmo que não surjam novas mudanças no ambiente natural, muitos fatores que a afetam são resultados da ação humana,

---

[45] Ver mais adiante p. 242.

como por exemplo a violência, a dieta, as medidas médicas e profiláticas, a oferta de alimentos e outros.

O conceito de "lei estatística" teve origem quando alguns autores, ao lidar com a conduta humana, deixaram de perceber por que determinados dados estatísticos só mudavam vagarosamente e, num entusiasmo cego, de modo precipitado, identificaram essa lentidão na mudança com a ausência de mudança. Assim, acreditaram ter descoberto regularidades – leis – na conduta das pessoas que nem eles e nem mesmo ninguém tinham qualquer outra explicação a oferecer além de – como devemos enfatizar, sem nenhum fundamento – supuseram que a estatística a demonstrara[46].

Da filosofia incerta desses autores físicos tomamos emprestado o termo "lei estatística", mas tais autores deram ao termo uma conotação que difere da que a ele é associada no campo da ação humana. Não é nossa tarefa tratar do significado que esses físicos e suas gerações posteriores deram ao termo ou dos serviços que a estatística pode prestar à pesquisa experimental e à tecnologia.

A órbita das ciências naturais é o campo em que a mente humana é apta a descobrir relações constantes entre os vários elementos. O que caracteriza o campo das ciências da ação humana é a ausência de relações constantes fora daquelas que tratam da Praxiologia. Nos primeiros grupos das ciências existem leis (da natureza) e medições. Nesses últimos, não há

---

[46] Sobre o caso mais célebre dessa doutrina, o de Thomas Henry Buckle (1821-1862) ver: MISES, Ludwig von. *Teoria e História. Op. cit.*, p. 74 ss.

medição e – exceto na Praxiologia – não existem leis. Existe somente a história, e essa inclui a estatística.

4 - Livre Arbítrio

O homem não é, como os animais, um títere servil dos instintos e impulsos sexuais. O homem tem a capacidade de reprimir os desejos instintivos, tem vontade própria e escolhe entre fins incompatíveis. Nesse sentido, é uma pessoa moral; nesse sentido, é livre.

No entanto, não é permissível interpretar essa liberdade como independência do universo e de suas leis. O homem também é um elemento do universo, descende do X original do qual tudo se desenvolveu. Herdou de uma linha infinita de progenitores o equipamento fisiológico do eu; na vida pós-natal foi exposto a uma variedade de experiências físicas e mentais. É, em qualquer estágio da vida – de sua peregrinação terrena – um produto de toda uma história do universo. Todas as suas ações são o resultado inevitável da individualidade moldada por tudo que o precedeu. Um ser onisciente pode ter previsto corretamente cada uma de suas escolhas (Não temos de lidar, todavia, com intrincados problemas teológicos que suscita o conceito de onisciência).

A liberdade da vontade não significa que as decisões que guiam as ações do homem caiam, como se pudessem, de fora da estrutura do universo e lhe acrescentem algo que não tem nenhuma relação e que era independente dos elementos que formaram o universo anteriormente. Ações são dirigidas por ideias, e ideias são produtos da mente humana, que definitivamente, é uma parte do universo e do qual a capacidade é determinada de maneira estrita por toda a estrutura do universo.

O termo "liberdade da vontade" se refere ao fato de que as ideias que induzem ao homem a tomar uma decisão (a fazer uma escolha) não são, como todas as outras ideias, "produzidas" por "fatos" externos, não "espelham" as condições da realidade e não são "determinadas unicamente" por nenhum fator externo determinável a que podemos imputá-las do modo como imputamos a todas as outras ocorrências um efeito a uma determinada causa. Não existe nada mais que possa ser dito sobre uma determinada instância do agir e da escolha humanos, a não ser que atribui-los à individualidade do homem.

Não sabemos como, do encontro de uma individualidade humana, isto é, de um homem formado por tudo o que herdou e por tudo o que experimentou, com uma nova experiência resultam ideias precisas e como determinam a conduta individual. Nem mesmo desconfiamos como esse conhecimento pode ser adquirido. Mais do que isso, percebemos que se tal conhecimento fosse possível ao homem e se, consequentemente, a formação de ideias e, assim, da vontade, pudesse ser manipulada da mesma maneira como as máquinas são operadas pelo maquinista, as condições humanas seriam essencialmente alteradas. Abrir-se-ia um imenso abismo entre os que manipulam as ideias e vontades das pessoas e aqueles cujas ideias e vontades são manipuladas por outrem.

É exatamente a falta de tal conhecimento que gera a diferença fundamental entre as ciências naturais e as ciências da ação humana.

Ao nos referirmos ao livre arbítrio, ressaltamos que na produção dos acontecimentos determinada coisa pode ser instrumental a respeito de quais ciências naturais podem transmitir alguma informação, algo que as ciências naturais nem reparam. Nossa impotência, todavia, de determinar um início absoluto a partir do nada nos força a supor que isso também é invisível e intangível – a mente humana – é parte inerente do universo, um produto de toda essa história[47].

O tratamento tradicional do problema do livre arbítrio refere-se à vacilação do ator diante da decisão final. Nesse estágio o ator oscila entre cursos de ação diferentes, cada um deles parece ter méritos e deméritos que faltam aos outros. Ao comparar os prós e contras, resolve tomar a decisão que mais se conforma à sua personalidade e às condições específicas do instante como o vê, satisfazendo melhor aos seus interesses. Isso significa que sua individualidade – o produto de tudo o que herdou desde o nascimento de seus ancestrais e tudo o que experimentou até aquele momento crítico – determina a solução final. Caso, posteriormente, esse ator revise o passado, ficará ciente de que seu comportamento foi todo determinado pelo tipo de homem que ele era no instante da ação. É irrelevante se, em retrospecto, ele ou um observador imparcial puder descrever com clareza

---

[47] Sobre esses problemas, ver: MISES, Ludwig von. *Teoria e História. Op. cit.*, p. 69-80.

todos os fatores que foram instrumentais na formação dessa decisão passada.

Nada está em posição de predizer com a mesma certeza das ciências naturais como a pessoa mesma ou outras pessoas vão agir no futuro. Não existe método capaz de ensinar a respeito da personalidade humana tudo o que seria necessário para fazer tais prognósticos com o grau de certeza que a tecnologia consegue em suas previsões.

O modo como os historiadores e os biógrafos procedem ao analisar e explicar as ações dos homens com os quais trabalham reflete uma visão mais correta dos problemas envolvidos do que os tratados volumosos e sofisticados de filosofia moral. Os historiadores referem-se ao meio social e espiritual e às experiências passadas dos atores, do conhecimento ou da ignorância do sujeito, a todos os dados que podem ter pesado na decisão, a seu estado de saúde e a muitos outros fatores que podem ter influenciado. Entretanto, mesmo depois de ter prestado total atenção nesses assuntos, permanece alguma coisa que desafia qualquer tentativa de maiores interpretações, a saber, a personalidade ou individualidade do ator. Quando tudo já foi dito sobre a questão, não há outra resposta, por fim, à pergunta de por que César (100-44 a.C.) cruzou o Rubicão: porque ele era César. Não podemos eliminar, ao lidar com a ação humana, a referência à personalidade do ator.

Os homens são desiguais; os indivíduos diferem uns dos outros. Diferem porque suas histórias antes e depois do nascimento nunca são idênticas.

5 - INEVITABILIDADE

Tudo o que acontece estava, nas condições existentes, prestes a acontecer. Aconteceu porque as forças que operam na sua produção eram mais poderosas que as forças contrárias. Acontecer era, nesse sentido, inevitável.

O historiador, contudo, que em retrospecto falar de inevitabilidade não está cedendo ao pleonasmo. Quer qualificar um determinado acontecimento ou um conjunto de acontecimentos *A* como a força motriz que produz o segundo acontecimento *B*. Condição para tal: desde que não surja nenhum fator contrário bastante forte, fica subentendido. Se faltasse tal equilíbrio, *A* estaria prestes a resultar em *B*, e seria permitido chamar o resultado *B* de inevitável.

Ao prever acontecimentos futuros, exceto no campo da lei praxiológica, a referência à inevitabilidade é um floreio discursivo sem significado algum. Nada adiciona à força conclusiva de uma previsão. Atesta, simplesmente, o entusiasmo contagiante do autor. Isso é tudo o que precisa ser dito com relação às efusões proféticas dos vários sistemas de filosofia da história[48]. A "inexorabilidade de uma lei da natureza" (*Notwendigkeit eines Naturprozesses*) que Marx afirmou ser sua profecia[49] é somente um artifício retórico.

As mudanças importantes que ocorrem no curso da história cósmica e humana são o efeito composto de uma

---

[48] Sobre filosofia da história, ver: MISES, Ludwig von. *Teoria e História. Op. cit.*, p. 123 ss.

[49] MARX, Karl. *Das Capital*. Vol. I. cap. XXIV, ponto 7.

multidão de acontecimentos. Cada um dos acontecimentos que contribuem para isso está estritamente determinado pelos fatores que o precederam e o produziram e, da mesma maneira, a parte que cada um deles desempenha na geração daquele momento importante. Mas se, e na medida em que as cadeias de causalidade condicionadas pela ocorrência desses vários acontecimentos colaborativos forem independentes umas das outras, isso pode resultar numa situação que induza alguns historiadores e filósofos a exagerar o papel exercido pelo acaso na história da humanidade. Deixam de perceber que os acontecimentos devem ser classificados segundo a dimensão, a partir do ponto de vista do peso dos efeitos e da cooperação na produção do efeito composto. Caso apenas um dos acontecimentos menores for alterado, a influência no resultado total também será apenas diminuta.

É um modo de argumentar um tanto insatisfatório: se a polícia em Sarajevo tivesse sido mais eficiente no dia 28 de junho de 1914, o arquiduque não teria sido assassinado e a Primeira Guerra Mundial e todas as suas consequências desastrosas teriam sido evitadas. O que tornou – no sentido do acima mencionado – a grande guerra inevitável foram, por um lado, os conflitos irreconciliáveis entre os vários grupos linguísticos (nacionalidades) da monarquia dos Habsburgo e, por outro lado, os esforços alemães para construir uma marinha forte o bastante para derrotar as forças navais inglesas. A Revolução Russa estava prestes a acontecer, assim como o sistema czarista e os métodos burocráticos foram passionalmente rejeitados pela imensa maioria da população. A eclosão da guerra não acelerou esses acontecimentos, ao contrário, os adiou por um breve espaço de tempo. O nacionalismo feroz e o estatismo dos povos europeus não poderia resultar senão em guerra. Esses foram os fatores que tornaram inevitáveis a grande guerra e suas consequências, independente do sucesso ou insucesso dos nacionalistas sérvios na tentativa de assassinar o herdeiro do trono austríaco.

Os assuntos políticos, sociais e econômicos são o resultado da cooperação de todas as pessoas. Embora preponderem diferenças consideráveis com relação à importância da contribuição dos vários indivíduos, elas, em geral, são mensuráveis e capazes de serem substituídas pela contribuição de outros indivíduos. Um acidente que elimine o trabalho de um indivíduo, mesmo que ele seja um sujeito célebre, apenas desvia um pouco o curso dos acontecimentos do rumo que teriam seguido, caso isso não tivesse acontecido.

As condições são diferentes no campo das grandes proezas intelectuais e artísticas. O feito do gênio está fora do fluxo regular dos negócios humanos. O gênio também, em muitos aspectos, é determinado pelas condições do ambiente. O que, no entanto, confere a sua obra esse brilho específico é algo único e que não pode ser duplicado por mais ninguém. Não sabemos que combinação de genes produzem as potencialidades inatas do gênio nem que tipo de condições ambientais são necessárias para que delas possamos gozar dos frutos. Se ele tiver sucesso em evitar todos os perigos que podem afligir a ele e a seus feitos, melhor para a humanidade. Se um acidente o aniquila, todos perdem algo insubstituível.

Se Dante Alighieri (1265-1321), William Shakespeare (1564-1616) ou Ludwig van Beethoven (1770-1827) tivessem morrido na infância, a humanidade teria sentido falta daquilo que possui graças a eles. Nesse sentido, podemos dizer que o acaso tem um papel nos assuntos humanos. Enfatizar esse aspecto, contudo, em quase nada contradiz a categoria *a priori* do determinismo.

Capítulo 4

1 - O Problema da Precisão Quantitativa

Os experimentos laboratoriais e a observação de fenômenos externos permitem à ciência natural seguir com a mensuração e a quantificação do conhecimento. Com referência a esse fato, costumamos designar tais ciências como exatas e a desmerecer a falta de precisão nas ciências da ação humana.

Hoje ninguém há de negar que, por conta da insuficiência de nossos sentidos, a medição nunca é perfeita e precisa na acepção plena do termo. Só é mais ou menos aproximada. Além disso, o princípio de Heisenberg demonstra que existem relações que o homem não pode medir de modo algum. Não existe tal coisa como uma precisão

Certeza
e Incerteza

quantitativa na descrição do fenômeno natural. No entanto, as aproximações que a medição de objetos físicos e químicos pode oferecer são, em geral, suficientes para propósitos práticos. A órbita da tecnologia é a da nova medição aproximada e da precisão quantitativa aproximada.

Na esfera da ação humana não existem relações constantes entre quaisquer fatores. Como consequência, não existem medição e quantificação possíveis. Todas as magnitudes mensuráveis que as ciências da ação humana encontram são quantidades do ambiente em que o homem vive e age. Existem fatos históricos, por exemplo, fatos da história econômica ou militar e devem ser claramente distintos dos problemas com os quais lida a ciência teórica da ação – a Praxiologia e, em especial, sua parte mais desenvolvida, a Economia.

Iludida pela ideia de que as ciências da ação humana devem copiar as técnicas das ciências naturais, uma multidão de autores tem como propósito a quantificação da Economia. Pensam que a Economia deve imitar a química, que progrediu de um estado qualitativo para um estado quantitativo[50]. O mote é a máxima positivista: "Ciência é medição". Com o apoio de grandes somas de dinheiro, reimprimem ativamente e rearranjam dos dados estatísticos fornecidos pelos governos, por associações comerciais, por corporações e outras empresas. Tentam computar as relações aritméticas entre esses vários dados e, desse modo, determinar o que chamam, por analogia com as ciências naturais, de correlações e funções. Não percebem que, no campo da ação humana, a estatística é sempre história e que as supostas "correlações" e "funções" não descrevem nada além daquilo que aconteceu num determinado instante do tempo em determinada área geográfica como o resultado da ação de um determinado número de pessoas[51]. Como método de análise econômica, a econometria é brincadeira de criança com cifras que em nada contribuem para elucidar os problemas da realidade econômica.

2 - O Conhecimento Certo

O empirismo radical rejeita a ideia de que determinados conhecimentos referentes às condições do universo sejam acessíveis às mentes dos homens mortais. Considera as

---

[50] SCHUMPETER, J. *Das Wesen and der Hauptinhalt der teoretischen Nationalökonomie*. Leipzig, 1908, p. 606 ss.; Mitchell, W. "*Quantitative Analysis in Economic Theory*". *American Economic Review*, XV, I ss; CASSEL, G. *On Quantitative Thinking in Economics*. Oxford, 1935; e uma enxurrada diária crescente de livros e artigos.
[51] MISES, Ludwig von. *Ação Humana. Op. cit.*, 407 ss.

categorias *a priori* da lógica e da matemática como hipóteses ou convenções, escolhidos livremente por conveniência para obter o tipo de conhecimento que o homem é capaz de adquirir. Tudo o que é inferido por dedução dessas categorias *a priori* é simples tautologia e não transmite nenhuma informação sobre o estado da realidade. Ainda que fôssemos aceitar o dogma indefensável da regularidade na concatenação e sucessão dos acontecimentos naturais, a falibilidade e insuficiência dos sentidos humanos possibilitam atribuir certeza a qualquer conhecimento *a posteriori*. Nós, humanos como somos, devemos concordar com esse estado de coisas. Como as coisas "realmente" são ou devem parecer quando olhadas do ponto de vista de uma inteligência sobrehumana, essencialmente diferentes de como funciona a mente humana na presente era da história cósmica, nos é inescrutável.

Esse ceticismo radical, entretanto, não se refere ao conhecimento praxiológico. A praxiologia também parte de uma categoria *a priori* e prossegue com um raciocínio dedutivo. Contudo, as objeções suscitadas pelo cético contra a competência conclusiva das categorias *a priori* e do raciocínio *a priori* não são aplicáveis, pois como devemos ressaltar novamente, a realidade de elucidação e de interpretação que é a tarefa da praxiologia é congenérica à estrutura lógica da mente humana. A mente do homem gera tanto o pensamento quanto a ação. A ação humana e o pensar humano derivam da mesma fonte e são, nesse sentido, homogêneos. Não existe nada na estrutura da ação que a mente humana não possa explicar plenamente. Nesse sentido, a praxiologia supre determinado conhecimento.

O homem, ao existir neste planeta, no momento presente da história cósmica deverá, um dia, desaparecer. Contanto que existam seres da espécie *Homo sapiens*, existirá ação humana do tipo categórico de que trata a Praxiologia. Num sentido restrito, a praxiologia proporciona um conhecimento exato das condições futuras.

No campo da ação humana todas as magnitudes quantitativamente determinadas se referem somente à história e não transmitem conhecimento algum que possa significar alguma coisa além da constelação histórica específica que as geraram. Todo o conhecimento geral, ou seja, todo o conhecimento que é aplicável não só a uma determinada constelação do passado, mas a todas as constelações praxiológicas idênticas do passado, bem como do futuro, é, em última análise, conhecimento dedutível derivado de uma categoria da ação *a priori*. Refere-se, severamente, a qualquer realidade de ação como aparece no passado e como aparecerá no futuro. Transmite conhecimento preciso das coisas reais.

3 - A Incerteza do Futuro

Segundo uma máxima de Auguste Comte, muitas vezes citada, o objetivo das ciências – naturais – é conhecer para prever o que acontecerá no futuro[52]. Essas previsões são, tanto quanto se referem aos efeitos da ação humana, condicionais. Afirmam: se *A*, então *B*. Não dizem, no entanto, nada sobre o aparecimento de

---

[52] "Ver para prever" era o lema da ciência positiva. (N. T.)

A. Se um homem ingerir cianeto de potássio, morrerá. Contudo, se tomará ou não o veneno, isso não ficou decidido.

As previsões da praxiologia são, dentro do espectro de sua aplicabilidade, absolutamente certas. Todavia, nada nos informam sobre os juízos de valor dos agentes individuais e o modo como determinarão as ações. Tudo o que podemos saber sobre esses juízos de valor tem o caráter categórico do entendimento específico das ciências históricas da ação humana. Se nossas expectativas de futuros juízos de valor – nossos ou de outrem – e dos meios utilizados para ajustar as ações a tais juízos de valor serão ou não os corretos, isso não podemos saber com antecedência.

A incerteza do futuro é uma das marcas primordiais da condição humana. Contamina todas as manifestações da vida e da ação.

O homem está à mercê de forças e potências além de seu controle. Age para evitar, tanto quanto possível, o que crê que irá feri-lo. No entanto, só tem sucesso numa margem limitada, nunca sabe antecipadamente até onde sua ação alcançará o fim desejado e, se ela alcançar, se essa ação aparecerá retrospectivamente – para ele ou para as outras pessoas que analisarem – como a melhor escolha entre as opções que estavam em aberto no momento em que ele a realizou.

A tecnologia baseada nos feitos das ciências naturais pretende o controle pleno dentro de determinada esfera, que, é claro, compreende somente uma fração dos acontecimentos que determinam o destino do homem. Embora o progresso das ciências naturais tenda a alargar a esfera de tal ação cientificamente dirigida, nunca cobrirá mais que uma margem estrita dos acontecimentos possíveis. Mesmo dentro dessa margem, nunca existirá a certeza absoluta. O resultado pretendido pode ser frustrado pela invasão de forças ainda não muito conhecidas ou além do controle humano. A engenharia tecnológica não elimina o elemento aleatório da existência humana, simplesmente restringe um pouco seu campo. Sempre permanece uma órbita que, ao conhecimento limitado do homem, parece uma órbita de simples acaso e caracteriza a vida como uma aposta. O homem e suas obras sempre estão expostos ao impacto dos eventos imprevistos e incontroláveis. Não podemos deixar de contar com a boa sorte de não sermos atingidos por um desses imprevistos. Até mesmo pessoas obtusas não deixam de perceber que o próprio bem-estar depende da operação de forças que estão além da sabedoria, do conhecimento, da previsibilidade e do aprovisionamento humanos. Com relação a essas forças, todo o planejamento humano é em vão. Isso é o que a religião tem em mente ao referir-se às determinações insondáveis dos Céus e volta-se para a prece.

4 - A Quantificação e a Compreensão no Agir e na História

Muitos dos dados com os que a mente se ocupa, tanto ao voltar ao passado quanto ao planejar o futuro, podem ser expressos em termos numéricos. Outras magnitudes relevantes só podem ser expressas em palavras, em linguagem não matemática. Com relação a tais magnitudes o entendimento específico das ciências da ação humana é um substituto, por assim dizer, para a inviabilidade de mensuração.

A esse respeito, o historiador, bem como o agente falam da relevância de diferentes acontecimentos e ações com relação à produção de outros acontecimentos e de determinados estados de coisas. Nesse sentido distinguem entre acontecimentos e fatos mais e menos importantes e entre homens mais e menos grandiosos.

Erros de julgamento nessa avaliação quase quantitativa da realidade são perniciosos, caso ocorram ao planejar ações. As especulações, com certeza falharão, se tiverem por base uma previsão ilusória das condições futuras. Mesmo se estiverem "qualitativamente" corretas, isto é, se as condições que previram realmente acontecerem, elas podem realizar um desastre, caso estejam "quantitativamente" erradas, isto é, se erraram a respeito das dimensões dos efeitos ou do momento em que deveriam surgir. Isso é o que torna as especulações de longo prazo do estadista e do empresário em algo especialmente arriscado.

5 - A Precariedade na Previsão dos Assuntos Humanos

Ao prever o que pode ou acontecerá no futuro, a pessoa pode estar certa ou errada. Essa antecipação de acontecimentos futuros não pode influenciar o curso da natureza. O que quer que a pessoa possa esperar, a natureza segue seu curso, sem ser afetada por expectativas desejos, vontades e esperanças humanas.

Isso é diferente na esfera em que atua a ação humana. A previsão pode se mostrar errada, caso induza aos homens a prosseguir com êxito do modo que foi planejado para evitar a ocorrência dos acontecimentos previstos. O que impele as pessoas a ouvir as opiniões dos profetas ou a consultá-los é, muitas vezes, o desejo de evitar o surgimento de acontecimentos indesejáveis que, segundo tais profecias, o futuro lhes resguardou. Se, por outro lado, os próprios desejos concordarem com o que o oráculo previu, podem reagir à profecia de duas maneiras: acreditar no oráculo, não podem ficar indolentes ou deixar de fazer o que tem de ser feito para ocorrer o fim previsto. Ou podem, com plena confiança, dobrar os esforços para chegar ao fim pretendido. Em todos os casos, o conteúdo da profecia teve o poder de desviar o curso das questões dos rumos que teriam seguido na ausência de uma suposta previsão impositiva.

Podemos ilustrar o assunto ao fazer referência à previsão no mundo dos negócios. Se dizem às pessoas que em maio o *boom* continuará por vários meses e não terminará em *crash* até dezembro, as pessoas tentarão vender, assim que possível, de qualquer maneira, antes de dezembro. Assim, o *boom* chegará ao fim antes da data indicada pela previsão.

6 - A Previsão Econômica e a Doutrina da Tendência

A Economia pode prever os efeitos esperados ao recorrer a determinadas medidas de política econômica. Isso pode responder à pergunta se uma determinada política é capaz de alcançar os fins desejados e, se a reposta for negativa, quais serão os verdadeiros efeitos. É claro, no entanto, que essa previsão só pode ser "qualitativa". Não pode ser "quantitativa" pois não existem relações constantes entre os fatores e efeitos em tela. O valor prático da economia deve ser visto no seu poder nitidamente circunscrito de prever o resultado de medidas precisas.

Os que rejeitam a ciência apriorística da Economia por conta do apriorismo, os adeptos das várias escolas do Historicismo e do Institucionalismo, devem, do ponto de vista dos próprios princípios epistemológicos, evitar de expressar qualquer juízo sobre os efeitos futuros que devem ser esperados de qualquer política específica. Não podem nem mesmo saber o que uma determinada medida, sempre que utilizada, provocou no passado. O que aconteceu sempre foi o resultado da operação conjunta de inúmeros fatores. A medida em questão foi um dos muitos fatores que contribuíram para o surgimento do resultado final. Entretanto, até mesmo esses acadêmicos são corajosos o bastante para afirmar que de uma determinada medida do passado que resultou em dado efeito – do ponto de vista dos próprios princípios – não justificaria pressupor que o mesmo efeito, portanto, será obtido também no futuro. O Historicismo e o Institucionalismo consistentes têm de evitar emitir opinião sobre os efeitos – necessariamente futuros – de qualquer medida ou política. Têm de restringir os ensinamentos ao tratamento da história econômica. (Devemos superar a questão de como a história econômica pode ser tratada sem a teoria econômica).

O interesse público nos estudos rotulados de econômicos, todavia, se deve inteiramente à expectativa de poder aprender algo sobre os métodos a serem utilizados na obtenção de fins específicos. Os alunos que frequentam as aulas de professores de "economia", bem como os governos que nomeiam conselheiros "econômicos" anseiam por informações sobre o futuro, não sobre o passado. No entanto, tudo o que esses especialistas podem dizer, caso permaneçam fiéis aos próprios princípios epistemológicos, se refere ao passado.

Para consolar os fregueses – governantes, empresários e alunos – esses acadêmicos desenvolveram a doutrina da tendência. Pressupuseram que as tendências prevalecentes no passado recente – inadequadamente, várias vezes, apelidado de "*o presente*" – continuarão no futuro. Caso considerem a tendência como indesejável, recomendam medidas para modificá-la. Se a considerarem desejável, ficam inclinados a declará-la como inevitável e irresistível e não levam em conta o fato de que tendências manifestadas na história podem mudar, muitas vezes ou quase sempre mudam, e podem mudar mesmo no futuro imediato.

7 - A Tomada de Decisão

Há modas e modismos no tratamento dos problemas científicos e na terminologia da linguagem científica.

O que a praxiologia chama de escolha, hoje dia, ainda que diga respeito à escolha dos meios, é chamado de tomada de decisão. O neologismo[53] pretende desviar a atenção do fato de que aquilo que importa não é apenas fazer uma escolha, mas fazer a melhor escolha possível. Isso significa: proceder de modo tal que nenhum dos fins desejados com menos urgência devessem ser satisfeitos, caso essa satisfação impedisse a consecução de um fim mais urgentemente desejado. Nos processos de produção dirigidos à economia de mercado por negócios que visam lucro, esse, dentro do possível, é realizado com a ajuda intelectual do cálculo econômico. Num sistema socialista autossuficiente, fechado, que não pode recorrer a nenhum cálculo econômico, a tomada de decisão relativa aos meios é um mero jogo de azar.

8 - Confirmação e Refutabilidade

Nas ciências naturais, uma teoria só pode ter sustentação se estiver de acordo com fatos estabelecidos experimentalmente. Esse acordo era considerado, até pouco tempo, como confirmação. Karl Popper (1902-1994), em 1935, no *Logik de Forschung*[54] assinalou que fatos não podem confirmar uma teoria, só podem refutá-la. Por isso uma formulação mais correta teria de declarar: uma teoria não pode ser sustentada se é refutada pelos dados da experiência. Desse modo,

---

[53] Em inglês, o termo *decision-making* foi importado por Chester Barnard (1886-1961), pioneiro nos estudos de teorias de gestão, do léxico da administração pública para o mundo executivo. (N. T.)

[54] POPPER, K. *A Lógica da Pesquisa Científica*. Trad. Leonidas Hegenberg e Octanny Silveira da Mota. São Paulo: Ed. Cultrix, 1972. (N. T.)

a experiência restringe o arbítrio do cientista ao elaborar teorias. Uma hipótese tem de ser abandonada quando os experimentos demonstrarem que ela é incompatível com os fatos apresentados pela experiência.

É óbvio que tudo isso não pode referir-se, de maneira nenhuma, aos problemas da ciência da ação humana. Nessa órbita não existem tais coisas como fatos estabelecidos experimentalmente. Toda a experiência neste campo é, como deve ser repetido diversas vezes, experiência histórica, ou seja, a experiência de um fenômeno complexo. Tal experiência nunca deve produzir algo que tenha o caráter lógico do que as ciências naturais chamam de "fatos da experiência".

Se aceitarmos a terminologia do positivismo lógico e, especialmente também a de Karl Popper, uma teoria ou hipótese é "não científica" caso, *em princípio*, não possa ser refutada pela experiência. Consequentemente, todas as teorias *a priori*, incluindo a Matemática e a Praxiologia, são "não científicas". Isso é apenas um jogo de palavras. Nenhuma pessoa séria perde tempo em discutir tal questão terminológica. A Praxiologia e a Economia conservarão sua importância primordial na vida e na ação humanas, não obstante a classificação e descrição que as pessoas possam lhes conferir.

O prestígio popular que as ciências naturais desfrutam em nossa civilização não está, por certo, fundado na mera condição negativa de que os teoremas não foram refutados. Existe, além do resultado dos experimentos laboratoriais, o fato de que as máquinas e todos os outros implementos construídos conforme os ensinamentos da ciência funcionam do modo previsto por tais ensinamentos. Os motores e máquinas elétricos confirmam as teorias da eletricidade que fundamentaram a produção e a operação. Ao sentar-se em um cômodo iluminado por lâmpadas elétricas, com telefone, refrescado por um ventilador elétrico e que pode ser limpo com um aspirador de pó, tanto o filósofo quanto o leigo não podem deixar de admitir que deve existir algo a mais nessas teorias da eletricidade do que aquilo que até agora não foi refutado pela experimentação.

9 - A Verificação dos Teoremas Praxiológicos

O epistemólogo que inicia suas elucubrações pela análise dos métodos das ciências naturais e que antolhos impedem que perceba alguma coisa além de seu campo simplesmente nos diz que as ciências naturais são as ciências genuínas e que aquilo que não é ciência natural não é uma ciência autêntica. Nada sabe a respeito das ciências da ação humana e, portanto, tudo o que profere acerca delas não tem nenhuma consequência.

Não é uma descoberta desses autores que as teorias da praxiologia não possam ser refutadas por experimentos ou confirmadas por seu emprego bem-sucedido na construção de vários dispositivos. Esses fatos são, precisamente, um aspecto de nosso problema.

A doutrina positivista afirma que a natureza e a realidade, ao oferecer os dados dos sentidos que as sentenças protocolares registram, escrevem a própria história na tábula rasa da mente humana. O tipo de experiência ao qual se referem ao falar de verificabilidade e refutabilidade é, como creem, algo que não depende de modo algum da estrutura lógica da mente humana. Ela fornece uma imagem fiel da realidade. Por outro lado, supõem, que o raciocínio é arbitrário e, portanto, passível de erros e falhas interpretativas.

Tal doutrina não só deixa de levar em conta a falibilidade de nossa apreensão dos objetos sensíveis, assim como não nota que a percepção é mais que a apreensão meramente sensível, ou seja, que é um ato intelectual realizado pela mente. Com relação a isso, tanto o associacionismo como a psicologia da *Gestalt* concordam. Não há porque atribuir uma dignidade epistemológica mais excelsa às operações realizadas pela mente no ato de tomar ciência de um objeto externo do que a operação da mente de descrever os próprios modos de proceder.

De fato, nada é mais certo para a mente humana do que a categoria que a ação humana põe em relevo. Não existe ser humano a quem o intento de substituir um estado de coisas que prevaleceria caso não tivesse havido intervenção por outro mais apropriado seja estranho. Só há ação onde existem homens.

O que sabemos sobre nossas ações e sobre a ação de outras pessoas está condicionado pela familiaridade que temos para com a categoria de ação do processo de auto-exame e introspecção, bem como à compreensão da conduta das outras pessoas. Questionar essa percepção é tão impossível quanto questionar o fato de que estamos vivos.

Quem quiser atacar o teorema praxiológico tem de voltar atrás, passo a passo, até chegar ao ponto em que, na cadeia do raciocínio que deu origem a tal teorema, possa desmascarar um erro lógico. Entretanto, se esse processo regressivo de dedução findar na categoria da ação sem a descoberta de um elo defeituoso na cadeia de raciocínio, o teorema está plenamente comprovado. Aqueles positivistas que rejeitam tal teorema sem tê-lo submetido a esse exame não são menos tolos que os astrônomos do século XVII que se recusaram a olhar no telescópio e que teria mostrado que Galileu estava certo e eles, errados.

Capítulo 5

1 - A Lenda da Pesquisa

As ideias populares a respeito dos métodos empregados pelos economistas ou que estes devem empregar ao longo dos estudos são moldados pela crença de que os métodos das ciências naturais também são adequados para o estudo da ação humana. Essa lenda é mantida pelo costume de confundir História Econômica com Economia. Um historiador, se lida com o que chamamos de História Geral ou com História Econômica, deve estudar e analisar os registros disponíveis. Deve se envolver na pesquisa. Muito embora as atividades de pesquisa de um historiador sejam epistemológica e metodologicamente diferentes das do naturalista ou do biólogo, não há mal em empregar para todas as atividades o mesmo nome, a

Alguns Erros Populares Acerca do Escopo e Método da Economia

saber, pesquisa. A pesquisa não é tão-somente demorada; é também, de certa maneira, dispendiosa.

Economia, no entanto, não é história. A Economia é um campo da praxeologia, uma teoria apriorística da ação humana. O economista não toma a pesquisa histórica como base das teorias, mas sua base está no pensar teórico, como o de um lógico ou o de um matemático. Muito embora a história seja, como todas as outras ciências, um pano de fundo de seus estudos, ele não se informa diretamente da história. É, ao contrário, a história econômica que deve ser interpretada com o auxílio das teorias desenvolvidas pela Economia.

O motivo é óbvio, como já apontamos anteriormente. O historiador nunca pode obter teoremas sobre causa e efeito a partir da análise do material à disposição. A experiência histórica não é uma experiência de laboratório. É a experiência de um fenômeno complexo, do resultado de uma operação conjunta de várias forças.

Isso demonstra por que é errado afirmar que *"é da observação que até mesmo a economia dedutiva obtém as premissas fundamentais"*[55]. O que podemos "observar" são apenas fenômenos complexos. O que a história econômica, a observação ou a experiência pode dizer-nos de fatos como estes: por um determinado período, no passado, o mineiro John, nas minas de carvão da empresa X, na aldeia de Y, ganhou p dólares por um dia de trabalho de n horas. Não há como, da união de informações desse tipo, chegar a qualquer espécie de teoria a respeito dos fatores que determinam o nível dos salários.

Existem muitas instituições para essa suposta pesquisa econômica. Coletam vários materiais, comentam de maneira um tanto arbitrária acerca dos acontecimentos aos quais se referem os assuntos e são audaciosos o bastante para, com base nesse conhecimento sobre o passado, fazer prognósticos a respeito do futuro curso dos assuntos econômicos. Caso consideremos como o principal objetivo dessas entidades a previsão do futuro, chamam a série de dados coletados de "ferramentas". Se considerarmos a elaboração de planos para a ação governamental como a atividade mais notável, aspiram ao papel de "Estado-Maior econômico", dando assistência ao esforço econômico do comandante supremo da nação. Ao competir com institutos de pesquisa das ciências naturais para subvenções do governo ou de fundações, chamam aos seus escritórios de "laboratórios" e, aos métodos de

---

[55] KEYNES, John Neville. *The Scope and Method of Political Economy*. London: Macmillan, 1891. p. 165.

"experimentais". O empenho de tais instituições pode ser altamente apreciado a partir de certos pontos de vista, mas isso não é Economia. É história econômica do passado recente.

2 - O Estudo dos Motivos

A opinião pública ainda erra ao crer que a economia clássica rivaliza com o problema do valor. Incapazes de resolver o aparente paradoxo da valoração, os economistas clássicos não puderam rastrear a cadeia de transações do mercado até o consumidor, mas foram forçados a iniciar o raciocínio a partir das ações do empresário, para quem as estimativas dos compradores são um fato consumado. A conduta do empresário na capacidade, como comerciante, de servir ao público é descrita, com propriedade, pela fórmula: "comprar barato e vender caro". A primeira parte dessa fórmula se refere à conduta dos compradores cujas avaliações determinam o nível dos preços que estão dispostos a pagar pela mercadoria. Nada é dito, contudo, a respeito do processo que estabelece tais medições. Tais fatos são vistos como um dado irremediável. Se aceitarmos essa fórmula simplificada, certamente, é possível distinguir entre a conduta de tipo empresarial (falsamente chamada de conduta econômica ou racional) e a conduta determinada por outras considerações além dos negócios (perfidamente denominada de conduta irracional ou não econômica). Esse modo de classificação, entretanto, não faz sentido algum se aplicarmos tal comportamento ao consumidor.

O prejuízo causado por essa tentativa e por outras similares de estabelecer distinções foi retirar a economia da realidade. A missão da economia, como exerceram muitos epígonos da economia clássica, não era lidar com acontecimentos da maneira como realmente ocorreram, mas apenas com as forças que contribuíram, de modo um tanto indefinido, para a emergência daquilo que realmente aconteceu. A economia não pretendia explicar, de verdade, a formação dos preços de mercado, mas descrever algo que, juntamente com outros fatores em jogo, teve um determinado papel no processo. Quase não lidava com seres vivos reais, mas com o fictício "homem econômico", uma criatura diferente, em essência, do homem real.

O absurdo dessa doutrina torna-se manifesto tão logo a questão suscitada seja aquilo em que tal homem econômico difere do homem real. É considerado como um perfeito egoísta, onisciente, cuja intenção exclusiva seria acumular cada vez mais riqueza. Isso, todavia, não faz nenhuma diferença para a determinação de preços de mercado caso um comprador "egoísta" queira comprar algo para desfrutar do que comprou ou um comprador "altruísta" compre por outras razões, como, por exemplo, para doar a uma instituição de caridade. Nenhuma dessas hipóteses faz diferença alguma no mercado, caso o consumidor, ao comprar, esteja guiado por opiniões que um observador natural considere verdadeiras ou falsas. Compra porque acredita que adquirir a mercadoria em questão trará maior satisfação do que guardar o dinheiro ou gastá-lo com outra coisa. Se pretende ou não acumular riquezas, sempre pretende empregar o que possui nas finalidades que acredita trazer maior satisfação.

Há somente um motivo que determina todas as ações de todos os homens, isto é, a remoção, direta ou indiretamente, na máxima medida possível, de qualquer intranquilidade. Ao buscar tal propósito, os homens são afetados por todas as debilidades e fraquezas da existência humana. O que determina o verdadeiro curso dos acontecimentos, a formação dos preços e outros fenômenos chamados econômicos, assim como outros eventos da história humana, são os intentos desses homens falíveis e os efeitos produzidos por suas ações passíveis de erro. A superioridade da abordagem da moderna economia da utilidade marginal consiste no fato dela prestar atenção total a esse estado de coisas. Não lida com as ações de um homem ideal, essencialmente diferente do homem real, mas lida com as escolhas de todos aqueles que participam na cooperação social na divisão do trabalho.

A Economia, dizem muitos dos críticos, pressupõe que todos se comportem, em todas as ações, de modo perfeitamente "racional" e visa, sobremodo, o maior ganho possível, como os especuladores ao comprar e vender na bolsa de valores. O homem real, no entanto, asseveram, é diferente. Pretende, também, alcançar outras finalidades além da vantagem material que pode ser expressa em termos monetários.

Há toda uma série de erros e mal-entendidos nesse raciocínio popular. O homem que opera na bolsa de valores é levado para essa atividade somente por uma intenção, aumentar a própria suficiência. Exatamente a mesma intenção, entretanto, anima a atividade aquisitiva de todas as pessoas. O fazendeiro quer vender seu produto ao preço mais alto que possa obter e o assalariado está desejoso para vender sua força de trabalho ao maior preço possível. O fato de, na comparação da remuneração que lhe é oferecida pelo vendedor de bens ou serviços, levar em conta não só o que aufere em termos monetários, mas também todos os demais benefícios está em plena consonância com o comportamento caracterizado nessa descrição.

Os objetivos específicos que as pessoas pretendem atingir ao agir são muito diferentes e mudam continuamente. Toda a ação, contudo, é sempre induzida por um único motivo, a saber, substituir o estado que prevaleceria na ausência de ação por um estado de maior satisfação do agente.

3 - Teoria e Prática

Um ponto de vista popular considera a Economia como a ciência das transações comerciais. Supõe que a economia está, para as atividades de um empresário, na mesma relação das disciplinas tecnológicas ensinadas nas escolas e apresentadas em livros para mecânicos, engenheiros e artesãos. O empresário é o executor das coisas sobre as quais o economista apenas fala e escreve. Assim, um empresário tem, na qualidade de indivíduo prático, um conhecimento mais realista e fundamentado, tem informação interna sobre os problemas de economia que o teórico que observa as questões do mercado de fora. O melhor método que um teórico pode escolher para aprender algo sobre as verdadeiras condições é ouvir aquilo que os realizadores têm a dizer.

No entanto, a Economia não é algo específico acerca de negócios; diz respeito a todo o fenômeno do mercado, em todos os aspectos, não somente às atividades do empresário. A conduta do consumidor, ou seja, de todos, não é um tópico menor dos estudos econômicos. O empresário não está, como empresário, relacionado ou envolvido no processo que fenômenos de mercado de maneira mais próxima do que qualquer outra pessoa. A posição do economista com relação ao objeto dos estudos não deve ser comparada à do autor de livros de tecnologia para engenheiros e trabalhadores, mas, em vez disso, à do biólogo para os seres vivos – onde inclui o homem – cujas funções vitais tenta descrever. Não são as pessoas com melhor visão aquelas peritas em oftalmologia, mas oftalmologistas, ainda que míopes.

É fato histórico que alguns homens de negócio – dentre eles, principalmente, David Ricardo (1772-1823) –, deram notáveis contribuições para a teoria econômica. Houve outros eminentes economistas, entretanto, que foram "meros" teóricos. O que há de errado com a disciplina atualmente ensinada na maioria das universidades sob o rótulo enganador de Economia não é que os professores ou autores de livros-texto não sejam empresários ou que tenham fracassado nos negócios. O erro está na ignorância de Economia e na incapacidade de pensar logicamente.

O economista – assim como o biólogo e o psicólogo – lida com questões que estão presentes e operantes em todos os homens. Isso distingue o trabalho do economista do trabalho do etnologista que deseja registrar os costumes e hábitos de uma tribo primitiva. O economista não precisa se deslocar; pode, apesar de todas as zombarias, assim como o lógico e o matemático, trabalhar na poltrona. O que o distingue de outras pessoas não é a oportunidade esotérica de lidar com um material especial não acessível a outrem, mas o modo como respeitosamente olha as coisas e nelas descobre aspectos que outras pessoas falham em reconhecer. Era isso que Philip Wicksteed (1844-1927) tinha em mente ao escolher para seu grande tratado um mote do *Fausto* de Goethe (1749-1832): "vida humana plena! Todos a vivem, conhece-a pouca gente"[56].

4 - As Armadilhas da Reificação

O pior inimigo do bem pensar é a tendência à reificação, ou seja, atribuir substância ou existência real a constructos mentais ou conceitos.

Nas ciências da ação humana a instância mais notável dessa falácia é o modo como o termo *sociedade* é empregado por várias escolas de pseudociência. Não causa dano algum empregar o termo para significar a cooperação de indivíduos unidos em empreendimentos para alcançar determinados fins. É um aspecto limitado da ação de vários indivíduos que

---

[56] GOETHE, Johann Wolfgang von. Prelúdio no Teatro. *In: Fausto*. Trad. Introd. e glossário João Barrento. Lisboa: Relógio D'Água Editores, 2013. p. 35, v. 167-168.

constitui o que é chamado sociedade ou "a grande sociedade". Entretanto, a própria sociedade não é nem substância, nem poder, nem um agente. Somente indivíduos agem. Algumas das ações individuais são direcionadas pela intenção de cooperar com os demais, A cooperação dos indivíduos leva ao estado de coisas descrito pelo conceito de sociedade. A sociedade não existe apartada dos pensamentos e ações das pessoas. Não possui "interesses" e não almeja nada. O mesmo pode ser dito de todas as outras coletividades.

A reificação não é uma mera falácia epistemológica e não desencaminha apenas a busca pelo conhecimento. Nas, assim chamadas, Ciências Sociais é muito mais frequente que sirva a determinadas aspirações políticas, ao pretender para a coletividade uma dignidade muito mais excelsa que para o indivíduo, ou mesmo ao atribuir existência real somente ao coletivo, negando a existência do indivíduo e denominando-o simples abstração.

Os próprios coletivistas discordam entre si na avaliação de vários constructos coletivistas. Alegam uma realidade e dignidade moral superior para uma determinada coletividade em detrimento de outra, ou, de modo mais radical, chegam até a negar a verdadeira existência e dignidade de constructos coletivistas de outros grupos. Assim, os nacionalistas consideram a "nação" como a única coletividade verdadeira, para a qual, exclusivamente, todos os indivíduos que consideram conacionais devem fidelidade, e estigmatizam todas as demais coletividades – por exemplo, as comunidades religiosas – como de categoria inferior. A epistemologia, no entanto, não tem de lidar com as controvérsias políticas implícitas.

Ao negar às coletividades a perseidade, isto é, uma existência independente de si mesmo, não negamos, de modo algum, a realidade dos efeitos produzidos pela cooperação dos indivíduos. Simplesmente reconhecemos o fato de que as coletividades surgem por pensamentos e ações de indivíduos e que desaparecem quando os indivíduos adotam um modo de pensar e agir diferente. Os pensamentos e ações de um determinado indivíduo são instrumentais no surgimento não só de um, mas de várias coletividades. Assim, por exemplo, as mesmas posturas de um indivíduo podem servir para formar as coletividades nação, comunidade religiosa, partido político e assim por diante. Por outro lado, um homem pode, sem suspender totalmente sua pertença a uma determinada coletividade, vez ou outra, ou mesmo regularmente, proceder em suas ações de maneira que seja incompatível com a manutenção de sua filiação. Desse modo, por exemplo, ocorreu na história recente de várias nações que católicos praticantes deram votos para candidatos que abertamente admitiam hostilidade às aspirações políticas da Igreja e tratavam com desprezo os dogmas como se fossem fábulas. Ao ocupar-se das coletividades, o historiador deve prestar atenção para o grau que as várias ideias de cooperação determinam o pensamento e as ações dos membros. Assim, ao tratar da história do Ressurgimento italiano, tem de investigar a extensão e o modo em que uma ideia de estado nacional italiano e até onde e de que maneira a ideia de um estado papal secular influenciaram os propósitos dos vários indivíduos e grupos cuja conduta é o objeto de seus estudos.

As condições políticas e ideológicas da Alemanha de sua época levaram Marx a empregar, na proclamação do programa de nacionalização dos meios de produção, o termo "sociedade" em vez do termo "Estado" (*Staat*), que é o equivalente alemão do termo inglês "nação". A propaganda socialista conferiu ao termo "sociedade" e ao adjetivo "social" uma aura de santidade, manifestada no apreço semirreligioso que desfruta aquilo que é chamado de "trabalho social", ou seja, o manejo da distribuição de esmolas e atividades similares.

5 - Sobre a Rejeição do Individualismo Metodológico

Nenhuma proposição sensata sobre a condição humana pode ser afirmada deixando de se referir àquilo que agentes individuais pretendem e o que consideram sucesso ou fracasso, perda ou lucro. Se estudarmos as ações dos indivíduos, aprenderemos tudo o que somos capazes de saber sobre o agir, desde que não exista no universo, até onde possamos observar, nenhuma outra entidade ou ser que, insatisfeito com o estado de coisas que prepondera quando deixa de interferir, aplica-se a melhorar as condições por intermédio da ação. Ao estudar a ação, tornamo-nos cientes tanto das capacidades do homem como dos limites dessas mesmas capacidades. Falta-lhe onipotência e nunca poderá chegar a um estado de satisfação plena e duradoura. Tudo o que pode fazer é substituir, ao lançar mão dos meios apropriados, um estado de menor descontentamento por um estado de maior contentamento.

Ao estudar as ações dos indivíduos, aprendemos também tudo a respeito das coletividades e da sociedade. A coletividade não tem existência e realidade senão nas ações dos indivíduos. Passa a existir por meio das ideias que movem os indivíduos a se portarem como membros de um determinado grupo e deixa de existir quando o poder de persuasão dessas ideias diminui. A única maneira de conhecer a coletividade é a análise da conduta de seus membros.

Não há necessidade de acrescentar mais nada ao que já foi dito pela praxeologia e pela economia para justificar o individualismo metodológico e para rejeitar a mitologia do coletivismo metodológico[57]. Até mesmo o defensor mais fanático do coletivismo tem de lidar com ações de indivíduos enquanto fingem tratar com ações de coletividades. As estatísticas não registram acontecimentos que acontecem nas e às coletividades. Registra o que acontece aos indivíduos que formam determinado grupo. O critério que determina a constituição desses grupos é dado pelas determinadas características dos indivíduos. A primeira coisa que tem de ser instituída ao falar de uma entidade social é a definição clara daquilo que justifica logicamente contar ou não um indivíduo como membro daquele grupo.

Isso também é válido com relação àqueles grupos que aparentemente são compostos por "fatos materiais e

---

[57] Ver, em especial, MISES: *Ação Humana*. Op. cit., p. 69-72; Idem. *Teoria e História*. Op. cit., p. 181 e ss.

realidades" e não por "meros" fatores ideológicos, por exemplo, pessoas que descendem da mesma ancestralidade e aqueles que vivem em uma mesma área geográfica. Não é "natural" nem "necessário" que os membros de uma mesma raça ou os habitantes de um mesmo país cooperem entre si de maneira mais próxima que membros de outras raças ou habitantes de outros países. As ideias de solidariedade racial e de ódio racial não deixam de ser ideias e somente quando são aceitas pelos indivíduos resultam em uma ação que lhes corresponda. A tribo primitiva de silvícolas, também, é mantida como um agente – uma sociedade – pelo fato de seus membros estarem imbuídos da ideia de que serem leais ao clã é o correto ou mesmo de que é a única maneira de fazê-los cuidar uns dos outros. É verdade que essa ideologia primitiva não foi seriamente contestada por milhares de anos, mas o fato de que uma ideologia domina a mentalidade das pessoas por um longo espaço de tempo não muda seu caráter praxeológico. Outras ideologias também desfrutaram de considerável longevidade; por exemplo, o princípio monárquico de governo.

A rejeição do individualismo metodológico sugere a hipótese de que o comportamento dos homens é controlado por algumas forças misteriosas que desafiam qualquer análise e descrição. Se percebermos que aquilo que move à ação é a ideia, não podemos deixar de admitir que tais ideias originam-se na mente de alguns indivíduos e são transmitidas a outros indivíduos. Quando alguém, no entanto, aceitou a tese fundamental do individualismo metodológico, a saber, de que são as ideias dos indivíduos que determinam a fidelidade ao grupo, e uma coletividade não mais se assemelha a uma entidade agindo por conta e iniciativa própria.

Todas as relações inter-humanas são um desdobramento de ideias e a conduta dos indivíduos dirigidas por tais ideias. O déspota governa porque seus súditos preferem obedecê-lo a resisti-lo abertamente. O senhor de escravos está na posição de lidar com os escravos como se fossem bens móveis porque os escravos não têm escolha e não estão preparados para demonstrar suas pretensões. É uma transformação ideológica que nossa era enfraqueça e ameace destruir completamente a autoridade dos pais, dos professores e dos clérigos.

O significado do individualismo metodológico foi, lamentavelmente, mal interpretado pelos precursores do coletivismo. Do modo como veem, o dilema é se as preocupações – interesses – dos indivíduos devem ter precedência aos interesses – arbitrariamente selecionados – das coletividades. No entanto, a controvérsia epistemológica entre individualismo e coletivismo não tem referência direta a esse assunto meramente político. O individualismo como princípio de análise filosófica, praxeológica e histórica da ação humana significa estabelecer que todas as ações podem ser rastreadas até o indivíduo e que nenhum método científico pode ser bem-sucedido em determinar como determinados acontecimentos externos, sujeitos a descrição pelos métodos das ciências naturais, produzem na razão humana ideias precisas, julgamentos de valor e volições. Nesse sentido, o indivíduo que não pode ser dissociado nas partes constituintes é, igualmente, o ponto de partida e o dado último de todos os esforços para lidar com a ação humana.

O método coletivista é antropomórfico e, simplesmente, supõe que todos os conceitos das ações dos indivíduos podem ser aplicados aos das coletividades. Não percebe que todas as coletividades são o produto de um determinado modo pelo qual indivíduos agem; são um desdobramento de ideias a determinar a conduta dos indivíduos.

6 - A Abordagem da Macroeconomia

Os autores que pensam ter substituído, na análise da economia de mercado, uma abordagem holística, social, universalista, institucional ou macroeconômica por aquilo que desprezam como uma abordagem espuriamente individualista enganam a si mesmos e ao público. Todo o discurso a respeito da ação deve lidar com avaliações e com a busca árdua por determinados fins, assim como não há ação que não seja orientada por causas finais. É possível analisar condições que preponderariam em um sistema socialista em que somente o czar supremo determina todas as atividades e todos os outros indivíduos apagam suas personalidades e convertem-se, praticamente, a meras ferramentas nas mãos e atos do czar. Para a teoria do socialismo integral parece suficiente considerar somente as avaliações e ações do czar supremo. No entanto, se alguém tiver de lidar com um sistema em que o esforço de mais de um homem por determinados fins direciona ou afeta a razão, não podemos deixar de rememorar os efeitos produzidos pela ação até o ponto em que nenhuma análise das ações pode prosseguir, isto é, aos juízos de valor e aos fins que visam os indivíduos.

A abordagem macroeconômica considera um segmento arbitrariamente selecionado da economia de mercado (como regra: uma nação) como se fosse uma unidade integrada. Tudo o que ocorre nesse segmento são ações de indivíduos e grupos de indivíduos que agem em acordo. A macroeconomia, contudo, segue como se todas essas ações dos indivíduos fossem, de fato, o resultado de uma operação mútua, de magnitude macroeconômica sobre magnitude.

A distinção entre micro e macroeconomia é, no que diz respeito à terminologia, tomada de empréstimo da distinção da Física moderna entre Física microscópica, que trata de sistemas em escala atômica, e a Física macroscópica (ou molar), que trata de sistemas que podem ser apreciados na escala dos sentidos humanos. Isso significa que, num mundo ideal, somente as leis microscópicas não bastam para cobrir todo o campo da Física, sendo as leis molares apenas uma adaptação conveniente para um problema especial, de frequência recorrente. A lei molar surge como uma versão condensada e resumida da lei microscópica[58]. Desse modo, a evolução que levou da Física macroscópica à Física microscópica é vista como um progresso de um método menos satisfatório a um método mais satisfatório para lidar com o fenômeno da realidade.

---

[58] EDDINGTON, A. S. *The Philosophy of Physical Science*. New York / Cambridge: Cambridge University Press, 1939. p. 28 ss.

O que os autores que introduziram a distinção entre macroeconomia e microeconomia na terminologia dos problemas econômicos tinham em mente era o exato oposto. Suas doutrinas sugeriam que a microeconomia é um modo insatisfatório de estudar os problemas e que a substituição da macroeconomia por microeconomia corresponde à eliminação de um método insatisfatório pela adoção de um método mais satisfatório.

O macroeconomista se ilude caso utilize, no discurso, preços de mercado determinados pelo mercado por indivíduos que comprem e vendam. Uma abordagem macroeconômica consistente teria de afastar-se de qualquer referência a preços e a moeda. A economia de mercado é um sistema social no qual os indivíduos agem. As avaliações dos indivíduos como manifestadas nos preços de mercado determinam o curso de todas as atividades de produção. Se quisermos nos opor à realidade da economia de mercado a imagem de um sistema holista, devemos nos privar de fazer qualquer uso de preços.

Tomemos o exemplo de um aspecto das falácias do método macroeconômico pela análise do emprego de uma de suas formas mais populares, a assim chamada renda nacional.

Renda é um conceito de métodos contábeis de empresas de fins lucrativos. O empresário serve aos consumidores para ter lucro. Mantém um registro para descobrir se seu objetivo foi atingido ou não. Ele (e, da mesma maneira, outros capitalistas, investidores que não estão, eles mesmos, ativos nos negócios e, é claro, fazendeiros e proprietários de todos os tipos de bens imóveis) comparam o equivalente monetário de todos os bens aplicados ao empreendimento em dois momentos temporais diferentes e aprender, assim, o que resulta de sua transação no período entre o que havia entre esses dois instantes. De tais cálculos emergem os conceitos de lucro e perda em contraste ao de capital. Se o proprietário do equipamento ao qual se refere o registro contábil chama o lucro percebido de "renda", eis o que isso significa: se consumo tudo, não reduzo o capital investido no empreendimento.

As modernas leis tributárias chamam de "renda" não somente o que os contadores consideram como o lucro percebido por uma determinada unidade empresarial e o que o proprietário dessa unidade considera como a renda derivada das operações dessa unidade, mas também a renda líquida dos profissionais e os salários e ganhos dos empregados. Ao somar o total de uma nação daquilo que é renda em termos contábeis e o que é renda em termos de legislação tributária, chegamos a uma figura chamada "renda nacional".

O caráter ilusório de tal conceito de renda nacional deve ser observado não só no que diz respeito às mudanças do poder de compra da unidade monetária. Quanto mais progride a inflação, mais sobe a renda nacional. Dentro de um sistema econômico em que não há aumento na oferta de moeda e de meios fiduciários, a acumulação progressiva do capital e a melhoria dos métodos tecnológicos de produção que isso oferece resultariam em uma queda progressiva dos preços ou, igualmente, um aumento do poder de compra da unidade monetária. A quantidade de bens disponíveis para o consumo aumentaria e o padrão médio de vida melhoraria, mas essas mudanças não seriam vistas em figuras nas estatísticas de renda nacional.

O conceito de renda nacional oblitera totalmente as verdadeiras condições de produção de uma economia de mercado. Encerra a ideia que não é a atividade de indivíduos que leva a melhoria (ou dano) na quantidade de bens disponíveis, mas algo que está acima e fora dessas atividades. Essa coisa misteriosa produz uma quantidade chamada "renda nacional" e, então, um segundo processo distribui essa quantidade entre os vários indivíduos. O significado político desse método é óbvio. Criticamos a "desigualdade" predominante na distribuição da "renda nacional". Proibimos a pergunta do que faz a renda nacional crescer ou decrescer e sugerimos que não há desigualdade na contribuição e feitos dos indivíduos que geram a quantidade total da renda nacional.

Se invocarmos a questão de quais fatores fazem a renda nacional aumentar, temos apenas uma resposta: por um lado, a melhoria em equipamentos, ferramentas e máquinas empregados na produção e, de outro, a melhoria na utilização do equipamento disponível para a melhor satisfação possível dos desejos humanos. O primeiro é o efeito da poupança e acumulação de capital, e o segundo, de perícia tecnológica e de atividades empresariais. Se chamarmos de aumento da renda nacional (não produzido pela inflação) de progresso econômico, não podemos deixar de constatar o fato de que o progresso econômico é o fruto dos esforços dos poupadores, dos inventores e dos empreendedores. O que uma análise imparcial da renda nacional mostrará é que, antes de tudo, toda a patente desigualdade na contribuição de vários indivíduos até a necessidade urgente de uma magnitude chamada renda nacional. Ademais, teria de demonstrar como o aumento *per capita* da cota de capital empregado e a perfeição das atividades tecnológicas e empresariais beneficiam – ao aumentar a produtividade marginal do trabalho e, por isso, dos salários e ao aumentar os preços pagos pela utilização dos recursos naturais – também aqueles tipos de indivíduos que não contribuem, eles mesmos, para a melhoria das condições e o aumento da "renda nacional".

O exame da "renda nacional" é uma tentativa prematura de justificar a ideia marxista de que, sob o capitalismo, os bens são produzidos "socialmente" (*gesellschaftlich*) e, então, apropriados pelos indivíduos. Isso põe as coisas de ponta-cabeça. Na realidade, os processos de produção são atividades de indivíduos cooperando entre si. Cada colaborador individual recebe o que seus confrades – competindo uns com os outros como compradores no mercado – estão preparados para pagar por sua contribuição. Por amor à argumentação, devemos admitir, que a soma dos preços pagos por cada contribuição individual é o que poderíamos chamar de renda nacional total resultante. Isso, todavia, é um passatempo infundado para concluir que esse total fora produzido pela "nação" e lamentar – negligenciando a desigualdade das várias contribuições individuais – a desigualdade na suposta distribuição.

Não há nenhum motivo apolítico para prosseguir com o sumário de todas as rendas de uma "nação" e não dentro de uma fronteira ou de uma coletividade menor. Por que a renda nacional dos Estados Unidos e não a "renda estadual" do estado de Nova York ou a renda municipal da localidade de White Plains? Todos os argumentos que podem ser propostos em favor da preferência pelo conceito de "renda nacional" dos Estados Unidos em oposição a qualquer outra dessas unidades menores também pode ser explicado em favor de uma renda continental de todas as partes do continente americano, ou mesmo uma "renda mundial" em contraste com a renda nacional dos Estados Unidos. Essas são meras tendências políticas que tornam plausível a escolha dos Estados Unidos como uma unidade. Os responsáveis por tal escolha são críticos do que consideram desigualdade das rendas individuais dentro dos Estados Unidos – ou dentro do território de uma outra nação soberana – e objetivam uma maior igualdade de rendas dos cidadãos do próprio país. Não são nem a favor de uma equalização mundial das rendas nem de uma equalização dentro dos vários estados que formam os Estados Unidos ou suas subdivisões administrativas. Podemos concordar ou discordar dos objetivos políticos, mas não podemos negar que o conceito macroeconômico de renda nacional é um mero *slogan* político destituído de qualquer valor cognitivo.

7 - Realidade e Jogo

As condições naturais da existência dos ancestrais não humanos do homem prescreviam a necessidade de uma luta inclemente entre os pares até a morte. Associado ao caráter animal do homem está o impulso de agressão, o ímpeto de aniquilar todos os que com ele competem na tentativa de obter uma porção suficiente dos meios escassos de subsistência que não bastam para a sobrevivência de todos os já nascidos.

Somente para o animal mais forte havia a chance de permanecer vivo.

O que distingue o homem dos brutos é a substituição da inimizade mortal pela cooperação social. O instinto inato de agressão é suprimido a menos que desintegre o esforço combinado para preservar a vida e torná-la mais satisfatória por servir especificamente aos desejos humanos. Para acalmar as necessidades reprimidas, mas não extinguir plenamente aquelas voltadas para a ação violenta, lançamos mão de guerras e jogos. Aquilo que outrora fora extremamente sério, na ocasião era desportivamente replicado como um passatempo. O torneio parece uma luta, mas é apenas um cortejo. Todos os movimentos dos jogadores são estritamente controlados pelas regras do jogo. A vitória não consiste no aniquilamento da outra parte, mas em conseguir chegar a essa situação que as regras declaram ser bem-sucedida. Os jogos não são realidade, mas mera diversão. São o escape do homem civilizado para instintos de inimizade profundamente enraizados. Quando um jogo vem a ser um fim, vitoriosos e vencidos apertam as mãos e voltam à realidade da vida social, que é de cooperação e não de luta.

Dificilmente poderíamos interpretar erroneamente, de modo mais basilar, a essência da cooperação social e da tentativa econômica da humanidade civilizada do que olhar para isso como se fosse uma luta ou a réplica de uma luta, um jogo. Na cooperação social, todos, ao servir aos próprios interesses, servem aos interesses dos demais. Levados pelo impulso de melhorar as próprias condições, a pessoa acaba por melhorar as condições dos outros. O padeiro não prejudica aqueles para quem assa o pão; ele os serve. Todas as pessoas seriam lesadas se o padeiro parasse de produzir pão e o médico deixasse de atender aos doentes. O sapateiro não recorre a uma "estratégia" para frustrar os consumidores ao oferecer-lhes sapatos. A competição no mercado não deve ser confundida com a competição biológica implacável que prevalece entre animais e plantas, ou com guerras ainda travadas entre – infelizmente, não ainda de todo – nações civilizadas. A competição catalática no mercado destina-se a atribuir a cada indivíduo uma função no sistema social em que possa prestar a todos os demais o serviço mais valioso que seja capaz de realizar.

Sempre existem pessoas que são emocionalmente inaptas para conceber o princípio da cooperação em um sistema de divisão de tarefas. Podemos tentar compreender timologicamente essa debilidade. A compra de qualquer bem reduz o poder de compra do comprador para adquirir qualquer outro bem que também deseje possuir, embora, é claro, considere essa aquisição como algo menos importante que o bem que, na realidade, compra. Desse ponto de vista, considera qualquer compra que faz como um obstáculo que o impede de satisfazer alguns outros desejos. Caso não compre A, ou se tem de gastar menos por A, ele seria capaz de adquirir B. Há, para as pessoas de visão curta, um só passo para a inferência de que é o vendedor de A que o força a abster-se de B. Vê no vendedor não o homem que torna possível satisfazer um de seus desejos, mas o homem que o impede de satisfazer alguns dos outros desejos. O tempo frio o motiva a comprar combustível para a fornalha e reduz os recursos financeiros que pode gastar em outras coisas. No entanto, ele não culpa o tempo nem o anseio de se aquecer, põe a culpa no comerciante de carvão. Esse homem maléfico, pensa, lucra da sua dificuldade.

Tal foi o raciocínio que levou as pessoas a concluir que a fonte da qual o comerciante lucra repousa na necessidade e sofrimento do próximo. Segundo esse raciocínio, o médico ganha a vida da doença do paciente e não da cura. As padarias prosperam pela fome, não porque oferecem os meios de apaziguar a fome. Nenhum homem pode lucrar senão às expensas de outros homens; o ganho de alguém é necessariamente a perda de outrem. Em um ato de troca somente o vendedor ganha, ao passo que o comprador se sai mal. O comércio beneficia os vendedores ao prejudicar os compradores. A vantagem do comércio exterior, diz a doutrina mercantilista, antiga e moderna, consiste em exportar e não na importação adquirida pelas exportações[59].

À luz dessa falácia, o interesse do comerciante é prejudicar o público. Sua habilidade é a estratégia, por assim dizer, de infligir o maior malefício possível ao inimigo. Os adversários, cuja ruína trama, são os possíveis consumidores, bem como seus competidores, aqueles que como ele mesmo, embarcam em incursões contra o povo. O método mais apropriado para investigar, cientificamente, as atividades mercantis e o processo de mercado é analisar o comportamento e a estratégia das pessoas engajadas nos jogos[60].

---

[59] MISES, Ludwig von. *Ação Humana. Op. cit.*, p. 757 ss.
[60] NEUMANN, J. V. & MORGENSTERN, O. *Theory of Games and Economic*

Em um jogo há um prêmio definido que cabe ao vencedor. Se o prêmio é dado por um terceiro, a parte vencida sai de mãos vazias. Se o prêmio é formado pelas contribuições dos jogadores, o derrotado perde o dinheiro apostado em benefício da parte vitoriosa. Em um jogo há ganhadores e perdedores. Entretanto, um acordo comercial é sempre vantajoso para ambas as partes. Se tanto o comprador como o vendedor não considerarem a transação como a ação mais vantajosa que poderiam escolher sob as condições reinantes, não entrariam na negociação[61].

É verdade que o negociar, bem como o jogar é um comportamento racional. Também o são, todavia, todas as outras ações do homem. O cientista nas pesquisas, o assassino ao planejar o crime, o candidato a um cargo público ao buscar votos, o juiz na busca da decisão justa, o missionário nas tentativas de converter um infiel, o professor ao instruir seus pupilos, todos agem racionalmente.

Um jogo é um passatempo, é um meio de empregar o tempo livre e banir o tédio. Envolve custos e pertence à esfera do consumo. Entretanto, os negócios são um meio – o único meio – para aumentar a quantidade de bens à disposição para preservar a vida e torná-la mais agradável. Nenhum jogo pode, além do prazer que proporciona aos jogadores e espectadores, contribuir em nada para a melhoria da condição

---

Behavior. Princeton: Princeton University Press, 1944; LUCE, R. Ducan & RAIFFA, H. *Games and Decisions*. New York: John Wiley & Sons, 1957; dentre muitos outros livros e artigos.

[61] MISES, Ludwig von. *Ação Humana. Op. cit.*, p. 758.

humana⁶². É um erro equiparar os jogos com as conquistas da atividade comercial.

A busca de uma melhoria nas condições de existência impele o homem à ação. Ação requer planejamento e a decisão sobre qual dos vários planos é o mais vantajoso. No entanto, esse traço distintivo dos negócios não é o que lhe impõe tal tomada de decisão, mas é a que visa a melhoria das condições de vida. Jogos são folguedos, esporte e diversão; negócios são vida e realidade.

8 - A Interpretação Errônea do Clima de Opinião

Ninguém explica uma doutrina e as ações por ela engendradas caso declare que foi gerada pelo espírito da época ou pelo meio pessoal ou geográfico dos atores. Ao recorrer a tais interpretações, tal pessoa simplesmente enfatiza o fato de que uma ideia definida foi um acordo com outras ideias havidas por outras pessoas ao mesmo tempo e no mesmo meio social. O que é chamado de "espírito de época", dos membros de uma coletividade ou de um determinado meio social são exatamente as doutrinas que prevalecem entre os indivíduos por elas afetados.

As ideias que mudam o clima de opinião de um determinado ambiente são as nunca dantes ouvidas. Para essas

---

[62] Jogos planejados para o entretenimento dos espectadores não são propriamente jogos, mas *show business*.

novas ideias não há outra explicação senão a de que houve um homem cuja mente as concebeu.

Uma nova ideia é uma resposta oferecida por seu autor ao desafio das condições naturais ou das ideias desenvolvidas antes por outras pessoas. Ao olhar para trás na história das ideias – e das ações por elas criadas – o historiador deverá descobrir uma tendência definida na sucessão e poderá dizer que "logicamente" a ideia mais antiga fez com que surgisse a ideia mais recente. No entanto, a tal filosofia carece, retrospectivamente, qualquer justificativa racional. A tendência é desmerecer as contribuições do talento – o herói da história intelectual – e atribuir seu trabalho à conjuntura dos acontecimentos só faz sentido na estrutura da Filosofia da História que finge saber o plano secreto que Deus ou um poder sobre-humano (tal como as forças produtivas materiais no sistema de Marx) quer efetuar ao dirigir as ações de todos os homens. Do ponto de vista de tal filosofia todos os homens são fantoches compelidos a se comportar exatamente da maneira que o demiurgo lhes prescreveu.

9 - A Crença na Onipotência do Pensamento

Uma característica típica das ideias populares de hoje acerca da cooperação social é o que Sigmund Freud (1856-1939) chamou de crença na onipotência do pensamento humano (*die Allmacht des Gedankens*)[63]. Essa crença não é,

---

[63] FREUD, Sigmund. *Totem und Tabu*. Viena: Hugo Heller, 1913. p. 79 ss.

obviamente, (afora os psicopatas e neuróticos) mantida em relação à esfera que é pesquisada pelas ciências naturais. No campo dos acontecimentos sociais, todavia, é solidamente demonstrada. Evoluiu da doutrina que atribui a infalibilidade às maiorias.

O ponto essencial nas doutrinas políticas do Iluminismo foi a substituição do despotismo real pelo governo representativo. No conflito constitucional na Espanha, em que defensores do governo parlamentar brigavam com as aspirações absolutistas de Fernando VII (1772-1833) de Bourbon, os adeptos do regime constitucional eram chamados de "liberais" e os adeptos do rei de "servis". Logo, o nome "liberalismo" foi adotado por toda a Europa.

O governo representativo ou parlamentar (também chamado de governo pelo povo ou governo democrático) é dirigido por altos funcionários públicos designados pela maioria do povo. Demagogos tentam justificá-lo com um balbucio extático a respeito da inspiração sobrenatural das maiorias. No entanto, é um erro grave tentar pressupor que os liberais europeus e norte-americanos do século XIX defenderam-no porque acreditavam na sabedoria infalível, na perfeição moral, na justiça inerente e noutras virtudes do homem comum e, portanto, das maiorias. Os liberais queriam salvaguardar a evolução regular da prosperidade, bem como o bem-estar material e espiritual de todos os povos. Queriam abolir a pobreza e a indigência. Como meio para alcançar tais fins, defenderam instituições dirigidas para a cooperação pacífica de todos os indivíduos em várias nações, bem como para a paz internacional. Consideraram as guerras, fossem guerras civis (revoluções) ou estrangeiras, como uma perturbação do progresso regular da humanidade rumo a condições mais satisfatórias. Perceberam muito bem que a economia de mercado, a própria base da civilização moderna, envolvia a cooperação pacífica e era destruída quando as pessoas, em vez de trocar bens e serviços, brigavam entre si.

Por outro lado, os liberais compreenderam muito bem o fato de que o poder dos governantes repousa, em última análise, não na força material, mas nas ideias. Como David Hume (1711-1776) assinalou no famoso ensaio *"Of the First Principles of Government"* [*Sobre o Primeiro Princípio do Governo*][64], os governantes sempre são a minoria do povo. A autoridade e o poder que têm de exigir obediência da parte da imensa maioria dos súditos deriva da opinião destes de que servem melhor aos próprios interesses ao serem leais e observarem as ordens dos chefes. Caso essa opinião perca a força, a maioria, cedo ou tarde, promove uma rebelião. A Revolução – guerra civil – removerá um sistema de governo impopular e governantes impopulares e os substituirá por um sistema e por servidores públicos que a maioria considera como mais favorável à promoção de seus anseios. Para evitar tais distúrbios violentos à paz e suas perniciosas consequências, para salvaguardar o funcionamento pacífico do sistema econômico, os liberais advogam o governo pelos representantes da maioria. Esse plano possibilita a mudança

---

[64] Em português, o ensaio pode ser encontrado em: HUME, David. *Ensaios Morais, Políticos e Literários*. Trad. Luciano Trigo. Rio de Janeiro: Topbooks, 2004. (N. T.)

no arranjo dos negócios públicos. Torna desnecessário o recurso às armas e ao derramamento de sangue não só no âmbito doméstico como também nas relações internacionais. Quando cada território puder, pelo voto da maioria, determinar se deve formar um Estado independente ou ser parte de um Estado maior, não teremos mais guerras para conquistar mais províncias[65].

Ao defender o governo pela maioria do povo, os liberais do século XIX não nutriam quaisquer ilusões acerca da perfeição intelectual e moral de muitos, das maiorias. Sabiam que todos os homens são passíveis de erros e que isso poderia ocorrer à maioria, que, enganada por falsas doutrinas propagadas por demagogos irresponsáveis, embarcaria em políticas que findariam em desastres, e até mesmo na destruição de toda a civilização. No entanto, os liberais não estavam menos conscientes do fato de que nenhum método imaginável de governo poderia evitar tal catástrofe. Se a pequena minoria de cidadãos iluminados, capaz de conceber sólidos princípios de gestão política, não tiver sucesso em ganhar o apoio dos cidadãos e convertê-lo em endosso de políticas que tragam e preservem a prosperidade, a causa da humanidade e da civilização estão perdidas. Não há outro meio de salvaguardar um desenvolvimento propício para os assuntos humanos do que fazer com que as massas subordinadas adotem as ideias da elite. Isso tem

---

[65] A primeira condição para o estabelecimento da paz perpétua é, certamente, a adoção geral dos princípios do capitalismo *laissez-faire*. Sobre esse problema, ver: MISES, Ludwig von. *Ação Humana. Op. cit.*, p. 778 ss. Ver, também: MISES, Ludwig von. *Omnipotent Government*. New Haven: Yale University Press, 1944.

de ser conquistado pelo convencimento. Não pode ser realizado por um regime despótico que em vez de ilustrar as massas, as submete. No longo prazo, as ideias da maioria, não importando quão prejudiciais possam ser, continuarão. O futuro da humanidade depende da capacidade da elite em influenciar a opinião pública na direção correta.

Esses liberais não acreditavam na infalibilidade de ser algum nem na infalibilidade das maiorias. O otimismo acerca do futuro baseava-se na expectativa de que a elite intelectual persuadisse a maioria para aprovar políticas benéficas.

A história da última centena de anos[66] não consumou tais esperanças. Talvez a transição do despotismo dos reis e das aristocracias tenha ocorrido muito subitamente. De qualquer modo, é fato que a doutrina que imputa excelência moral e intelectual ao homem comum, e a consequente infalibilidade da maioria, tornou-se dogma fundamental da propaganda política "progressista". No desenvolvimento lógico mais remoto gerou a crença de que no campo da organização política e econômica da sociedade qualquer plano ideado pela maioria pode funcionar de maneira satisfatória. As pessoas não mais perguntam se o intervencionismo ou o socialismo podem levar aos efeitos que os defensores esperam. O mero fato de a maioria dos eleitores pedirem por isso é considerada prova irrefutável de que podem funcionar e que, inevitavelmente, resultarão nos benefícios esperados. Nenhum político está mais interessado na medida estar apta a produzir os fins desejados. Somente interessa a ele saber se a maioria dos

---

[66] Vale notar que este texto foi escrito na década de 1960. (N. T.)

eleitores apoia ou rejeita a medida[67]. Pouquíssimas pessoas prestam atenção ao que a "simples teoria" diz a respeito do socialismo e da prática dos "experimentos" socialistas na Rússia e noutros países. Quase todos os nossos contemporâneos acreditam firmemente que o socialismo transformará a Terra em um paraíso. Poderíamos chamar de quimera ou de crença na onipotência do pensamento.

No entanto, o critério de verdade é que isso funciona mesmo que ninguém esteja disposto a reconhecer.

10 - O Conceito de um Sistema Perfeito de Governo

O "engenheiro social" é o reformador que está preparado para "liquidar" todos os que não se ajustarem em seu plano para o arranjo dos assuntos humanos. Entretanto, historiadores e, às vezes, até mesmo as vítimas que condena à morte não são avessas a encontrar algumas circunstâncias atenuantes para os massacres ou carnificinas planejadas ao ressaltar que ele estava, em última análise, motivado por uma nobre ambição: desejava instituir a condição perfeita da humanidade. Atribuem-lhe um lugar na longa linhagem de planejadores de esquemas utópicos.

Ora, certamente é tolice desculpar desse modo assassinos em massa e bandoleiros sádicos como Josef Stalin

---

[67] É sintomático dessa mentalidade o peso que os políticos conferem aos resultados das pesquisas de opinião pública.

(1878-1953) e Adolf Hitler (1889-1945). Não há dúvida, todavia, que muitos dos mais sanguinários "liquidadores" foram guiados por ideias que inspiraram, desde tempos imemoriais, as tentativas dos filósofos de refletir sobre uma constituição perfeita. Uma vez que tenham desenhado um plano de tal ordem ideal, o autor põe-se em busca do homem que poderia instituí-lo ao suprimir a oposição de todos os que discordam. Nesse sentido, Platão (427-347 a.C.) estava aflito para encontrar um tirano que utilizasse seu poder para consumar o Estado ideal platônico. A questão se outras pessoas gostariam ou não daquilo que ele mesmo tinha reservado para elas nunca ocorreu a Platão. Estava implícito para ele que o rei que se tornasse filósofo ou o filósofo que se tornasse rei, somente ele, tinha o direito de agir e todas as demais pessoas, sem vontade própria, tinham de se submeter às ordens reais. Analisado do ponto de vista do filósofo que está firmemente convencido da própria infalibilidade, todos os dissidentes parecem ser meros rebeldes obstinados a resistir ao que lhes beneficiará.

A experiência conferida pela história, em especial nos últimos duzentos anos, não abalou a crença na salvação pela tirania e no extermínio dos dissidentes. Muitos de nossos contemporâneos estão firmemente convencidos de que o que precisamos para tornar, de fato, satisfatórios todos os assuntos humanos é a brutal supressão de todas as pessoas "más", isto é, daqueles dos quais discordam. Sonham com um sistema perfeito de governo que – como creem – já teria, há muito, percebido esses homens "maus" guiados pela estupidez e pelo egoísmo, e não teria impedido a sua instituição.

Uma escola de reformadores moderna, supostamente científica, rejeita essas medidas violentas e põe a culpa por tudo o que carece a condição humana na suposta falha do que é chamado de "Ciência Política". As ciências naturais, dizem, avançaram consideravelmente nos últimos séculos e a tecnologia nos deram, quase a cada mês, novos instrumentos que tornam a vida mais agradável. No entanto, *"o progresso político foi nulo"*. O motivo é que a *"Ciência Política permaneceu estagnada"*[68]. A Ciência Política deveria adotar os métodos das ciências naturais; não deveria mais perder tempo em especulações, mas deveria estudar os "fatos". Como nas ciências naturais, *"antes da teoria são necessários os fatos"*[69].

Dificilmente poderiam interpretar de modo mais lamentável cada aspecto das condições humanas. Ao restringir nossa crítica aos problemas epistemológicos envolvidos, temos de dizer: o que hoje é chamado de "Ciência Política" é um ramo da história que lida com a história das instituições políticas e com a história do pensamento político como manifestada nos escritos de autores que dissertaram sobre instituições políticas e esboçaram planos para alterá-las. Isso é história, e nunca pode, como tal, do modo como assinalamos acima, oferecer "fatos" no sentido que o termo é usado pelas ciências naturais experimentais. Não há necessidade de instar os

---

[68] PARKINSON, N. C. *The Evolution of Political Thought*. Boston: Houghton Mifflin, 1958. p. 306.
[69] Idem. *Ibidem*, p. 309.

cientistas políticos a reunir todos os fatos do passado remoto e da história recente, falsamente rotulados de *"experiência presente"* [70]. Na verdade, fazem todo o possível a esse respeito. E não faz sentido dizer que as conclusões derivam desse dever material *"de ser testado por experimentos"* [71]. É desnecessário repetir que as ciências da ação humana não podem realizar nenhum experimento.

Seria disparatado afirmar, de maneira apodítica, que a ciência nunca será bem-sucedida ao desenvolver uma doutrina praxiológica apriorística de organização política que põe uma ciência teórica ao lado de uma disciplina puramente histórica de Ciência Política. Tudo o que podemos dizer hoje é que nenhum homem vivo sabe como tal ciência pode ser construída. No entanto, mesmo que tal ramo novo da praxiologia um dia deva surgir, não teria utilidade para o tratamento os problemas que filósofos e estadistas anseiam por resolver.

Que toda ação humana tenha de ser julgada pelos frutos ou resultados é um antigo truísmo. É um princípio com o qual os Evangelhos concordam com os, inúmeras vezes mal compreendidos, ensinamentos da filosofia utilitária. O ponto crucial, todavia, é a imensa diferença entre as pessoas na avaliação dos resultados. O que alguns consideram como bom ou o melhor é, com frequência, apaixonadamente rejeitado por outros como totalmente mau. Os utópicos não se importam em nos dizer qual arranjo dos negócios do Estado melhor satisfariam os concidadãos. Simplesmente expõem

---

[70] Idem. *Ibidem*, p. 314.
[71] Idem. *Ibidem*, p. 314.

quais condições para o restante da humanidade seriam mais satisfatórias. Não lhes ocorre e nem aos adeptos que tentam realizar esses planos que existe uma diferença fundamental entre essas duas coisas. Os ditadores soviéticos e seu séquito pensam que tudo é bom na Rússia, desde que eles mesmos estejam satisfeitos.

Contudo, mesmo se por amor à argumentação colocarmos de lado essa questão, temos de sublinhar que o conceito de um sistema perfeito de governo é falacioso e autocontraditório.

O que eleva o homem acima de todos os outros animais é a percepção de que a cooperação pacífica sob o princípio da divisão de trabalho é um método melhor para preservar a vida e para remover o mal-estar do que ceder a uma competição biológica impiedosa para partilhar meios de subsistência escassos oferecidos pela natureza. Guiado por tal discernimento, somente o homem, dentre todos os seres vivos, objetiva conscientemente substituir o que os filósofos chamam de estado de natureza, o *bellum omnium contra omnes* ou a lei da selva da cooperação social. Entretanto, para preservar a paz, sendo como são os seres humanos, é indispensável estar prontos para repelir por meio de violência qualquer agressão, seja por parte dos bandidos domésticos ou por parte dos inimigos externos. Assim, a cooperação humana pacífica, o pré-requisito da prosperidade e da civilização não pode existir sem um aparato social de coerção e coação, isto é, sem um governo. Os males da violência, do roubo e do assassinato só podem ser evitados por uma instituição que, por si mesma, sempre que necessário, recorra aos próprios métodos de ação para prevenção pelos quais é instituída. Eis que emerge uma distinção entre o emprego ilegal da violência e o recurso legítimo ao seu uso. Por reconhecer tal fato algumas pessoas dizem ser o governo um mal, muito embora admitam ser um mal necessário. No entanto, o que é necessário para atingir um fim almejado e considerado como benéfico não é um mal na conotação moral do termo, mas um meio, o preço a ser pago. Não obstante, resta o fato de que ações consideradas altamente censuráveis e criminosas quando perpetradas por indivíduos "não autorizados" e aprovadas, quando cometidas por "autoridades".

O governo, como tal, não é somente um mal, mas a instituição mais necessária e benéfica, sem a qual nenhuma cooperação social duradoura e nenhuma civilização pode progredir e ser preservada. É um meio de lidar com a imperfeição inerente de muitos, talvez da maioria das pessoas. Se todas as pessoas fossem capazes de perceber que a alternativa à cooperação social pacífica é a renúncia a tudo que o distingue o *Homo sapiens* dos animais de rapina, e se todos tivessem a força moral sempre para agir corretamente, não haveria necessidade alguma de instituir um aparato social de coerção e opressão. Não é o Estado que é um mal, mas as falhas da razão e do caráter humanos que requerem, imperativamente, a atividade de um poder de polícia. O governo e o Estado nunca podem ser perfeitos porque devem a *raison d'être* à imperfeição do homem e podem alcançar seus fins, a eliminação do inato impulso humano à violência, somente pelo recurso à violência, a coisa mesma a que são convocados a prevenir.

É um expediente de dois gumes confiar ao indivíduo ou a um grupo de indivíduos a autoridade de recorrer à violência. A tentação que isso encerra é demasiado atraente para um ser humano. Os homens que devem proteger a comunidade da agressão violenta facilmente transformam-se nos mais perigosos agressores. Transgridem o mandato. Utilizam mal o poder para oprimir aqueles que supostamente defenderiam da opressão. O principal problema político é como evitar que o poder de polícia se torne tirânico. Esse é o significado de todas as lutas pela liberdade. A característica essencial da civilização ocidental, que a distingue das civilizações presas e petrificadas do Oriente foi e é a preocupação de tornarmo-nos livres do Estado. A história do Ocidente, da época da *pólis* dos gregos à resistência ao socialismo dos dias de hoje, é essencialmente a luta pela liberdade contra a usurpação dos funcionários públicos.

Uma escola rasa de filósofos sociais, os anarquistas, escolhem ignorar a questão ao sugerir uma estruturação da humanidade sem o Estado. Simplesmente ignoram o fato do homem não ser anjo. São obtusos demais para perceber que, no curto prazo, um indivíduo ou um grupo de indivíduos pode, por certo, promover os próprios interesses à custa do interesse de terceiros, no longo prazo. Uma sociedade que não esteja preparada para impedir os ataques de agressores antissociais ou de pouca visão é impotente e está à mercê dos membros menos inteligentes e mais brutais. Ainda que Platão tenha fundado sua utopia na esperança de que um pequeno grupo de filósofos de perfeita sabedoria e moral impecável estivesse disponível para a condução suprema dos assuntos, os anarquistas supõem que todos os homens, sem exceção, serão dotados de perfeita sabedoria e impecabilidade moral. Erram ao imaginar que nenhum sistema de cooperação social possa eliminar o dilema entre o interesse de um homem ou de um grupo no curto prazo e os que surgirão no longo prazo.

A propensão atávica do homem em forçar a submissão das demais pessoas manifesta-se claramente na popularidade desfrutada pelo plano socialista. O socialismo é totalitário. Somente o autocrata ou o conselho de autocratas são obrigados a agir. Todos os outros homens serão privados de qualquer poder discricionário de escolher e de almejar os fins escolhidos; os oponentes serão liquidados. Ao aprovar tal plano, todo socialista indica, tacitamente, que os ditadores, aqueles aos quais foram confiados o gerenciamento da produção e todas as funções do governo, concordarão exatamente com as suas ideias a respeito do que é desejável e o que é indesejável. Ao deificar o Estado – se é um marxista ortodoxo, chama-o de sociedade – e ao atribuir-lhe poder ilimitado, deifica a si mesmo e intenta a violenta supressão de todos dos quais discorda. O socialista não vê problema algum na condução dos negócios políticos porque só se importa com a própria satisfação e não leva em conta a possibilidade de que um governo socialista possa proceder de uma maneira que ele não goste.

Os "cientistas políticos" estão livres das ilusões e autoenganos que arruínam o julgamento dos anarquistas e socialistas. No entanto, ocupados com o estudo de um imenso material histórico, tornam-se preocupados com o detalhe, com as inúmeras instâncias de ciúmes mesquinhos, inveja, ambição pessoal e cobiça apresentada pelos atores na cena política. Atribuem o fracasso de todos os sistemas políticos até agora tentados à fraqueza intelectual e moral do homem. Como veem o problema, esses sistemas fracassaram porque o funcionamento satisfatório exigiria homens de qualidade moral e intelectual presentes apenas de maneira excepcional na realidade. Ao partir dessa doutrina, tentam esboçar planos para uma ordem política que possa funcionar automaticamente, por assim dizer, e que não seria enredada pela inaptidão e vícios dos homens. A constituição ideal deveria salvaguardar uma conduta irrepreensível nos negócios públicos apesar da corrupção do povo e dos governantes e da ineficiência. Os que buscam tal sistema legal não se satisfizeram nas ilusões dos utópicos que pressupunham que todos os homens, ou ao menos uma minoria de homens superiores é imaculada e eficiente. Regozijam-se com sua abordagem realista do problema, mas nunca suscitam a questão de como os homens maculados por todas as imperfeições inerentes ao caráter humano podem ser induzidos a se submeter voluntariamente, de modo que os impeça de dar vazão aos caprichos e desejos.

No entanto, a principal deficiência dessa suposta abordagem realista ao problema não é somente essa. É para ser visto na ilusão de que o governo, uma instituição cuja função essencial é o emprego da violência, pode ser operado segundo os princípios da moralidade que condenam peremptoriamente o recurso à violência. O governo percute a submissão, o aprisionamento e o assassinato. As pessoas podem estar propensas a esquecer disso porque o cidadão obediente à lei submete-se humildemente às ordens das autoridades de modo a evitar a punição. Os juristas, todavia, são mais realistas e chamam a lei a qual nenhuma sanção é apensada de lei imperfeita. A autoridade da lei feita pelos homens deve-se, em sua inteireza, às armas dos policiais que compelem à obediência aos dispositivos. Nada do que deve ser dito sobre a necessidade da ação governamental e dos benefícios dela derivados pode retirar ou mitigar o sofrimento dos que estão extenuados nas prisões. Nenhuma reforma poderá tornar perfeitamente satisfatório o funcionamento de uma instituição cuja atividade essencial consiste em infligir dor.

A responsabilidade pelo erro em descobrir um sistema perfeito de governo não repousa no suposto atraso do que é chamado de Ciência Política. Se os homens fossem perfeitos, não haveria a necessidade de governo. Com homens imperfeitos, nenhum sistema de governo pode funcionar de modo satisfatório.

A superioridade do homem consiste nesse poder de escolher os fins e recorrer aos meios para chegar aos fins almejados; as atividades do governo pretendem restringir esse critério dos indivíduos. Todo homem pretende evitar o que lhe causa dor. As atividades do governo consistem, em última análise, no infligir dor. Todos os grandes feitos da humanidade foram produto de um esforço espontâneo da parte dos indivíduos; o governo substitui a coerção por ação voluntária. É verdade, o governo é indispensável porque os homens não são irrepreensíveis. Projetado, contudo, para lidar com alguns aspectos da imperfeição humana, nunca pode ser perfeito.

11 - As Ciências Comportamentais

As pretensas Ciências Comportamentais desejam lidar, cientificamente, com o comportamento humano[72]. Rejeitam como "não científicos" e "racionalistas" os métodos da Praxiologia e da Economia; por outro lado, denigrem a história por ser antiquada e sem quaisquer aplicações práticas para a melhoria das condições humanas. A suposta disciplina que apresentam irá, prometem, lidar com cada aspecto do comportamento humano e providenciar, portanto, o conhecimento que prestará inúmeros serviços aos empreendimentos para melhorar a sina da humanidade.

Os representantes dessa nova ciência não estão preparados para perceber que são historiadores e que recorrem aos métodos de pesquisa histórica[73]. O que com frequência – mas nem sempre – os distingue dos historiadores comuns é que, como os sociólogos, escolhem como o assunto principal das pesquisas as circunstâncias do passado recente e aspectos da conduta humana que a maioria dos historiadores de outrora costumava negligenciar. Mais extraordinário deve ser o fato de que seus tratados sempre sugerem uma determinada política, como supostamente "ensinada" pela história, uma postura que a maioria dos historiadores sérios há muito abandonou. Não é nosso objeto criticar os

---

[72] Não podemos confundir as "ciências comportamentais" com behaviorismo. Sobre este último, ver: MISES, Ludwig von. *Ação Humana. Op. cit.*, p. 52.
[73] É claro que alguns desses acadêmicos lidam com problemas de medicina e higiene.

métodos aplicados nesses livros e artigos, nem questionar as predisposições políticas um tanto ingênuas por vezes demonstradas pelos autores. O que torna conveniente prestar atenção a tais estudos comportamentais é o descuido para com um dos princípios epistemológicos mais importantes da história, o princípio da relevância.

Na pesquisa experimental das ciências naturais tudo que pode ser observado é suficientemente relevante para ser registrado. Como, segundo o *a priori* que existe no início de toda pesquisa nas ciências naturais, o que quer que aconteça está prestes a acontecer como efeito regular daquilo que o precedeu, todo acontecimento corretamente observado e descrito é um "fato" que tem de ser integrado no corpo teórico de doutrina. Nenhum relato de experiência é sem alguma relevância na totalidade do conhecimento. Como consequência, todo projeto de pesquisa, se realizado de modo cioso e habilidoso, deve ser tido como uma contribuição para o esforço científico da humanidade.

Nas ciências históricas isso é diferente. Lidam com as ações humanas: os juízos de valor que as animam, a capacidade de uso dos meios escolhidos para a execução e os resultados delas derivados. Cada um desses fatores exerce função própria na sucessão de eventos. A principal tarefa do historiador é designar, tão corretamente quanto o possa, todos os fatores no espectro dos efeitos. Essa quase quantificação, tal determinação da *relevância* de cada fator, é uma das funções que a compreensão específica das ciências históricas é chamada a realizar[74].

No campo da história (no sentido mais amplo do termo) preponderam diferenças consideráveis entre os vários tópicos que poderiam se tornar objeto de atividades de pesquisa. É insignificante e sem sentido determinar, em termos gerais, "o comportamento do homem" como o programa de atividades de uma disciplina. O homem objetiva um número infinito de metas e lança mão de um número infinito de meios diferentes para as conseguir. O historiador (ou, nesse caso, o cientista comportamental) deve escolher um tópico de relevância para o destino da humanidade e, portanto, também para a ampliação de nosso conhecimento. Não deve perder o tempo com ninharias. Ao escolher o tema de seu livro, classifica-se. Um pode escrever sobre a história da liberdade, outro, sobre a história do jogo de cartas. Um pode escrever a biografia de Dante Alighieri (1265-1321), outro a biografia de um *maître* de um hotel chique[75].

Como os grandes assuntos do passado da humanidade já foram estudados pelas ciências históricas tradicionais, o que restou para as ciências comportamentais são estudos detalhados sobre os prazeres, tristezas e crimes do homem comum. Para coletar material recente sobre esses e outros assuntos similares não é necessária técnica ou conhecimento especial algum. Todo universitário pode ingressar imediatamente em

---

[74] Ver no presente livro: "Certeza e Incerteza". p. 185 ss. Mais precisamente, ver: "A Quantificação e a Compreensão no Agir e na História". p. 192 ss. (N. T.)
[75] SCHRIFTGIESSER, Karl. *Oscar of the Waldorf*. New York: E. P. Dutton, 1943.

algum projeto. Há um número ilimitado de assuntos para teses de doutorado e tratados consideravelmente maiores. Muitos deles lidam com temas bastante triviais, destituídos de qualquer valor para o aprimoramento de nosso saber.

As assim chamadas Ciências Comportamentais mal necessitam de completa reorientação do ponto de vista do princípio da relevância. É possível escrever um livro volumoso sobre cada um dos assuntos, mas a questão é se tal livro lidará com algo que seja relevante do ponto de vista.

Capítulo 6

1 - A Abordagem Zoológica dos Problemas Humanos

O naturalismo planeja lidar com os problemas da ação humana do modo como a zoologia lida com todos os outros seres vivos. O behaviorismo quer apagar o que distingue a ação humana do comportamento dos animais. Nesses esquemas não há espaço para a qualidade especificamente humana, o traço distintivo do homem, a saber, o esforço constante após a escolha dos propósitos. Ignoram a mente humana. O conceito de finalidade é-lhes estranho.

Visto zoologicamente, o homem é um animal. No entanto, nele predomina uma diferença fundamental entre as condições de todos os outros animais e as do homem. Cada ser vivo é, de modo natural

Outras Consequências da Desatenção ao Pensamento Econômico

inimigo implacável de outro ser vivo, em especial de todos os outros membros de sua espécie, pois os meios de subsistência são escassos. Não permitem que todos os espécimes sobrevivam e consumem a existência até que consumam toda a vitalidade inata. Esse conflito irreconciliável de interesses essenciais prepondera, primeiro, entre todos os membros de uma mesma espécie porque dependem, para sobreviver, dos mesmos tipos de alimento. A natureza é literalmente de "rubros dente e garra"[76].

O homem também é um animal. Difere, todavia, de todos os outros animais pois, por força da razão, descobriu a grande lei cósmica da maior produtividade de cooperação sob o princípio da divisão do trabalho. O homem é, como formulou Aristóteles (384-322 a.C.), o ζῷον πολιτικόν (*Zôion politikòn*), o animal social. É "social", contudo,

---

[76] No original: "*red in tooth and claw*". *In*: Tennyson. *In Memoriam* A. H. H. (1850). Canto 56, iv.

não no sentido de sua natureza animal, mas por conta de sua qualidade humana específica. Espécimes de sua própria espécie zoológica não são, para o indivíduo humano, inimigos mortais que se lhe opõem em uma competição biológica implacável, mas cooperadores ou cooperadores em potencial nos esforços conjuntos para melhorar as condições externas do próprio bem-estar. Um golfo intransponível separa o homem de todos os seres que não têm a capacidade de apreender o sentido da cooperação social.

2 - A Abordagem das "Ciências Sociais"

É costume hipostatizar a cooperação social ao empregar o termo "sociedade". Alguma operação misteriosa sobre-humana, dizem, criou a sociedade e, peremptoriamente, requer que o homem sacrifique seu egoísmo insignificante em benefício da sociedade.

O tratamento científico desses problemas começa pela rejeição radical da abordagem mitológica. Aquilo a que o indivíduo renuncia para cooperar com outros indivíduos não são os seus interesses pessoais em oposição aos da sociedade fantasma. Abandona uma vantagem imediata para colher, posteriormente, uma vantagem maior. Seu sacrifício é provisório. Escolhe entre os interesses no curto prazo e os interesses no longo prazo, aqueles que os economistas clássicos costumavam chamar de interesses "corretamente compreendidos".

A filosofia utilitarista não vê as regras da moralidade como leis arbitrárias impostas ao homem por uma divindade tirânica com a qual o homem deve aquiescer sem maiores questionamentos. Comportar-se de acordo com as regras necessárias para a preservação da cooperação social é, para o homem, o único meio de alcançar com segurança todos os fins que deseja.

As tentativas de rejeitar essa intepretação racionalista da moralidade do ponto de vista dos ensinamentos cristãos são inúteis. Segundo a doutrina fundamental da teologia e da filosofia cristãs, Deus criou a mente humana ao dotar o homem de suas faculdades. Assim como a revelação e a razão humana são manifestações do poder de Deus, Ele não pode, em última análise, gerar desavença entre elas. É objeto da filosofia e da teologia demonstrar a concordância entre revelação e razão. Eis o problema, cuja solução a patrística e a escolástica buscaram encontrar[77]. A maioria desses pensadores duvidavam se a mente humana, sem o auxílio da revelação, teria sido capaz de tomar ciência daquilo que ensinavam os dogmas, em especial, os da Encarnação e da Trindade. Não expressavam, no entanto, dúvidas sérias a respeito da faculdade humana de raciocinar com relação a outras coisas.

Os ataques populares à filosofia social do Iluminismo e à doutrina utilitária como ensinada pelos economistas clássicos não começou na teologia cristã, mas na argumentação teísta, ateísta e antiteísta. Davam por certa a existência de

---

[77] ROUGIER, L. *La scolastique et le thomisme*. Paris: Gauthier-Villars, 1925. p. 36 ss, 84 ss, 102 ss.

outros coletivos e não se perguntavam como tais coletivos vieram a existir nem em que sentido "existiam". Imputavam ao coletivo de escolha – à humanidade (*humanité*), à raça, à nação (no sentido, em inglês e francês que corresponde ao alemão *Staat*), à nacionalidade (totalidade de pessoas que falam a mesma língua), à classe social (no sentido marxista) e a outros tantos – todos os atributos de ação dos indivíduos. Defendiam que a realidade desses coletivos podia ser percebida diretamente e que existiam aparte e acima das ações dos indivíduos que lhes pertenciam. Pressupunham que a lei moral obrigasse aos indivíduos a subordinar os próprios desejos e interesses privados "insignificantes" aos do coletivo ao qual pertenciam "por direito" e ao qual deviam fidelidade incondicional. O indivíduo que busque o próprio interesse ou que prefira a lealdade de um coletivo "verdadeiro" à de um "falso" é um insubmisso.

A principal característica do coletivismo é não levar em conta a vontade individual e a autodeterminação moral. À luz dessa filosofia, o indivíduo nasce em um coletivo e é "natural" e apropriado que ele se comporte como é esperado que um membro desse coletivo se comporte. Esperado por quem? É claro que esperado por aqueles indivíduos aos quais foi confiada, por decretos misteriosos de alguma agência misteriosa, a tarefa de determinar a vontade coletiva e dirigir a ação do coletivo.

No autoritarismo do *ancien régime*, isso foi baseado numa espécie de doutrina teocrática. O rei ungido governava pela graça de Deus; seu mandato vinha de Deus. Ele era a personificação do reino. "França" era o nome tanto do rei quanto do país, os filhos do rei eram *enfants de France* (filhos da França). Os súditos que desafiassem as ordens reais eram rebeldes.

A filosofia social do Iluminismo rejeitou essa presunção. Chamou a todos os franceses de *enfants de la patrie*, filhos da pátria. Não era mais obrigatória a unanimidade compulsória em todos os assuntos políticos e essenciais. A instituição do governo representativo – o governo do povo – reconhecia o fato de que as pessoas podiam discordar com relação a questões políticas e que aqueles que partilhassem da mesma opinião poderiam se consorciar em partidos. O partido ficaria no governo desde que fosse apoiado pela maioria.

O neoautoritarismo do coletivismo estigmatizou esse "relativismo" como contrário à natureza humana. O coletivo é visto como uma entidade acima dos interesses dos indivíduos. É irrelevante se os indivíduos concordam espontaneamente ou não com os interesses do todo. De qualquer modo, têm o dever de concordar. Não existem partidos, existe somente o coletivo[78]. Todas as pessoas são compelidas moralmente a concordar com as ordens coletivas. Caso desobedeçam, são forçados a se entregar. Isso é o que o marechal russo Gueorgui Jukov (1896-1974) chamou de "sistema idealista" em oposição ao "sistema materialista" do

---

[78] Etimologicamente, o termo "partido" deriva de "parte" em oposição ao termo "todo". Um partido sem membros não difere do todo e, portanto, não é um partido. O *slogan* "sistema de partido único" foi inventado pelos comunistas russos (e copiado por seus adeptos, os fascistas italianos e os nazistas alemães) para dissimular a abolição da liberdade individual e o direito de discordar.

individualismo ocidental que o comandante geral das forças norte-americanas achou "um pouco difícil" de defender[79].

As ciências sociais estão comprometidas com a propagação da doutrina coletivista. Não desperdiçam palavras acerca da tarefa incorrigível de negar existência aos indivíduos ou provar-lhes a vilania. Ao definir como o objetivo das ciências sociais o interesse *"nas atividades do indivíduo como membro de um grupo"* [80] e insinuando que as ciências sociais assim definidas cobrem tudo o que não pertence às ciências naturais, simplesmente ignoram a existência do indivíduo. Na visão deles, a existência de grupos ou coletivos é um dado fundamental. Não tentam buscar pelos fatores que fazem os indivíduos cooperar uns com os outros e criar, assim, o que é chamado de grupos ou coletivos. Para eles, o coletivo, assim como a vida ou a mente, é um fenômeno primário, origem daquilo a que a ciência não consegue remontar à operação de algum outro fenômeno. Como consequência, as ciências sociais não conseguem explicar como pode acontecer de existir uma multidão de coletivos e que os mesmos indivíduos sejam membros, concomitantemente, de coletivos diferentes.

---

[79] Sobre esse incidente, ver: BUCKLEY Jr., W. F. *Up from Liberalism*. New York: McDowell, Obolensky, 1959. p. 164-68.

[80] SELIGMAN, E. R. A. "What Are the Social Sciences?" *Encyclopedia of the Social Sciences*, I, 3.

3 - A Abordagem da Economia

A Economia ou Cataláctica, o único ramo da ciência teórica da ação humana que até agora foi elaborada, vê os coletivos como criações da cooperação dos indivíduos. É guiada pela ideia de que determinados fins procurados podem ser alcançados de modo ainda melhor pela cooperação; homens associam-se uns com os outros em cooperação e, assim, produzem o que é chamado de grupos ou coletivos ou, simplesmente, sociedade humana.

O modelo ideal de coletivização ou socialização é a economia de mercado, e o princípio fundamental da ação coletiva é a troca mútua de serviços, o *quid pro quo*. O indivíduo dá e serve para ser recompensado pelos bens e serviços de outros homens. Dá o que valoriza menos para receber algo que, no momento da transação, considera mais desejável. Troca – compra ou vende – porque crê que isso é a coisa mais vantajosa que pode fazer no momento.

A compreensão intelectual daquilo que os indivíduos fazem ao intercambiar bens e serviços foi obscurecida pelo modo como as ciências sociais distorceram o significado de todos os termos que a isso diziam respeito. No jargão dessas ciências, "sociedade" não significa o resultado produzido pela substituição dos esforços isolados dos indivíduos pela mútua cooperação entre os indivíduos para melhorar suas condições. Significa uma entidade mítica coletiva em nome do qual é esperado que um grupo de dirigentes tomem conta desses membros. Consequentemente, empregam o adjetivo "social" e o substantivo "socialização".

A cooperação social entre os indivíduos – sociedade – tanto pode ser baseada na coordenação espontânea como pode estar sob comando e subordinação. Na terminologia de Henry Sumner Maine (1822-1888), por contrato ou por condição. Na estrutura do contrato da sociedade, o indivíduo integra-se espontaneamente, na estrutura da condição social, seu lugar e funções – os deveres – são atribuídos a ele pelos que estão no comando do aparato de compulsão e opressão. Enquanto na sociedade contratual esse aparato – o governo ou o Estado – só interfira para debelar maquinações violentas ou fraudulentas que subvertam o sistema de trocas mútuas de serviço, na sociedade estruturada pela condição, ele mantém o funcionamento do sistema por ordens e proibições.

A economia de mercado não foi inventada por uma inteligência suprema, não foi planejada inicialmente como um esquema utópico e depois posta em funcionamento. As ações espontâneas dos indivíduos, que nada mais visam senão a melhoria do próprio estado de satisfação, destruiu, pouco a pouco, o prestígio do sistema coercitivo de sociedade por condição social. Só então, quando a eficiência superior da liberdade econômica não podia mais ser questionada, a filosofia social entrou em cena e demoliu a ideologia do sistema por condição social. A supremacia política dos que apoiavam a ordem pré-capitalista foi anulada por guerras civis. A própria economia de mercado não era um produto da ação violenta – de revoluções – mas, de uma série de mudanças pacíficas graduais. As implicações do termo "Revolução Industrial" são totalmente enganosas.

4 - Uma Observação sobre a Terminologia Legal

Na esfera política, a derrubada violenta dos métodos pré-capitalistas de governo resultaram no completo abandono dos conceitos feudais de lei pública e do desenvolvimento de uma nova doutrina constitucional com conceitos e termos jurídicos anteriormente desconhecidos (Somente na Inglaterra, onde, primeiro, a transformação do sistema de supremacia real em um sistema de uma casta privilegiada de proprietários rurais e, depois, no sistema do governo representativo com direito de voto dos adultos foi efetuada por uma sucessão de mudanças pacíficas[81]; a terminologia do *ancien régime*, foi em grande parte preservada, ao passo que o significado original dos termos, há muito já estava desprovido de qualquer aplicabilidade prática). Na esfera da lei civil, a transição das condições pré-capitalistas para as condições capitalistas foi realizada por uma série de pequenas mudanças por ações de pessoas que não tinham o poder de alterar formalmente as instituições e conceitos jurídicos tradicionais. Os novos métodos de fazer negócio gerados por novos ramos da lei se desenvolveram de costumes e práticas comerciais antigos.

---

[81] Não foram as revoluções do século XVII que transformaram o sistema britânico de governo. Os efeitos da primeira revolução foram anulados pela Restauração e, na Revolução Gloriosa de 1688, o governo real simplesmente foi transferido de um rei "legítimo" para outros membros de sua família. A luta entre o absolutismo dinástico e o regime parlamentar da aristocracia rural continuou durante a maior parte do século XVIII. Só veio a terminar quando foram frustradas as tentativas do terceiro rei da casa de Hanover reviver o regime pessoal dos Tudor e dos Stuart. A substituição da regra aristocrática pela popular foi – no século XIX – realizada por uma sucessão de reformas eleitorais.

No entanto, por mais que os novos métodos tenham transformado radicalmente a essência e o significado das instituições jurídicas tradicionais, admitiu-se que aqueles termos e conceitos da lei antiga que permaneciam em uso continuassem a significar as mesmas condições sociais e econômicas de eras passadas. A retenção dos termos tradicionais impediu que observadores superficiais notassem o significado pleno das mudanças fundamentais efetuadas. Um exemplo notável é dado pelo uso do conceito de propriedade.

Onde, de modo geral, predomina a autossuficiência econômica de cada família e, por isso, não existe para a maior parte de todos os outros produtos uma troca regular, o significado de propriedade dos bens de produção não difere do significado de propriedade dos bens de consumo. Em cada um dos casos, a propriedade serve exclusivamente ao seu dono. Possuir algo, seja um bem de produção ou um bem de consumo, significa tê-lo para só para si e com ele lidar para a própria satisfação.

Isso, no entanto, é bem diferente na estrutura da economia de mercado. O dono dos bens de produção é forçado a empregá-los para a melhor satisfação possível dos desejos dos consumidores. Perde sua propriedade, caso outras pessoas o eclipsarem ao servir melhor o consumidor. Na economia de mercado, a propriedade é adquirida e preservada ao servir ao público e é perdida quando o público fica insatisfeito pelo modo como é servido. A propriedade privada dos fatores de produção é um mandato público, por assim dizer, que é retirado tão logo os consumidores pensem que outras pessoas a empregariam de maneira mais eficiente. Por intermédio da instrumentalidade do sistema de perdas e ganhos, os proprietários são obrigados a lidar com a propriedade "deles" como se fosse a propriedade de outras pessoas, a eles confiada com a obrigação de utilizá-la para a melhor satisfação possível dos possíveis beneficiários, os consumidores. Todos os fatores de produção, dentre eles também o fator humano, a saber, o trabalho, servem à totalidade dos membros da economia de mercado. Esse é o verdadeiro significado e a característica real da propriedade privada dos fatores materiais da produção no capitalismo. Isso só pode ser ignorado e mal interpretado porque as pessoas – economistas e advogados, assim como leigos – foram desviados pelo fato de que o conceito legal da propriedade como desenvolvido pelas práticas jurídicas e doutrinas das eras pré-capitalistas mantiveram-se imutáveis ou foram ligeiramente alteradas, apesar do significado eficiente ter sido modificado radicalmente[82].

É necessário lidar com essa questão em uma análise dos problemas epistemológicos das ciências da ação humana porque isso demonstra como a abordagem da praxiologia moderna difere radicalmente dos modos tradicionais mais antigos de estudar as condições sociais. Cegos pela aceitação acrítica das doutrinas legalistas das eras pré-capitalistas, gerações inteiras de autores falharam em ver os traços distintivos da economia de mercado e da propriedade privada dos meios de produção na economia de mercado. Do ponto de

---

[82] Ver MISES, Ludwig von. *Die Gemeinwirtschaft*. 2 ed. Jena, 1932 p. 15 ss. Na edição em língua inglesa, ver: MISES, Ludwig von. *Socialism*. Yale University Press, 1951, p. 40 ss (reeditado por Indianapolis: Liberty Fund, 1981).

vista deles, os capitalistas e empresários parecem autocratas irresponsáveis, ao administrar os assuntos econômicos em benefício próprio, sem consideração alguma para com os interesses das demais pessoas. Retratam o lucro como um ganho injusto derivado da "exploração" dos empregados e consumidores. A denúncia veemente do lucro os impediu de perceber que é exatamente a necessidade de lucros e de evitar perdas que força esses "exploradores" a satisfazer aos consumidores oferecendo o melhor de suas capacidades, oferecendo-lhes aqueles bens e serviços que necessitam mais urgentemente. Os consumidores são soberanos porque determinam, em última análise, o que será produzido, em que quantidade e com qual qualidade.

5 - A Soberania dos Consumidores

Uma das características da economia de mercado é o modo específico com que ela lida com os problemas oferecidos pela desigualdade biológica, moral e intelectual dos homens.

Nas épocas pré-capitalistas, os superiores, isto é, os indivíduos mais espertos e eficientes, subjugavam e cativavam as massas dos menos eficientes. Numa sociedade em que vige a condição social existem castas, existem senhores e servos. Todos os assuntos são conduzidos para o benefício único dos senhores, ao passo que os servos têm de trabalhar duro para os seus senhores.

Na economia de mercado, as melhores pessoas são forçadas, pela instrumentalidade dos lucros e perdas, a servir aos interesses de todos, dentre eles, das massas de pessoas inferiores. Em tal estrutura, as situações mais desejáveis podem ser realizadas somente por ações que beneficiam todas as pessoas. As massas, na qualidade de consumidoras, determinam, por fim, as rendas e riquezas de todos. Confiam o controle dos bens de capital àqueles que sabem como empregá-los para sua melhor satisfação.

É verdade, claro, que na economia de mercado, não são os que se saem melhor, do ponto de vista de um juízo ilustrado, que devem ser considerados como os indivíduos mais importantes da espécie humana. As multidões rudes de pessoas comuns não estão aptas a reconhecer devidamente os méritos daqueles que lhes ofuscam a própria miséria. Consideram todos do ponto de vista da satisfação de seus desejos. Assim, campeões de boxe e autores de histórias de detetive desfrutam de um prestígio maior e ganham mais dinheiro que filósofos e poetas. Os que lamentam esse fato, certamente, estão corretos, mas não podemos imaginar um sistema social que recompense com justiça as contribuições do inovador cujo gênio levou a humanidade a ideias antes impensadas e, portanto, rejeitadas por todos os que não tiveram a mesma inspiração.

O que a assim chamada democracia do mercado faz surgir é um estado de coisas em que as atividades de produção são operadas por aqueles cuja conduta dos negócios sejam aprovadas pelas das massas por meio da compra dos produtos. Ao tornar as empresas lucrativas, os consumidores transferem o controle dos fatores de produção para as mãos daqueles empresários que lhes servem melhor. Ao tornar não lucrativas as empresas dos empresários incompetentes, elas retiram o controle daqueles empresários dos quais discordam do serviço. É antissocial, no sentido estrito do termo, caso os governos se intrometam nessas decisões das pessoas, ao tributar os lucros. Do ponto de vista verdadeiramente social, seria mais "social" tributar as perdas que os lucros.

A inferioridade da multidão se manifesta de modo mais convincente no fato de que detestam o sistema capitalista e estigmatizam os lucros gerados pelo próprio comportamento como injustos. A exigência de expropriar toda a propriedade privada e redistribuí-la igualmente entre todos os membros da sociedade faz sentido em uma sociedade totalmente agrícola. Aí, o fato de alguns possuírem grandes propriedades é o corolário de que outros nada possuem para sustentarem a si mesmos e às suas famílias. Isso, todavia, é diferente numa sociedade em que o padrão de vida dependa da oferta de bens de capital. O capital é acumulado pela parcimônia e poupança e mantido pela abstenção de desacumulá-lo e dissipá-lo. A riqueza de quem é próspero numa sociedade industrial é tanto causa e efeito do bem-estar das massas. Também aqueles que nada possuem são, por isso, enriquecidos, não empobrecidos.

O espetáculo oferecido pelas políticas dos governos contemporâneos é, de fato, paradoxal. O tão difamado interesse aquisitivo exagerado dos investidores e especuladores consegue, diariamente, ser bem-sucedido ao oferecer às massas bens e serviços que antes desconheciam. É derramada sobre as pessoas uma cornucópia de coisas, e para elas é incompreensível o método pelo qual todos esses utensílios maravilhosos são produzidos. Os beneficiários embaciados do sistema capitalista cedem à ilusão de que é a realização dos afazeres rotineiros que criam todas essas maravilhas. Dão votos aos governantes comprometidos com uma política de sabotagem e destruição. Olham para os "grandes negócios", necessariamente comprometidos em suprir o consumo em massa, como se fosse o maior inimigo público e aprovam cada medida que, como creem, melhora a própria condição ao "punir" aos que invejam.

Analisar os problemas aí contidos não é, por certo, tarefa da Epistemologia.

Capítulo 7

1 - O Caráter Não Experimental do Monismo

A visão de mundo do homem, como foi assinalado, é determinística. O homem não pode conceber a ideia de um nada absoluto ou algo que se origine do nada e, exteriormente, invada o universo. O conceito humano de universo compreende tudo o que existe. O conceito humano de tempo não conhece princípio ou fim do fluxo temporal. Tudo o que existe e tudo o que será estavam presentes, em potência, em algo que já existia antes. O que acontece está determinado a acontecer. A interpretação completa de cada acontecimento leva a um *regressus in infinitum*.

Esse determinismo ininterrupto, que é o ponto de partida epistemológico de tudo o que as ciências naturais experimentais fazem e ensinam, não deriva da experiência; é um *a priori*⁸³. Os positivistas lógicos compreendem o caráter apriorístico do determinismo e, fiéis ao empirismo dogmático, rejeitam de modo veemente o determinismo. Não estão cientes, contudo, de que não existe absolutamente nenhuma base lógica ou empírica para esse dogma essencial de seu credo, para a interpretação monista de todos os fenômenos. O que o empirismo das ciências naturais mostra é um dualismo de duas esferas sobre as relações mútuas das quais pouco sabemos. Há, por outro lado, a órbita dos acontecimentos exteriores sobre os quais nossos sentidos nos informam e há, por outro lado, a órbita dos pensamentos e ideias invisíveis e intangíveis. Só se não supusermos apenas que a faculdade de desenvolver o que chamamos

---

⁸³ "*La science est detérministe; elle l'est a priori; elle postule le déterminisme, parce que sans lui elle ne pourrait être*" (A ciência é determinista; é a priori, postula o determinismo, porque sem este ela não poderia ser). POINTCARÉ, Henri. *Derniére pensées*. Paris, 1913. p. 244.

"mente" já estava potencialmente lavrada na estrutura original das coisas que existiam desde a eternidade e que se realizou na série que a natureza dessas coisas necessariamente produziu, mas que também nesse processo não existia nada que não pudesse ser reduzido a fatos físicos e químicos, estaremos recorrendo à dedução a partir de um teorema abstrato. Não existe experiência que possa apoiar ou refutar tal doutrina.

Tudo o que as ciências experimentais ensinaram até agora sobre o problema mente-corpo é que prepondera certa conexão entre a faculdade de pensar do homem, o agir e as condições do corpo. Sabemos que danos ao cérebro podem danificar seriamente ou mesmo destruir todas as capacidades racionais do homem e que a morte, a desintegração total das funções fisiológicas dos tecidos vivos, invariavelmente apagam as atividades da mente que podem ser percebidas pela razão das outras pessoas. Entretanto, não sabemos nada sobre o processo que produz os pensamentos e as ideias dentro do corpo de um homem vivo. Acontecimentos externos quase idênticos impingem na mente humana resultados em diferentes pessoas e, com essas mesmas pessoas, em momentos diversos, diferentes pensamentos e ideias. A fisiologia não tem método algum que trate de maneira adequada com o fenômeno da reação da mente aos estímulos. As ciências naturais são incapazes de empregar seus métodos na análise do significado que o homem atribui a qualquer acontecimento do mundo exterior ou ao significado de outras pessoas. A filosofia materialista de Julien Offray de La Mettrie (1709-1751) e de Ludwig Feuerbach (1804-1872), o monismo de Ernst Haeckel (1834-1919) não são ciências naturais; são doutrinas metafísicas que pretendem a explicação de algo que as ciências naturais não podem explorar. Da mesma maneira o são as doutrinas do positivismo e do neopositivismo.

Ao estabelecer tais fatos não pretendo ridicularizar as doutrinas do monismo materialista e qualificá-las como disparates. Só os positivistas consideram todas as especulações metafísicas como contrassenso e rejeitam qualquer espécie de apriorismo. Filósofos e cientistas prudentes admitem, sem reservas, que a ciência natural contribuiu em nada que possa justificar os dogmas do positivismo e do materialismo e que todas essas escolas de pensamento ensinam metafísica, um tipo bem insatisfatório de metafísica.

As doutrinas que alegam para si o epíteto de radicais ou de empirismo puro e estigmatizam tudo o que não é ciência natural experimental como despropósito deixam de perceber que o suposto núcleo empírico de sua filosofia está totalmente baseado na dedução de uma premissa não comprovada. Tudo o que as ciências naturais podem fazer é reportar a todos os fenômenos que podem ser – direta ou indiretamente – percebidos pelos sentidos humanos, em última análise, a uma matriz de dados. Devemos rejeitar uma interpretação dualista ou pluralista da experiência e presumir que todos esses dados finais podem, com a evolução futura do conhecimento científico, ser imputados a uma fonte comum. Tal hipótese, todavia, não é ciência natural experimental. É uma interpretação metafísica. E igualmente o é a outra hipótese de que essa fonte também aparecerá como a raiz de onde se desenvolveram todos os fenômenos mentais.

Por outro lado, todas as tentativas dos filósofos de demonstrar a existência de um ser supremo por métodos mundanos de pensamento, seja pelo raciocínio apriorístico ou por retirar inferências de determinadas qualidades observadas em fenômenos visíveis e tangíveis, nos levaram a um impasse. Temos de perceber, contudo, que não é menos impossível demonstrar logicamente, pelos mesmos métodos filosóficos a não existência de Deus ou rejeitar a tese de que Deus criou de X do qual todas as ciências naturais são derivadas e a outra tese de que as capacidades inexplicáveis da mente humana vieram e vêm a existir por reiterada intervenção divina nos assuntos do universo. A doutrina cristã segundo a qual Deus criou a alma de cada indivíduo não pode ser refutada por um discurso racional assim como não pode ser provada dessa maneira. Não há nada nos feitos brilhantes das ciências naturais nem no raciocínio apriorístico que possa contradizer o *Ignorabimus* de Emil du Bois-Reymond (1818-1896)[84].

Não existe algo como uma filosofia científica no sentido que o positivismo lógico e o empirismo atribuem ao adjetivo "científico". A mente humana na busca pelo conhecimento recorre à filosofia ou à teologia exatamente porque visam explicações de problemas que as ciências naturais não podem responder. A filosofia lida com coisas além dos limites que a estrutura lógica da mente humana permite ao homem inferir das façanhas das ciências naturais.

---

[84] Referência ao discurso de 1880 diante da Academia de Ciências de Berlim, onde o médico e fisiologista Emil Du Bois-Reymond apresentou sete enigmas que a ciência ou a filosofia não conseguirão, segundo ele, explicar. Dentre os pontos que ele classificou como *Ignoramus et ignorabimus* (ignoramos e ignoraremos) estão os pontos: 1) a natureza última da matéria e da força; 2) a origem do movimento e 5) a origem das sensações simples. (N. T.)

2 - O Panorama Histórico do Positivismo

Não caracterizamos satisfatoriamente o problema da ação humana se dissermos que as ciências naturais têm – até agora, ao menos – falhado em oferecer alguma coisa que as elucide. A descrição correta da situação teria de enfatizar o fato de que as ciências naturais não detêm nem mesmo as ferramentas mentais para tornar-se conscientes da existência de tais problemas. As ideias e causas finais são categorias para as quais não existe espaço no sistema e na estrutura das ciências naturais. Sua terminologia carece de todos os conceitos e palavras que poderiam dar uma orientação adequada na órbita da mente e da ação. E todas as suas proezas, embora maravilhosas e benéficas, não tocam nem mesmo superficialmente os problemas essenciais da filosofia com que as doutrinas metafísicas e religiosas têm de tratar.

A evolução da opinião quase geralmente aceita para o oposto pode ser explicada com facilidade. Todas as doutrinas metafísicas e religiosas também contêm, além dos ensinamentos teológicos e morais, teoremas indefensáveis sobre fatos naturais que, com o desenvolvimento progressivo das ciências naturais, não só podiam ser refutados, mas também ridicularizados. Os teólogos e metafísicos tentaram obstinadamente defender essas teses, relacionadas apenas de modo superficial com o núcleo da mensagem, que para a mente treinada nas ciências pareciam somente fábulas e mitos. Os poderes seculares das igrejas perseguiram cientistas que tiveram a coragem de se afastar desses ensinamentos. A história da ciência na órbita do cristianismo ocidental é uma história de conflitos em que as doutrinas das ciências sempre foram mais bem fundamentadas que as da teologia oficial. Humildemente, os teólogos, por fim, tiveram de admitir, em todas as controvérsias, que os adversários estavam certos e que eles estavam errados. O exemplo mais espetacular de tal derrota inglória – talvez não da teologia como tal, mas certamente dos teólogos – foi o êxito dos debates sobre evolução.

Desse modo, originou-se a ilusão de que todas as questões teológicas tratavam com o que, um dia, seria resolvido de modo pleno e irrefutável pelas ciências naturais. Da mesma maneira como Nicolau Copérnico (1473-1543) e Galileu substituíram uma doutrina indefensável apoiada pela Igreja por uma teoria melhor dos movimentos celestiais, alguém pode esperar que futuros cientistas tenham sucesso na substituição de todas as doutrinas "supersticiosas" por verdades "científicas". Caso tal pessoa critique a epistemologia e a filosofia um tanto ingênuas de Comte, Marx e Haeckel, ela não pode esquecer que o simplismo foi a reação a ensinamentos ainda mais simplistas daquilo que hoje é rotulado de fundamentalismo, um dogmatismo que nenhum teólogo sábio ainda ousaria adotar.

A referência a esses fatos não é, de modo algum, desculpa, muito menos justificativa, para a crueza do positivismo contemporâneo*. Visa apenas uma compreensão melhor do ambiente intelectual que o positivismo desenvolveu e que se tornou popular. Infelizmente, a vulgaridade dos fanáticos positivistas está agora a ponto de provocar uma reação que pode obstruir de maneira séria o futuro intelectual da humanidade. Novamente, como no Império Romano tardio, multiplicam-se várias seitas de idolatria. Há o espiritualismo, o vodu, doutrinas e práticas semelhantes, muitas delas tomadas de empréstimo de cultos de tribos primitivas. Há o renascimento da astrologia. Nossa época não só é uma era de ciência, é também uma era em que as superstições mais absurdas encontram adeptos crédulos.

3 - O Caso das Ciências Naturais

Tendo em conta esses efeitos desastrosos do começo de uma reação excessiva às excrescências do positivismo, temos necessidade de repetir, mais uma vez, que métodos experimentais de ciência natural são os únicos adequados ao tratamento dos problemas envolvidos. Sem discutir novamente os feitos para desacreditar a categoria da causalidade e do determinismo, temos de enfatizar o fato de que o que está errado com o positivismo não é o que ele ensina acerca dos métodos das ciências naturais empíricas, mas o que afirma sobre questões sobre as quais – até agora – as ciências naturais não se saíram bem em contribuir com informação alguma. O princípio positivista da verificabilidade como retificado por Popper[85] é inatacável como princípio epistemológico das ciências naturais. No entanto, não tem nenhum significado quando aplicado a alguma coisa que as ciências naturais não possam oferecer explicação.

---

[85] Ver, anteriormente, cap. 4, 6 ("A Previsão Econômica e a Doutrina da Tendência").

Não é tarefa deste ensaio tratar das reivindicações de nenhuma doutrina metafísica ou da metafísica como tal. Assim como é a natureza e a estrutura lógica da mente humana, muitos homens não estão satisfeitos com a ignorância relativa a qualquer problema e não concordam facilmente com o agnosticismo em que a busca mais fervorosa pelo conhecimento resulta. A metafísica e a teologia não são, como pretendem os positivistas, produtos de uma atividade indigna do *Homo sapiens*, remanescente de uma era primitiva da humanidade que pessoas civilizadas devem descartar. São manifestações de um desejo insaciável do homem por conhecimento. Não importa se essa sede por onisciência poderá ser ou não saciada algum dia. O homem não deixará de lutar por isso de maneira apaixonada[86]. Nem o positivismo nem nenhuma outra doutrina é chamada a condenar uma doutrina religiosa ou metafísica que não contradiz nenhum dos ensinamentos confiáveis do *a priori* e da experiência.

4 - O Caso das Ciências da Ação Humana

Este ensaio, entretanto, não trata de teologia ou de metafísica e da rejeição dessas doutrinas pelo positivismo. Lida com o ataque do positivismo às ciências da ação humana.

---

[86] "*L'homme fait de la métaphysique comme il respire, sans le volouir et surtout sans s'en douter la plupart du temps*" (O homem faz metafísica como respira, sem querer e sobretudo sem duvidar dela a maior parte do tempo). MEYERSON, E. *De l'explication dans le sciences*. Paris, 1927, p. 20.

A doutrina fundamental do positivismo é a tese de que os procedimentos experimentais das ciências naturais são o único método a ser aplicado na busca pelo conhecimento. Como os positivistas veem a questão, as ciências naturais, totalmente absorvida na tarefa urgentíssima de elucidar os problemas da Física e da Química, deixou de prestar atenção, no passado e também poderá fazê-lo no futuro, aos problemas da ação humana. Acrescentam, todavia, que não pode haver dúvida alguma de que, uma vez que os homens, imbuídos de uma perspectiva científica e treinados nos métodos laboratoriais precisos, tenham tempo livre para se voltar a questões "menores", tais como o comportamento humano, substituirão o autêntico conhecimento de todas essas questões pelo palavrório inútil que agora está em moda. A "ciência unificada" resolverá todos os problemas e inaugurará uma era beatífica de "engenharia social" em que todas as questões humanas serão tratadas satisfatoriamente da mesma maneira que a tecnologia moderna proverá a corrente elétrica.

Alguns passos bastante insignificantes a caminho desse resultado, alegam os mensageiros menos cautelosos desse credo, já foram dados pelo behaviorismo (ou como Neurath preferiu chamar, a behaviorística). Salientam para a descoberta de tropismos e para os reflexos condicionados. Ao avançar com a ajuda dos métodos que geraram tais resultados, a ciência, um dia, será capaz de realizar com sucesso todas as promessas do positivismo. É vaidade humana pressupor que sua conduta não seja totalmente determinada por alguns dos mesmos impulsos que determinam o comportamento de plantas e cães.

Diante de todo esse discurso veemente temos de ressaltar o duro fato de que as ciências naturais não têm ferramentas intelectuais para lidar com ideias e com finalidade.

Um positivista declarado deve esperar que, um dia, os fisiologistas tenham sucesso em descrever física e quimicamente todos os fatos que findam por produzir os indivíduos e em modificar a substância inata durante as suas vidas. Podemos deixar de propor a questão de se tal conhecimento seria suficiente para explicar completamente o comportamento de animais em qualquer situação que tivermos de enfrentar. Não podemos duvidar, contudo, que isso não permitiria ao aluno lidar com a maneira como um homem reage a um estímulo externo. Essa reação humana é determinada por ideias, um fenômeno cuja descrição está além do alcance da física, da química e da fisiologia. Não existe explicação em termos das ciências naturais daquilo que faz com que uma multidão de pessoas permaneça fiel ao credo religioso em que foi criada e o que faz com que outros mudem de credo; por que pessoas ingressam ou abandonam partidos políticos; por que existem diferentes escolas filosóficas e opiniões diferentes sobre múltiplos problemas.

5 - As Falácias do Positivismo

Ao visar, de modo sistemático, a uma melhoria das condições nas quais o homem tem de viver, as nações da Europa Ocidental e Central e seus rebentos estabelecidos nos territórios d'além-mar tiveram sucesso em instituir o que chamamos de – e, na maioria das vezes, atacamos – civilização burguesa ocidental. Sua base é o sistema econômico capitalista, o corolário político do que é o governo representativo, a liberdade de pensamento e a comunicação interpessoal. Embora continuamente sabotada por tolice, malícia das massas e pelos remanescentes ideológicos dos métodos pré-capitalistas de pensar e agir, a livre iniciativa mudou de maneira radical o destino do homem. Reduziu os índices de mortalidade e prolongou a expectativa de vida média, multiplicando, assim, as cifras populacionais. Sem precedentes, elevou o padrão de vida do homem médio naquelas nações que não tolhiam severamente o espírito aquisitivo dos indivíduos empreendedores. Todas as pessoas, muito embora possam ser fanáticas no ardor de renegar e lutar contra o capitalismo, implicitamente lhe prestam homenagem ao clamar, com paixão, pelos produtos que oferece.

A riqueza que o capitalismo trouxe à humanidade não é proeza de uma força mítica chamada progresso. Nem é um feito das ciências naturais e da aplicação de seus ensinamentos para o aperfeiçoamento da tecnologia e da terapêutica. Praticamente nenhuma melhoria tecnológica ou terapêutica pode ser utilizada caso os meios materiais para sua utilização não tenham sido disponibilizados anteriormente pela poupança e pela acumulação de capital. O motivo pelo qual nem tudo da produção e do uso de tecnologia de informação poder se tornar acessível a todos é a insuficiência da oferta de capital acumulado. O que transformou as condições estagnadas dos bons e velhos tempos no ativismo do capitalismo não foram as mudanças nas ciências naturais e na tecnologia, mas a adoção do princípio da livre iniciativa. O grande movimento ideológico que começou na Renascença, prosseguiu pelo Iluminismo e, no século XIX, culminou no Liberalismo, produziu tanto o capitalismo – a economia de livre-mercado – como seu corolário político, ou – como os marxistas dizem, a "superestrutura" política – o governo representativo e os direitos cívicos individuais: a liberdade de consciência, de pensamento, de expressão e de todos os outros métodos de comunicação. Foi no clima criado por esse sistema capitalista de individualismo que todos os feitos intelectuais modernos prosperaram. Nunca anteriormente a humanidade viveu sob condições como as da segunda metade do século XIX, quando, nos países civilizados, os problemas mais importantes da filosofia, da religião e da ciência podiam ser livremente debatidos sem medo algum de reprimendas por parte dos poderes constituídos. Foi uma época de dissenso produtivo e salutar.

Um movimento contrário se expandiu, mas não uma regeneração das forças sinistras e desacreditadas que no passado dirigiram-se à conformidade. Brotou de um complexo autoritário e ditatorial profundamente entranhado nas almas de muitos que se beneficiaram dos frutos da liberdade e do individualismo sem contribuírem em nada para seu crescimento e amadurecimento. As massas não gostam daqueles que, em qualquer aspecto, as sobrepujam. O homem médio inveja e odeia aqueles que lhe são diferentes.

O que impele as massas ao campo do socialismo é, ainda mais que a ilusão de que o socialismo as tornará ricas, é a esperança de que inibirá todos aqueles que são melhores do que elas. O traço distintivo de todos os planos utópicos de Platão a Marx é a petrificação severa de todas as condições humanas. Uma vez obtido o estado "perfeito" das questões sociais, não devem mais ser toleradas mudanças de nenhuma espécie. Não haverá espaço para inovadores e reformadores.

Na esfera intelectual, a defesa dessa tirania intolerante é representada pelo positivismo. Seu defensor, Auguste Comte, em nada contribuiu para o avanço do conhecimento. Simplesmente esboçou um plano de uma ordem social sob a qual, em nome do progresso, da ciência e da humanidade, era proibido qualquer desvio de suas ideias.

Os herdeiros intelectuais de Comte são os positivistas contemporâneos. Como o próprio Comte, esses defensores da "Ciência Unificada", do "panfisicalismo", do "positivismo lógico", do "positivismo empírico" e da filosofia "científica", eles mesmos, em nada contribuíram para o avanço das ciências naturais. Os futuros historiadores da Física, da Química, da Biologia e da Fisiologia terão de mencionar seus nomes e trabalhos. Tudo o que a "Ciência Unificada" apresentou foi a recomendação de proscrever os métodos aplicados pelas ciências humanas da ação e a substituição destes pelos métodos das ciências naturais experimentais. Não é digna de nota pelo que contribuiu, mas pelo que deseja ver proibido. Seus protagonistas são os defensores da intolerância e do dogmatismo tacanho.

Os historiadores têm de compreender as condições políticas, econômicas e intelectuais que fizeram surgir o positivismo, tanto o antigo como o novo. Entretanto, uma compreensão histórica específica do ambiente de onde surgiram determinadas ideias não pode justificar ou rejeitar os ensinamentos de nenhuma escola de pensamento. É tarefa da epistemologia desmascarar as falácias do positivismo e refutá-las.

Capítulo 8

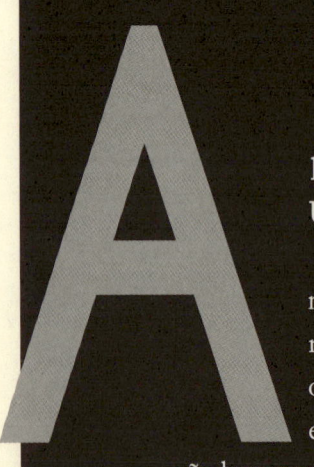

1 - A Interpretação Errônea do Universo

A maneira como a filosofia do positivismo lógico retrata o universo é imperfeita. Só compreende o que pode ser reconhecido pelos métodos experimentais das ciências naturais. Ignora a mente e a ação humanas.

É comum justificar esse procedimento ao ressaltar que o homem é somente um pontinho minúsculo na vastidão infinita do universo e que toda a história da humanidade não é nada senão um episódio fugaz no fluxo infinito da eternidade. Contudo, a importância e o significado de um fenômeno desafia tal apreciação meramente quantitativa. O lugar do homem nessa parte do universo sobre o qual nada podemos aprender é, por certo, apenas modesta. Até onde podemos ver, no entanto,

O Positivismo e a Crise da Civilização Ocidental

o fato fundamental a respeito o universo é se dividir em duas partes que – empregando termos sugeridos por alguns filósofos, mas sem conotação metafísica – podemos chamar de *res extensa*, os fatos fixos (ou fatos concretos) do mundo externo e a *res cogitans*, a capacidade humana de pensar. Não sabemos como as relações mútuas dessas duas esferas podem parecer à vista de uma inteligência sobre-humana. Para o homem a distinção é decisiva. Talvez seja somente a inadequação de nossas capacidades mentais que nos impeça de reconhecer a homogeneidade substancial daquilo que se nos apresenta como mente e como matéria. Todavia, nenhum palavrório sobre "ciência unificada" pode converter o caráter metafísico do monismo em um teorema inatacável do conhecimento experimental. A mente humana não pode deixar de distinguir duas esferas da realidade: a própria e a dos acontecimentos exteriores. E ela não deve relegar as manifestações da mente a uma categoria inferior, já que só a mente permite ao homem conhecer e produzir representações mentais do que existe.

A visão de mundo do positivismo distorce a experiência fundamental da humanidade, pela qual a capacidade de perceber, de pensar e de agir é um fato último claramente discernível de todo o que acontece sem a interferência intencional da ação humana. É inútil falar de experiência sem se referir ao fator que permite ao homem ter experiência.

2 - A Interpretação Errônea da Condição Humana

Como é considerado por todos os tipos de positivismo, o papel eminente que o homem exerce na Terra é efeito de seu progresso no conhecimento da interconexão dos fenômenos naturais – isto é, não especificamente mentais e volitivos – e de sua utilização para um procedimento tecnológico e terapêutico. A civilização industrial moderna, a afluência espetacular que produziu e o aumento sem precedentes nas cifras populacionais tornou possível os frutos do avanço progressivo das ciências naturais experimentais. O principal fator na melhoria da sorte da humanidade é a ciência, isto é, na terminologia positivista, as ciências naturais. No contexto dessa filosofia a sociedade surge como um fator gigantesco e todos os problemas sociais como problemas tecnológicos a serem resolvidos pela "engenharia social". O que falta, por exemplo, aos países chamados de subdesenvolvidos é, à luz dessa doutrina, o *"know-how"*; falta suficiente familiaridade com a tecnologia científica.

É difícil que alguém possa errar mais na interpretação da história da humanidade. O fato fundamental que permitiu ao homem elevar sua espécie acima do nível das feras e dos horrores da competição biológica foi a descoberta do princípio da maior produtividade da cooperação no sistema da divisão do trabalho, aquele grande princípio cósmico de vir a ser. O que melhorou e ainda melhora a fecundidade dos esforços humanos é a acumulação progressiva dos bens de capital, sem o que, praticamente nenhuma inovação tecnológica jamais poderia ser utilizada. Não há computação tecnológica e cálculos possíveis em um ambiente que não empregue um meio de troca comumente utilizado, a moeda. A industrialização moderna, o emprego prático das descobertas das ciências naturais está intelectualmente condicionado pela operação de uma economia de mercado em que os preços, em termos monetários, para os fatores de produção são estabelecidos e, portanto, é dada a oportunidade ao engenheiro de contrastar os custos e os proventos esperados de projetos alternativos. A quantificação da física e da química seria inútil para o planejamento tecnológico se não existisse o cálculo econômico[87]. O que falta às nações subdesenvolvidas não é conhecimento, mas capital[88].

---

[87] Sobre os problemas do cálculo econômico, ver: MISES, Ludwig von. *Ação Humana. Op. cit.*, p. 251-83, 795-812.

[88] Isso também responde à questão muitas vezes suscitada de por que os gregos antigos não construíram o motor a vapor, muito embora a física que conheciam lhes dava o conhecimento teórico necessário. Não concebiam a importância primordial da poupança e da formação do capital.

A popularidade e o prestígio que os métodos experimentais das ciências naturais desfrutam em nossa época e a consagração de grandes somas para a condução de pesquisas laboratoriais são fenômenos concomitantes da progressiva acumulação de capital do capitalismo. O que transformou o mundo das carruagens a cavalo, dos barcos a vela e dos moinhos de vento para um mundo de aviões e eletrônicos foi o princípio *laissez-faire* do manchesterianismo. Grandes poupanças, em busca contínua pelas oportunidades de investimento mais lucrativas, proporcionam os recursos necessários para tornar as realizações dos físicos e dos químicos utilizáveis para a melhoria das atividades comerciais. O que chamamos de progresso econômico é o efeito conjunto das atividades de três grupos progressistas – ou classes – os poupadores, os cientistas-inventores e os empresários, que operam em uma economia de mercado até não serem sabotados pelas tentativas de políticas públicas apoiadas pela rotineira maioria não progressista.

O que gerou todas essas conquistas tecnológicas e terapêuticas que caracterizam nossa época não foi a ciência, mas o sistema sócio-político do capitalismo. Somente no clima de uma grande acumulação de capital o experimentalismo poderia evoluir de um passatempo de gênios como Arquimedes (287-212 a.C.) e Leonardo da Vinci (1452-1519) para uma busca sistemática e bem organizada pelo conhecimento. Investidores e especuladores decidiram aplicar os tão desditos lucros nas conquistas da pesquisa científica para a melhoria do padrão de vida das massas. No ambiente ideológico de nossa época, que, levado pelo ódio fanático ao "burguês" está ansioso por substituir o princípio do "serviço" pelo princípio do "lucro", a inovação tecnológica dirige-se cada vez mais para a criação de instrumentos eficazes de guerra e destruição.

As atividades de pesquisa das ciências naturais experimentais são, em si mesmas, neutras com relação a qualquer questão filosófica ou política. No entanto, somente conseguem se desenvolver e se tornar benéficas para a humanidade onde prepondera uma filosofia social de individualismo e liberdade.

Ao ressaltar o fato de que as ciências naturais devem todas as realizações à experiência, o positivismo simplesmente repetiu um truísmo que desde o fim da *Naturphilosophie* ninguém mais contestava. Ao depreciar os métodos das ciências da ação humana, pavimentou o caminho para as forças que agora minam os fundamentos da civilização ocidental.

3 - O Culto da Ciência

O traço distintivo da moderna civilização ocidental não são os feitos científicos e como servem à melhoria do padrão de vida das pessoas e ao prolongamento da expectativa de vida média. Esses são meros efeitos da instituição de uma ordem social em que, pela instrumentalidade dos sistemas de perdas e ganhos, os membros mais eminentes da sociedade são solicitados a servir com a melhor de suas capacidades aos instantes de bem-estar das pessoas menos talentosas. O que recompensa no capitalismo é satisfazer o homem comum, o consumidor. Quanto mais pessoas satisfizer, melhor[89].

Esse sistema, por certo, não é ideal ou perfeito. Não existe, nos assuntos humanos, perfeição. A única alternativa a ele, contudo, é o sistema totalitário que, em nome de uma entidade fictícia, a "sociedade", um grupo de dirigentes determinam o destino de todas as pessoas. É, de fato, paradoxal que os planos para a instituição de um sistema que, ao regular totalmente a conduta de cada ser humano aniquile a liberdade individual, fosse proclamado como o culto da ciência. O conde de Saint-Simon (1760-1825) usurpou o prestígio das leis da gravitação de Newton como um disfarce para o seu totalitarismo fantástico e o discípulo, Comte, fingiu atuar como o porta-voz da ciência ao proscrever, como vãos e inúteis, certos estudos astronômicos que pouco tempo depois produziram os resultados científicos mais notáveis do século XIX[90]. Karl Marx e Friedrich Engels (1820-1895) arrogaram para seus planos socialistas o rótulo de "científico". As ideias preconcebidas socialistas ou comunistas como as atividades

---

[89] "A civilização moderna, quase toda a civilização, se baseia no princípio de tornar agradáveis as coisas para os que agradam ao mercado e desagradáveis para os que não o agradam". CANNAN, Edwin. *An Economist's Protest*. Londres, 1928. p. vi ss.

[90] Dentre os astrônomos e descobertas depreciadas por Auguste Comte temos, dentre outras, as teorias de *Sir* William Herschel (1738-1822) sobre o universo sideral, a hipótese nebular e a descoberta o planeta Urano; as teses de Laplace (1749-1822) sobre a cosmogonia do sistema solar e os postulados da existência dos buracos negros e do colapso gravitacional; além da descoberta de Netuno pelos astrônomos John Couch Adams (1819-1892), Urban Le Verrier (1811-1877) e Johann Gottfried Galle (1812-1910). (N. T.)

dos ilustres defensores do positivismo lógico e da "ciência unificada" são bem conhecidas.

A história da ciência é o registro dos feitos de indivíduos que trabalharam isolados e, muitas vezes, encontraram a indiferença ou a hostilidade explícita por parte de seus contemporâneos. Não podemos escrever a história da ciência "sem nomes". O que importa é o indivíduo e não "o trabalho em equipe". Não podemos "organizar" ou "institucionalizar" o surgimento de ideias novas. Uma ideia nova é, exatamente, uma ideia que não ocorreu a nenhum daqueles que planejaram a estrutura organizacional, que desafia esses planos e que pode se opor às intenções deles. Planejar a ação de outras pessoas significa fazer com que não planejem por si sós, significa destituí-las de uma qualidade essencialmente humana, significa escravizá-las.

A grande crise de nossa civilização é resultado desse entusiasmo pelo planejamento total. Sempre existem pessoas preparadas para restringir o direito e o poder dos compatriotas de escolher a própria conduta. O homem comum sempre olhou de soslaio os que o desprestigiam em qualquer aspecto, defendeu a conformidade, *Gleichschaltung*[91]. O que é novo e caracteriza a nossa época é que as defesas da uniformidade e da conformidade estão dando origem a reivindicações em favor da ciência.

---

[91] Literalmente, "coordenação, sincronização". O termo foi usado pelo partido nazista para a política totalitária dos vinte meses subsequentes a 30 de janeiro de 1933 que previam o controle e a coordenação por etapas de todos os aspectos da sociedade, visando eliminar o individualismo. (N. T.)

4 - O Amparo Epistemológico ao Totalitarismo

Cada passo rumo à substituição dos métodos obsoletos das eras pré-capitalistas pelos métodos de produção mais eficientes encontram uma hostilidade fanática por parte daqueles cujos interesses particulares são, no curto prazo, prejudicados por alguma inovação. O interesse pela terra dos aristocratas não estava menos ávido por preservar o sistema econômico do *ancien régime* que o interesse dos trabalhadores rebelados que destruíram as máquinas e demoliram os prédios das fábricas. A causa da inovação, contudo, foi apoiada pela nova ciência da Economia Política, ao passo que a causa dos métodos obsoletos de produção não tinha uma base ideológica convincente.

Como todas as tentativas para obstar a evolução do sistema de fábrica e todas as suas realizações tecnológicas falharam, a ideia sindicalista começou a tomar forma. Descartem o empresário, aquele parasita preguiçoso e inútil, e entreguem todos os rendimentos – "todo o produto do trabalho" – aos homens que os geraram com a sua fadiga! No entanto, até mesmo o mais intolerante dos inimigos dos novos métodos industriais não pode deixar de perceber a inadequação desses planos. O sindicalismo continua a ser a filosofia da turba analfabeta e obteve a aprovação de intelectuais só muito mais tarde na forma do socialismo de guilda britânico, *stato corporativo* do fascismo italiano, da "economia do trabalho" do século XX e das políticas sindicalistas[92].

---

[92] Ver MISES, Ludwig von. *Ação Humana. Op. cit.*, p. 917-26.

O grande artifício anticapitalista era o socialismo, não o sindicalismo. Entretanto, existia alguma coisa que constrangeu os partidos socialistas desde os primórdios de sua propaganda política, a incapacidade de refutar a crítica que seus planos encontravam por parte da Economia. Plenamente conscientes da própria impotência a esse respeito, Karl Marx recorreu a um subterfúgio. Ele e seus seguidores, depreciaram os que chamavam sua doutrina de "sociologia do conhecimento", tentou desacreditar a Economia pelo espúrio conceito de ideologia. Como os marxistas veem o problema, é inerente aos homens em uma "sociedade de classes" ser inapto para conceber teorias que tragam uma descrição substancialmente verdadeira da realidade. Os pensamentos do homem são necessariamente maculados "ideologicamente". Uma ideologia, no sentido marxista do termo, é uma doutrina falsa que nunca, exatamente por sua falsidade, serve aos interesses da classe de onde provém seu autor. Não existe necessidade de responder a nenhuma crítica dos planos socialistas. É plenamente suficiente desmascarar os antecedentes não proletários de seu autor[93].

Esse polilogismo marxista é a filosofia viva e a epistemologia de nossa época. Pretende tornar a doutrina marxista invencível, assim como define implicitamente a verdade segundo Marx. Um adversário do marxismo necessariamente sempre está errado, por conta do fato de ser um adversário. Se o dissidente é de origem proletária, é um traidor; se pertence

---

[93] Idem. *Ibidem.*, p. 103-23.

a outra "classe", é um inimigo da "classe que tem o futuro nas mãos"[94].

O encanto desse truque erístico marxista foi e é tão enorme que até os alunos de história das ideias deixam, por um bom tempo, de perceber que o positivismo, seguindo Comte, ofereceu outro expediente para desacreditar indiscriminadamente a Economia sem entrar em nenhuma análise crítica de sua argumentação. Para os positivistas a Economia não é uma ciência por não recorrer aos métodos experimentais da ciência natural. Assim, Comte e seguidores, que, sob a indicação da Sociologia, pregaram que o "Estado total" poderia apelidar a Economia de disparate metafísico e estavam livres da necessidade de refutar seus ensinamentos pelo raciocínio discursivo. Quando o revisionismo de Eduard Bernstein (1850-1932) temporariamente enfraqueceu o prestígio popular da ortodoxia marxista, alguns membros mais jovens dos partidos marxistas começaram a buscar nos escritos de Richard Avenarius (1843-1896) e de Ernst Mach (1838-1916) uma justificação filosófica do credo socialista. Essa deserção da linha direta do materialismo dialético pareceu um sacrilégio aos olhos dos guardiões intransigentes da doutrina pura. A contribuição mais extensa de Lenin (1870-1924) para a literatura socialista é um ataque veemente à "filosofia de classe média" do empiriocriticismo e de seus adeptos nos quadros dos partidos socialistas[95]. No gueto espiritual em que Lenin

---

[94] MARX, Karl & ENGELS, Friedrich. *Manifesto do Partido Comunista*. I.
[95] LENIN, V. *Materialismo e Empiriocriticismo*. (Publicado primeiramente em russo como *Материализм и эмпириокритицизм*, 1909).

se confinou durante toda a vida, ele não tinha como tomar ciência do fato de que a doutrina-ideologia marxista perdera poder de persuasão nos círculos dos cientistas naturais e que o panfisicalismo positivista poderia prestar serviços melhores nas campanhas de difamação da ciência econômica aos olhos dos matemáticos, dos físicos e dos biólogos. No entanto, poucos anos depois, Otto Neurath inculcou no monismo metodológico das "ciências unificadas" uma nota definitiva contra o capitalismo e converteu o neopositivismo em um auxiliar do socialismo e do comunismo. Hoje, ambas as doutrinas, o polilogismo marxista e o positivismo, competem amigavelmente entre si ao dar suporte teórico à "esquerda". Para os filósofos, matemáticos e biólogos existe uma doutrina esotérica de positivismo lógico ou empírico, ao passo que as massas menos sofisticadas ainda são nutridas com uma variedade deturpada de materialismo dialético.

Mesmo se, por uma questão argumentativa, possamos pressupor que a rejeição da Economia pelo panfisicalismo tenha sido motivada somente por considerações lógicas e epistemológicas e que nem o preconceito político nem a inveja das pessoas por maiores salários ou maior riqueza teve papel algum nessa questão, não devemos silenciar o fato de que os defensores do empirismo radical se recusaram, de maneira contumaz, a dar atenção aos ensinamentos da experiência cotidiana que contradissessem suas predileções socialistas. Não desprezaram apenas o fracasso de todos os "experimentos" nacionalizantes no mundo dos negócios nos países ocidentais. Não se importaram nem um pouco com o fato incontestável de que o padrão de vida médio nos países capitalistas é incomparavelmente maior que nos países comunistas. Caso pressionados, tentam desfazer dessa "experiência", interpretando-a como uma consequência das supostas maquinações anticomunistas dos capitalistas[96]. O que quer que pensemos sobre essa desculpa infeliz, não podemos negar que ela equivale a um repúdio espetacular do próprio princípio que considera a experiência como a única fonte de conhecimento. À luz desse princípio não é permitido exorcizar um fato da experiência fazendo referência a supostas reflexões teóricas.

5 - As Consequências

O extraordinário na situação ideológica contemporânea é que as doutrinas políticas mais populares almejam o totalitarismo, a abolição total das liberdades individuais de escolher e de agir. Não é menos notável o fato de que a maior parte dos defensores fanáticos de tal sistema de conformidade se autodenominem cientistas, lógicos e filósofos.

Isso, é claro, não é um fenômeno novo. Platão, que foi por séculos, até mais que Aristóteles, o *maestro di color che sanno*[97], elaborou um plano de totalitarismo, um radicalismo que só foi ultrapassado no século XIX pelos planos de Comte e de Marx. É fato que muitos filósofos são completamente

---

[96] Ver: MISES, Ludwig von. *Caos Planejado: Intervencionismo, Socialismo, Fascismo e Nazismo*. Apres. Richard M. Ebeling; pref. Bruno Garschagen; posf. Ralph Raico; trad. Beatriz Caldas. São Paulo: LVM Editora, 2017.

[97] Literalmente: "o mestre de quem sabe". (N. T.)

intolerantes a qualquer dissenso e não querem sofrer nenhuma crítica nas próprias ideias por um aparato policial do governo.

Uma vez que o princípio empírico do positivismo lógico se refira aos métodos experimentais das ciências naturais, simplesmente afirma o que não é questionado por ninguém. Ao rejeitar os princípios epistemológicos das ciências da ação humana, não está só de todo errado. Está, deliberada e intencionalmente, a destruir os fundamentos intelectuais da civilização ocidental.

POSFÁCIO À EDIÇÃO BRASILEIRA

I

Assim como os maiores e mais inovadores economistas, Ludwig von Mises (1881-1973) intensa e repetidamente analisou o problema do *status* lógico das proposições econômicas (ou seja, como chegamos a conhecê-las e como as validamos). Na verdade, Mises assume uma posição de destaque entre os que consideram indispensável tal preocupação a fim de se alcançar

---

* Publicado pela primeira vez em: HERBENER, Jeffrey M. (Ed.). *Meaning of Ludwig von Mises: Contributions in Economics, Epistemology, Sociology, and Political Philosophy*. Auburn: Ludwig von Mises Institute, 1993. Republicado em: HOPPE, Hans-Hermann. *Economic Science and the Austrian Method*. Auburn: Ludwig von Mises Institute, 1995. O texto aparece, também, na obra: HOPPE, Hans-Hermann. *The Economics and Ethics of Private Property: Studies in Political Economy and Philosophy*. Auburn: Ludwig von Mises Institute, 2nd ed., 2006.

Sobre a Praxiologia e a Base Praxiológica da Epistemologia*

um progresso sistemático na economia, pois qualquer equívoco conceitual quanto às respostas a perguntas tão fundamentais da iniciativa intelectual das pessoas pode levar a um desastre intelectual, ou seja, a doutrinas econômicas falsas. De modo correspondente, três dos livros de Mises são dedicados a esclarecer as bases lógicas da economia: seu antigo *Grundprobleme der Nationalökonomie* [*Problemas Básicos da Economia*], publicado na Alemanha em 1933 e lançado em inglês no ano de 1960 como *Epistemological Problems of Economics* [*Problemas Epistemológicos da Economia*]; seu *Theory and History* [*Teoria e História*], de 1957; e seu *The Ultimate Foundation of Economic Science* [*Os Fundamentos Últimos da Ciência Econômica*], de 1962, último livro de Mises, publicado quando ele já tinha passado dos 80 anos. Suas obras no campo da economia propriamente dita invariavelmente demonstram a importância que Mises dava à análise dos problemas epistemológicos. Sua obra-prima, *Human Action* [*Ação Humana*], de 1949, lida, em suas cem primeiras páginas, exclusivamente com tais problemas, e o as quase 800 páginas restantes do livro são permeadas por considerações epistemológicas.

Seguindo a tradição misesiana, as bases da economia também são o assunto deste ensaio. Estabeleci para mim mesmo um objetivo duplo. Primeiro, explicarei a solução que Ludwig von Mises propõe quanto ao problema da base definitiva da ciência econômica (ou seja, sua ideia de uma teoria pura da ação, ou praxiologia, como ele a chama). Em segundo lugar, demonstrarei porque a solução de Mises é muito mais do que um *insight* incontestável quanto à natureza da economia e das proposições econômicas.

Mises fornece um *insight* que também nos permite compreender a base sobre a qual se assenta definitivamente a epistemologia. Na verdade, como sugere o título deste capítulo, demonstrarei que a praxiologia deve ser considerada como a própria fundação da epistemologia, e que Mises, além de suas realizações como economista, também contribuiu com *insights* revolucionários com relação à justificação de todo o empreendimento da filosofia racionalista[1].

---

[1] Sobre o que se segue, ver: HOPPE, Hans-Hermann. *Kritik der kausalwissenschnftlichen Sozialforschung. Untersuchungen zur Grundlegung von Soziologie und Ökonomie*. Opladen: Westdeutscher Verlag, 1983. Ver, também: HOPPE, Hans--Hermann. "Is Research Based on Causal Scientific Principles Possible in the Social Sciences?" *Ratio* (1983); HOPPE, Hans-Hermann. *Praxeology and Economic Science*. Auburn: Ludwig von Mises Institute, 1988; HOPPE, Hans-Hermann. "Defense of Extreme Rationalism", *Review of Austrian Economics* 3 (1988).

II

Deixe-me começar com a solução misesiana. Qual é o caráter lógico de uma proposição econômica típica como a da lei da utilidade marginal (que diz que, sempre que a oferta de um bem cujas unidades são consideradas de igual utilidade por uma pessoa aumenta em uma unidade, o valor atrelado a essa unidade deve diminuir, pois ela só pode ser empregada como forma de se atingir um objetivo considerado menos valioso do que o menos valioso dos objetivos anteriormente alcançados por uma unidade deste bem) ou da teoria quantitativa da moeda (de que sempre que uma quantidade de moeda aumenta enquanto a demanda por dinheiro a ser acumulado em reservas em espécie permanece inalterada, o poder de compra da moeda diminuirá)?

Ao formular sua resposta, Mises enfrentou um desafio duplo. Por um lado, havia a resposta proposta pelo empirismo moderno. A Viena que Ludwig von Mises conhecia era, na verdade, um dos centros precursores do movimento empirista: um movimento que estava prestes a se estabelecer como a corrente filosófica acadêmica dominante no Ocidente por muitas décadas e que até hoje molda a imagem que a maioria dos economistas tem da própria disciplina[2].

---

[2] Sobre o Círculo de Viena, ver: KRAFT, Viktor. *Der Wiener Kreis*. Viena: Springer, 1968. Sobre as interpretações empiristas-positivistas da economia, ver obras representativas como: Terrence W. Hutchison, *The Significance and Basic Postulates of Economic Theory* (Londres: Macmillan, 1938). Hutchison, seguidor da variante popperiana do empirismo, desde então perdeu o entusiasmo quanto aos prospectos da economia popperizada – ver, por exemplo, seu *Knowledge and Igno-*

O empirismo considera a natureza e as ciências naturais como seu modelo. De acordo com o empirismo, os exemplos mencionados há pouco de proposições econômicas têm o mesmo *status* lógico das leis da natureza. Assim como as leis da natureza, elas estabelecem relações hipotéticas entre um ou mais eventos, essencialmente na forma de afirmações "se-então". E, assim como hipóteses das ciências naturais, as proposições econômicas exigem um teste contínuo *vis-à--vis* à experiência. Uma proposição quanto à relação entre eventos econômicos jamais pode ser validada de uma vez por todas com toda a certeza. Ao contrário, ela está sempre sujeita ao resultado de experiências futuras e acidentais. Tal experiência pode confirmar a hipótese. Mas isso não provaria que a hipótese é verdadeira, pois a proposição econômica usaria termos gerais (na terminologia filosófica, universais) ao descrever os eventos relacionados e, portanto, se aplicaria a um número indefinido de casos ou exemplos, sempre deixando espaço para possivelmente falsificar experiências futuras. Uma confirmação só provaria que a hipótese ainda não se provou equivocada. Por outro lado, a experiência pode

---

rance in Economics (Chicago: University of Chicago Press, 1977) – mas ele ainda não vê alternativa a não ser o apego ao falsificacionismo de Popper. Ver também Milton Friedman, "The Methodology of Positive Economics" em id., *Essays in Positive Economics* (Chicago: University of Chicago Press, 1953); Mark Blaug, *The Methodology of Economics* (Cambridge: Cambridge University Press, 1980); um relato positivista de um participante do seminário de Mises em Viena é Felix Kaufmann, *Methodology of the Social Sciences* (Nova York: Humanities Press, 1958); o predomínio empirista na economia está documentado pelo fato de que provavelmente não há um único livro didático que não classifique explicitamente a economia como – o que mais? – uma ciência empírica (*a posteriori*).

falsear a hipótese. Isso certamente provaria que havia algo de errado com a hipótese como proposta, mas não provaria que a relação hipotética entre os eventos especificados não poderia ser jamais observada. Isso apenas demonstraria que, considerando e controlando nas observações de alguém somente o que até agora já foi analisado e controlado, a relação ainda não havia sido estabelecida. Não se pode excluir, contudo, a possibilidade de isso se revelar uma vez que outras circunstâncias forem controladas.

A atitude que essa filosofia alimenta e que de fato se tornou característica da maior parte dos economistas contemporâneos e de sua forma de agir é de ceticismo, com o *slogan* de "nada pode ser considerado impossível com certeza no reino dos fenômenos econômicos". De modo ainda mais preciso, como o empirismo concebe os fenômenos econômicos como dados objetivos se estendendo no espaço e sujeitos à medição quantificável – numa analogia estrita aos fenômenos das ciências naturais –, o ceticismo peculiar dos economistas empíricos pode ser descrito como o de um engenheiro social que não garante nada[3].

O outro desafio vem da Escola Historicista. Na verdade, durante a vida de Mises na Áustria e na Suíça, a filosofia historicista era a ideologia predominante das universidades de língua alemã e do seu *establishment*. Com crescimento significativo do empirismo, sua importância foi consideravelmente

---

[3] Sobre as consequências relativistas do empirismo-positivismo, ver: HOPPE, Hans-Hermann. *A Theory of Socialism and Capitalism*. Boston: Kluwer Academic Publishers, 1989. cap. 6. Ver, também: HOPPE, Hans-Hermann. "The Intellectual Cover for Socialism". *Free Market* (February 1988).

reduzida. Mas ao longo da última década, o historicismo tornou a ganhar força entre os acadêmicos ocidentais. Hoje ele está onipresente, com nomes como hermenêutica, retórica, desconstrutivismo e anarquismo epistemológico[4].

Para o historicismo, e mais visivelmente para as suas versões contemporâneas, o modelo não é a natureza, mas um texto literário. De acordo com a doutrina historicista, os fenômenos econômicos não são de magnitude objetiva, capazes de serem mensurados. Em vez disso, eles são expressões e interpretações subjetivas se desenrolando na história, a serem compreendidos e interpretados pelo economista da mesma forma que um texto literário se desenrola e é interpretado pelo leitor. Como criações subjetivas, a sequência dos seus eventos não segue nenhuma lei objetiva. Nada no texto literário e nada na sequência de expressões e interpretações históricas é governado por relações constantes. É claro que certos textos literários realmente existem, assim como certas

---

[4] Ver: MISES, Ludwig von. *The Historical Setting of the Austrian School of Economics*. Auburn: Ludwig von Mises Institute, 1984; Idem. *Erinnerungen*. Stuttgart: Gustav Fischer, 1978; Idem. *Theory and History: An Interpretation of Social and Economic Evolution*. Auburn: Ludwig von Mises Institute, 1985. cap. 10; ROTHBARD, Murray N. *Ludwig von Mises: Scholar, Creator, Hero*. Auburn: Ludwig von Mises Institute, 1988). Para uma análise crítica das ideias historicistas, ver: POPPER, Karl R. *The Poverty of Historicism*. London: Routledge and Kegan Paul, 1957. Para um representante da velha versão de uma interpretação historicista da economia, ver: SOMBART, Werner. *Die drei Nationalökonomien*. München: Duncker and Humblot, 1930. Para a reviravolta moderna e hermenêutica, ver: MCCLOSKEY, Donald. *The Rhetoric of Economics*. Madison: University of Wisconsin Press, 1985; LACHMANN, Ludwig. "From Mises to Shackle: An Essay on Austrian Economics and the Kaleidic Society". *Journal of Economic Literature*, 14, no. 1 (1976).

sequências de eventos históricos. Mas isso não quer dizer que nada tenha de ter acontecido na ordem em que aconteceu. Simplesmente ocorreu assim. Da mesma forma que alguém pode sempre inventar histórias literárias diferentes, a história e a sequência de eventos históricos também podem ter ocorrido de forma completamente diferente. Além disso, de acordo com o historicismo, e especialmente evidente em sua versão hermenêutica moderna, a formação dessas expressões humanas sempre relacionadas ao acaso e suas interpretações tampouco estão limitadas por qualquer lei objetiva. Na produção literária, qualquer coisa pode ser expressa ou interpretada de qualquer forma e, no mesmo sentido, eventos históricos e econômicos são aquilo que quem os expressa e interpreta quer eles que sejam, e a descrição deles pelo historiador e economista é o que quer que ele expresse e interprete que tais eventos subjetivos pretéritos tenham sido.

A atitude que a filosofia historicista cria é uma de relativismo. Seu mote é "tudo é possível". Sem estarem limitadas por qualquer lei objetiva, a história, a economia e a crítica literária são questões de estética para o historicista-hermeneuta. De modo correspondente, sua produção assume a forma de disquisições sobre como aquilo que alguém sente sobre o que sente foi sentido por outrem. Esta é uma forma literária que conhecemos muito bem, sobretudo nos campos da sociologia e da ciência política[5].

---

[5] Sobre o relativismo extremo do historicismo-hermenêutica, ver: HOPPE, Hans-Hermann. "In Defense of Extreme Rationalism". *op. cit.*; ROTHBARD, Murray N. "The Hermeneutical Invasion of Philosophy and Economics". *Review of Austrian Economics*, 3 (1988); VEATCH, Henry. "Deconstruction in Philoso-

Intuitivamente, percebe-se que falta algo de muito sério tanto à filosofia empirista quanto à historicista. Seus relatos epistemológicos nem sequer parecem combinar com os modelos por elas escolhidos: a natureza, de um lado, e textos literários, de outro. De qualquer forma, quanto a proposições econômicas como a lei da utilidade marginal ou a teoria quantitativa da moeda, os relatos delas parecem simplesmente equivocados. A lei da utilidade marginal certamente não parece uma lei hipotética para sempre sujeita à validação por experiências confirmadoras ou desconfirmadoras que surgem aqui e ali. E conceber os fenômenos mencionados na lei como magnitudes quantificáveis parece tão somente algo ridículo. A interpretação historicista tampouco parece se sair melhor. Pensar que as relações entre os eventos contidos na teoria quantitativa da moeda podem ser desfeitas caso alguém queria fazê-lo parece um absurdo. E não é menos absurda a ideia de que conceitos como moeda, demanda por moeda e poder de compra são formadas sem quaisquer limites objetivos e se referem apenas a criações subjetivas extravagantes. Em vez disso, e ao contrário da doutrina empirista, os dois exemplos de proposições econômicas parecem logicamente verdadeiras e se referem a eventos de caráter subjetivo. Ao

---

phy: Has Rorty Made it the Denouement of Contemporary Analytical Philosophy". *Review of Metaphysics* (1985); HORWITZ, Steven & BOETTKE, Peter. "Misesian Integrity: A Comment on Barnes". *Austrian Economics Newsletter* (Fall 1987); GORDON, David. *Hermeneutics vs. Austrian Economics.* Auburn: Ludwig von Mises Institute, Occasional Paper Series, 1987. Para uma crítica brilhante da sociologia contemporânea, ver: ANDRESKI, Stanislav. *Social Science as Sorcery*. New York: St. Martin's Press, 1973.

contrário do historicismo, pareceria que as afirmações não poderiam ser desfeitas em toda a história, e que elas contêm distinções conceituais que, apesar de se referirem a eventos subjetivos, ainda assim estão objetivamente limitadas e incorporam um conhecimento universalmente válido.

Assim como a maioria dos economistas mais conhecidos antes dele, Mises compartilha dessas intuições[6]. Mas em sua busca pela fundação da economia, Mises vai além da intuição. Ele assume o desafio proposto pelo empirismo e historicismo a fim de reconstruir a base sobre a qual tais intuições podem ser compreendidas como corretas e sistematicamente justificadas. Ele não quer, portanto, criar uma nova disciplina econômica, mas, ao explicar o que antes somente havia sido intuitivamente compreendido, Mises vai muito além do que já tinha sido feito antes. Ao reconstruir as bases racionais das intuições dos economistas, ele nos assegura quanto ao caminho adequado para qualquer desdobramento futuro na economia, e nos protege de um erro intelectual sistemático.

O empirismo e historicismo, diz Mises no início de sua reconstrução, são doutrinas autocontraditórias[7]. A ideia

---

[6] Quanto às ideias epistemológicas de antecessores como Jean-Baptiste Say (1767-1832), Nassau William Senior (1790-1864), John Elliott Cairnes (1823-1875), John Stuart Mill (1806-1873), Carl Menger (1840-1921) e Friedrich von Wieser (1851-1923), ver: MISES, Ludwig von. *Epistemological Problems of Economics*. New York: New York University Press, 1981. p. 17-23. Ver, também: ROTHBARD, Murray N. "Praxeology: The Methodology of Austrian Economics". *In*: DOLAN, Edwin (Ed.). *The Foundations of Modern Austrian Economics*. Kansas City: Sheed and Ward, 1976; HOPPE, Hans-Hermann. *Praxeology and Economic Science*.

[7] Além das obras de Mises mencionadas no início deste capítulo e da literatura mencionada em notas anteriores, ver: ROTHBARD, Murray N. *Individualism*

empirista de que todos os eventos, naturais ou econômicos, estão apenas hipoteticamente relacionados é contradita pela mensagem em si dessa proposição empirista muito básica, pois, se essa proposição fosse considerada apenas como hipoteticamente verdadeira (ou seja, uma proposição hipoteticamente verdadeira quanto a proposições hipoteticamente verdadeiras), ela nem sequer se qualificaria como um pronunciamento epistemológico. Ela não forneceria qualquer justificativa para a alegação de que as proposições econômicas não são nem podem ser categoricamente, ou *a priori*, verdadeiras, como nossa intuição nos diz. Se, contudo, a premissa empirista básica fosse consideradamente como algo categoricamente verdadeiro (ou seja, se supormos que alguém pode afirmar algo *a priori* verdadeiro sobre como os eventos se relacionam), então isso contradiria a própria tese de que o conhecimento empírico deve ser invariavelmente um conhecimento hipotético, abrindo caminho, portanto, para que uma disciplina como a economia afirme produzir um conhecimento empírico *a priori* válido. Além disso, a tese empirista de que os fenômenos econômicos devem ser concebidos como magnitudes mensuráveis e observáveis – análogos aos fenômenos das ciências naturais – se torna

---

and the Philosophy of the Social Sciences. San Francisco: Cato Institute, 1979. Para uma crítica filosófica esplêndida da economia empirista, ver: HOLLIS, Martin & NELL, Edward. *Rational Economic Man*. Cambridge: Cambridge University Press, 1975. Para defesas especialmente valiosas do racionalismo contra o empirismo e o relativismo – sem referências à economia – ver: BLANSHARD, Brand. *Reason and Analysis*. La Salle: Open Court, 1964; KAMBARTEL, Friedrich. *Erfahrung und Struktur. Bausteine zu einer Kritik des Empirismus und Formalismus*. Frankfurt: Suhrkamp, 1968.

inconclusiva por si só, pois o empirismo nos propicia um conhecimento empírico significativo ao nos dizer que nossos conceitos econômicos se baseiam em observações. Mas os conceitos de observação e medição, que o empirismo deve empregar ao afirmar o que afirma, obviamente não advêm de experiências observacionais no mesmo sentido de galinhas e ovos ou maçãs e peras. Não se pode observar alguém fazendo uma observação ou medição. Ao contrário, é preciso primeiro compreender o que são as observações e medições a fim de ser capaz de interpretar certos fenômenos observáveis como a observação e a medição. Assim, contrariando sua própria doutrina, o empirismo é levado a admitir que há conhecimento empírico baseado na compreensão – assim como, de acordo com nossa intuição, as proposições econômicas alegam se basear na compreensão, e não em observações[8].

Quanto ao historicismo, ele se autocontradiz de forma igualmente explícita. Se, como alega o historicismo, eventos históricos e econômicos, que ele concebe como sequências de eventos subjetivamente compreendidos, e não observados, não são governados por relações constantes e invariáveis no tempo, então essa proposição tampouco pode alegar que diz qualquer constantemente verdadeira sobre a história e a economia. Em vez disso, ela seria uma proposição com um valor de verdade efêmero: ela pode ser verdade agora, se quisermos, mas é possivelmente falsa no minuto seguinte,

---

[8] Para uma defesa elaborada do dualismo epistemológico, ver: APEL, Karl Otto. *Transformation der Philosophie*. Frankfurt: Suhrkamp, 1973. 2v.; HABERMAS, Jürgen. *Zur Logik der Sozialwissenschaften*. Frankfurt: Suhrkamp, 1970.

se não quisermos, e ninguém jamais saberia o que queremos ou não. Mas se esse fosse o *status* da premissa historicista básica, ela obviamente tampouco se qualificaria como epistemologia. O historicismo não nos teria dado nenhum motivo para acreditarmos nele. Se, contudo, a proposição básica do historicismo fosse considerada invariavelmente verdadeira, então tal proposição sobre a natureza constante dos fenômenos históricos e econômicos contradiria sua própria doutrina, negando tais constantes. Além disso, a alegação do historicista (e ainda mais de seus herdeiros, os hermeneutas) de que eventos históricos e econômicos são apenas criações subjetivas, sem a limitação de quaisquer fatores objetivos, é provada falsa simplesmente ao se afirmá-la. Evidentemente, um historicista deve supor que esta afirmação tem sentido e é verdadeira; ele deve supor estar dizendo algo de específico sobre algo, e não apenas murmurando sons sem sentido como abracadabra. Mas, sendo este o caso, deve-se supor que sua afirmação claramente está limitada por algo de fora do reino das criações subjetivas arbitrárias. É claro que posso dizer o que o historicista diz em inglês, alemão, chinês, ou em qualquer outro idioma que eu quiser, e ainda assim expressões e interpretações históricas e econômicas podem muito bem ser consideradas apenas criações subjetivas. Mas deve-se supor que o que quer que eu diga em qualquer língua está limitado por algum sentido proposital subjacente da minha afirmação, que é o mesmo em qualquer idioma, e existe independente da forma linguística específica na qual é expresso. Ao contrário da crença historicista, a existência de tal limite não significa que se pode descartá-lo à vontade. Ao contrário, ele é objetivo no sentido de que podemos entendê-lo como uma pressuposição logicamente necessária para que se diga qualquer coisa com algum sentido, e não apenas se produzam sons incompreensíveis. O historicista não poderia alegar estar dizendo nada não fosse pelo fato de que suas expressões e interpretações estão de fato limitadas pelas leis da lógica, como a própria pressuposição de que há afirmações com sentido[9].

Com tal refutação ao empirismo e historicismo, Mises diz, as alegações da filosofia racionalista são exitosamente restabelecidas, e passa-se a defender a possibilidade de afirmações verdadeiras *a priori*, como parecem ser as econômicas. Na verdade, Mises considera explicitamente sua própria análise epistemológica como a continuação da obra da filosofia racionalista ocidental. Assim como Gottfried Wilhelm Leibniz (1646-1716) e Immanuel Kant (1724-1804), ele se opõe à tradição de John Locke (1632-1704) e David Hume (1711-1776)[10]. Ele fica do lado de Leibniz ao responder à famosa máxima de Locke, "*não há nada no intelecto que não tenha passado antes pelos sentidos*", com sua igualmente famosa máxima: "exceto o próprio intelecto". E ele reconhece sua tarefa como filósofo da economia como estritamente análoga à tarefa de Kant como filósofo da razão pura (ou seja, da epistemologia). Assim como Kant, Mises quer demonstrar a existência de proposições verdadeiras e aprioristicamente sintéticas, ou proposições cujos valores de verdade possam

---

[9] Sobre isso, ver: HOPPE, Hans-Hermann. "In Defense of Extreme Rationalism". *Op. cit.*

[10] Ver; MISES, Ludwig von. *The Ultimate Foundation of Economic Science*. Kansas City: Sheed Andrews and McMeel, 1978. p. 12.

ser definitivamente estabelecidos, ainda que para tanto os meios da lógica formal sejam insuficientes e as observações sejam desnecessárias.

Essa crítica ao empirismo e historicismo provou a afirmação racionalista geral. Provou que realmente temos conhecimento que não nasce da observação, ainda que esteja limitado por leis objetivas. Na verdade, nossa refutação do empirismo e historicismo contém tal conhecimento sintético apriorístico. Mas e quanto à tarefa construtiva de demonstrar que proposições da economia – como a lei da utilidade marginal e a teoria quantitativa da moeda – se qualificam como este tipo de conhecimento? A fim de fazer isso, nota Mises de acordo com as restrições tradicionalmente formuladas pelos filósofos racionalistas, as proposições econômicas devem preencher dois requisitos. Primeiro, deve ser possível demonstrar que elas não derivam de evidências observacionais, pois evidências observacionais só podem revelar as coisas como elas calham de ser: não há nada nelas a indicar por que as coisas devem ser como são. Em vez disso, as proposições econômicas devem se mostrar baseadas na cognição reflexiva, em nossa compreensão de nós mesmos enquanto sujeitos conscientes. Em segundo lugar, essa compreensão reflexiva deve dar origem a certas proposições como axiomas materiais óbvios, não no sentido de que tais axiomas teriam de ser psicologicamente óbvios, isto é, que alguém teria de tomar ciência deles imediatamente, ou que a validade deles dependesse de uma sensação psicológica de convicção. Ao contrário, e como Kant antes dele, Mises reforça o fato de que geralmente é muito mais trabalhoso descobrir tais axiomas do que descobrir alguma verdade observacional, como a que diz que as folhas das árvores são verdes, ou que eu tenho 1,87m de altura[11]. Em vez disso, o que os torna axiomas materiais óbvios é o fato de que ninguém pode negar sua validade sem se autocontradizer, porque ao tentar negá-los já se está pressupondo sua validade.

Mises indica que os dois requisitos são preenchidos pelo que ele chama de axioma da ação (ou seja, a proposição de que os seres humanos agem, de que eles exibem um comportamento intencional)[12]. Obviamente, este axioma não advém da observação – só há movimentos corporais a serem observados, e não ações – mas, em vez disso, advém da compreensão reflexiva. E essa compreensão está relacionada com uma proposição óbvia, porque sua verdade não pode ser negada, uma vez que a negação em si teria de ser categorizada como ação. Mas isso não é simplesmente trivial? E o que a economia tem a ver com isso? É claro que já se reconheceu previamente que conceitos econômicos como preços, custos, produção, moeda e crédito tinham algo a ver com o fato de que havia pessoas agindo. Mas isso e como toda a economia poderia se basear e ser reconstruída a partir de tal proposição trivial é algo obscuro. Uma das grandes realizações de Mises é ter demonstrado precisamente que há *insights* implícitos nesse axioma trivial da ação, falando

---

[11] Ver: KANT, Immanuel. *Kritik der reinin Vernunft. In: Werke*. Ed. W. Weischedel. Frankfurt: Suhrkamp, 1968. 12v. Vol. 3, p. 45. Ver, também: MISES, Ludwig von. *Human Action: A Treatise on Economics*. Chicago: Regnery, 1966. p. 38.

[12] Sobre isso, ver, sobretudo: MISES, Ludwig von. *Human Action. Op. cit.*, Cap. IV; ROTHBARD, Murray N. *Man, Economy, and State*. Los Angeles: Nash, 1962. cap. 1.

psicologicamente, que não sejam também por si só psicologicamente óbvios; e que são tais *insights* que servem de base para os teoremas da economia como proposições sintéticas aprioristicamente verdadeiras.

Certamente não é psicologicamente evidente que o ator busque um objetivo com cada uma de suas ações, e, seja qual for esse objetivo, o fato de ele ter sido buscado por um ator revela que este ator deve valorizá-lo relativamente mais do que qualquer outro objetivo no qual ele poderia ter pensado ao iniciar a ação. Não é evidente que, a fim de alcançar seu objetivo mais valioso, um ator deva interferir ou decidir não interferir (o que também é uma interferência intencional) em certo ponto anterior no tempo a fim de gerar um resultado posterior, tampouco é óbvio que tais interferências invariavelmente implicam o emprego de alguns meios escassos – pelo menos aqueles do corpo do ator, seu ambiente e o tempo gasto na ação. Não é óbvio que tais meios também devam ter valor para um ator – um valor derivado do valor do objetivo –, porque o ator deve considerar o emprego desses meios necessário a fim de efetivamente alcançar o objetivo; e que ações só podem ser realizadas em sequência, e sempre envolvem a escolha de tomar aquele curso de ação específico que em determinado momento promete os resultados mais valorizados pelo ator, excluindo ao mesmo tempo a busca de outros objetivos menos valorizados. Não é automaticamente claro que, como consequência de ter de optar e dar preferência a um objetivo em detrimento de outro – ou de não ser capaz de realizar todos os objetivos ao mesmo tempo –, toda ação implica a incidência de custos (abdicar do maior valor atrelado ao objetivo alternativo mais valorizado que não pode ser realizado, ou cuja realização deve ser adiada), porque os meios necessários para se alcançá-los estão atrelados à produção de outro objetivo, ainda mais valorizado. Por fim, não é evidente que, em seu ponto de partida, todo objetivo de ação deva ser considerado mais valioso para o ator do que o seu custo, e sua capaz de render lucros (um resultado cujo valor é considerado maior do que a oportunidade abdicada), e que toda ação é também invariavelmente ameaçada pela possibilidade de uma perda se o ator, em retrospectiva, percebe que, ao contrário de suas expectativas, o resultado de fato alcançado tem um valor menor do que a alternativa desprezada teria.

Todas essas categorias que sabemos formar a própria essência da economia – valor, fins, meios, escolha, preferência, custo, lucro e prejuízo – estão implícitas no axioma da ação. Assim como o próprio axioma, elas não nascem da observação. Ao contrário, para que alguém seja capaz de interpretar observações em termos de tais categorias é preciso que saiba previamente o que significa agir. Ninguém que não seja um ator pode entendê-las, pois elas não são "dadas", prontas para serem observadas, mas a experiência observacional é moldada nestes termos ao ser interpretada por um ator. Além disso, apesar de elas e de suas inter-relações não estarem obviamente implícitas no axioma da ação, uma vez que se explicita isso e como elas estão implícitas, acabam-se as dificuldades de reconhecê-las como algo aprioristicamente verdadeiro no mesmo sentido do próprio axioma. Qualquer tentativa de questionar a validade do que Mises reconstruiu como implícito no próprio conceito da ação teria de ser dirigida a um objetivo, requerendo meios, excluindo outros cursos de ação, incorrendo em custos, sujeitando o ator à possibilidade de alcançar ou não o objetivo desejado, e levando a um lucro ou prejuízo. Assim, é manifestamente impossível questionar ou falsear a validade dos *insights* de Mises. Na verdade, uma situação na qual as categorias de ação deixassem de existir jamais poderia em si ser observada ou mencionada, pois observar ou falar também são ações.

Todas as proposições econômicas verdadeiras, e é disso que se trata a praxiologia e no que consiste o grande *insight* de Mises, podem ser deduzidas por meio da lógica formal a partir desse conhecimento material incontestavelmente verdadeiro quanto ao significado da ação e suas categorias. Sendo mais preciso, todos os teoremas econômicos verdadeiros consistem de (a) uma compreensão do significado da ação, (b) uma situação ou mudança situacional – que se supõe dada, ou que é identificada como dada – descrita em termos de categorias de ação, e (c) uma dedução lógica das consequências – novamente em termos de tais categorias – que resultarão, para um ator, dessa situação ou da mudança de situação. A lei da utilidade marginal[13], por exemplo, parte do nosso conhecimento inquestionável do fato de que todo ator sempre prefere o que o satisfaz mais ao que o satisfaz menos, além da suposição de que ele se vê diante de um aumento

---

[13] Sobre a lei da utilidade marginal, ver: MISES, Ludwig von. *Human Action. Op. cit.*, p. 119-27; ROTHBARD, Murray N. *Man, Economy, and State. Op. cit.*, p. 268-71.

na oferta de um bem (um meio escasso) cujas unidades ele considerada de utilidade igual por uma unidade adicional. A partir daí segue-se por necessidade lógica que essa unidade adicional só pode ser empregada como meio para o alívio de um incômodo considerado menos urgente que o objetivo menos valioso anteriormente alcançado por uma unidade de tal bem. Desde que não haja falhas no processo de dedução, as conclusões que a teorização econômica rende devem ser válidas *a priori*. A validade dessas proposições em última instância remonta ao inquestionável axioma da ação. Pensar, como o faz o empirismo, que essas proposições requerem testes empíricos contínuos para serem validadas é um absurdo e um sinal de confusão intelectual explícita. E é igualmente absurdo e confuso acreditar, como o faz o historicismo, que a economia não tem nada a dizer sobre relações constantes e invariáveis, lidando apenas com acontecimentos historicamente acidentais. Dizer isso é provar que tal afirmação está errada, assim como dizer algo de significativo já pressupõe a ação e um conhecimento do significado das categorias da ação.

III

Isso basta como explicação da resposta de Mises para a busca das bases da economia. Agora me aterei ao meu segundo objetivo: explicar por que e como a praxiologia também serve de base para a epistemologia. Mises sabia disso e estava convencido da importância desse *insight* para a filosofia racionalista. Mas ele não tratou do assunto de forma sistemática. Há não mais do que poucos e breves comentários quanto ao problema em meio à sua enorme obra[14]. Assim, a seguir, tento fazer algo de novo.

Começarei minha explicação apresentando um segundo axioma apriorístico e esclarecendo sua relação com o axioma da ação. Tal compreensão é a chave para resolver nosso problema. O segundo axioma é o chamado "*a priori* da argumentação", que diz que os seres humanos são capazes de argumentar e, portanto, sabem o significado da verdade e da validade[15]. Como no caso do axioma da ação, esse conhecimento não tem origem na observação: há apenas comportamento verbal a ser observado, e uma cognição reflexiva anterior é necessária para interpretar tal comportamento como argumentos com significado. A validade do axioma, como a do axioma da ação, é inquestionável. É impossível

---

[14] Mises escreve:

[C]onhecimento é um instrumento da ação. Sua função é aconselhar o homem a como proceder em suas iniciativas para amenizar o incômodo [...]. A categoria da ação é a categoria fundamental do conhecimento humano. Isso subentende todas as categorias da lógica e as categorias da regularidade e causalidade. Isso subentende a categoria do tempo e do valor [...]. Ao agir, a mente do indivíduo vê a si mesma como algo diferente de seu ambiente, o mundo externo, e tenta estudar esse ambiente a fim de influenciar o curso dos eventos que nele ocorrem. (MISES, Ludwig von. *The Ultimate Foundation of Economic Science. Op. cit.*, p. 35-36).

Ou: "*Ambos, o pensamento e raciocínio aprioristicos de um lado e a ação humana de outro, são manifestações da mente. Razão e ação são congêneres e homogêneas, dois aspectos do mesmo fenômeno*". (Idem. *Ibidem.*, p. 42). Mas ele não explica muito mais a questão, e conclui que "não cabe à praxeologia investigar a relação entre pensamento e ação" (Idem. *Human Action. Op. cit.*, p. 25).

[15] Sobre o caráter apriorístico da argumentação, ver: Apel, Karl Otto. *Transformation der Philosophie. Op. cit.*, Vol. 2.

negar que se possa argumentar, pois a própria negativa em si seria um argumento. Na verdade, é impossível até mesmo dizer silenciosamente para si mesmo "não posso argumentar" sem se contradizer. Não se pode argumentar que não se pode argumentar. Tampouco se pode questionar que se sabe o que significa fazer uma afirmação válida ou verdadeira sem implicitamente afirmar que a negação dessa proposição é verdadeira.

Não é difícil perceber que os dois axiomas apriorísticos – o da ação e o da argumentação – estão intimamente relacionados. Por um lado, ações são mais fundamentais do que a argumentação a partir da qual a existência da ideia de validade emerge, pois a argumentação é tão somente uma subdivisão da ação. Por outro, para reconhecer isso quanto à ação e argumentação e a relação entre elas é preciso argumentação. Assim, neste sentido, a argumentação deve ser considerada mais fundamental do que a ação, pois sem argumentação não se pode dizer que se sabe nada sobre a ação. Mas a própria argumentação revela a possibilidade de a argumentação pressupõe a ação, porque as alegações de validade só podem ser explicitamente discutidas ao longo de uma argumentação se os indivíduos que o fazem já souberem o que significa agir e têm conhecimento subentendido na ação. Desta forma, tanto o significado da ação em geral quanto o da argumentação em particular devem ser pensados como ramos entrelaçados logicamente necessários de um conhecimento apriorístico.

O que esse *insight* sobre a inter-relação entre o *a priori* da ação e o *a priori* da argumentação sugere é o seguinte: tradicionalmente, a tarefa da epistemologia tem sido concebida como a de formular o que pode ser reconhecido como verdadeiro *a priori* e o que pode ser reconhecido *a priori* como não estando sujeito a um conhecimento apriorístico. Reconhecer, como acabamos de fazer, que as alegações de conhecimento são levantadas e decididas ao longo da argumentação, e que isso é inegável, agora é possível reconstruir a tarefa da epistemologia de forma mais precisa como a de formular essas proposições que são argumentativamente inquestionáveis, uma vez que sua verdade já está subentendida no próprio fato de argumentar, e, assim, não pode ser argumentativamente negada; e a de delinear o alcance de tal conhecimento apriorístico a partir do reino das proposições cuja validade não pode ser assim estabelecida, exigindo informações acidentais adicionais para sua validação, ou que não podem ser validadas de forma alguma e, portanto, são apenas afirmações metafísicas no sentido pejorativo do termo.

Mas o que está implícito no próprio fato de argumentar? É a essa questão que nosso *insight* sobre a interconexão entre o *a priori* da argumentação e o da ação responde. Em um nível muito geral, não se pode negar argumentativamente que a argumentação pressupõe a ação, e que os argumentos, e o conhecimento neles contido, são da parte de atores. De modo mais específico, não se pode negar que o conhecimento em si é uma categoria da ação; que a estrutura do conhecimento deve ser limitada pela função peculiar que o conhecimento exerce na estrutura das categorias da ação; e que a existência de tais limites estruturais não pode ser negada por qualquer conhecimento.

É nesse sentido que os *insights* contidos na praxiologia devem ser considerados a base da epistemologia. O conhecimento é uma categoria bem diferente das explicadas anteriormente – de meios e fins. Os fins que buscamos alcançar por meio das nossas ações e os meios que empregamos para tanto são ambos valores escassos. Os valores atrelados aos nossos objetivos estão sujeitos ao consumo e são exterminados e destruídos no consumo e, portanto, devem sempre ser produzidos novamente. Os meios empregados devem ser economizados também. A mesma coisa não se dá, contudo, em relação ao conhecimento, independente de alguém o considerar um meio ou um fim em si. É claro que a aquisição de conhecimento exige meios escassos, pelo menos o corpo e o tempo de alguém. Mas, depois que o conhecimento é adquirido, ele deixa de ser escasso. Ele não pode ser consumido, e os serviços que ele pode prestar como meios tampouco estão sujeitos ao esgotamento. Uma vez surgido, ele é um recurso inesgotável, e incorpora um valor perpétuo (desde que não seja simplesmente esquecido)[16]. Mas o conhecimento não é um bem gratuito no mesmo sentido em que o ar, em circunstâncias normais. Ao contrário, ele é uma categoria da ação. Não é apenas um ingrediente mental de toda ação, diferentemente do ar; mas, mais importante do que isso, o conhecimento, e não o ar, está sujeito à validação, o que quer dizer que ele deve provar realizar uma função positiva para um ator dentro dos limites invariáveis da estrutura categórica

---

[16] Sobre essa diferença fundamental entre meios econômicos (escassez) e conhecimento, ver: MISES, Ludwig von. *Human Action. Op. cit.*, p. 128, 661.

da ação. É tarefa da epistemologia esclarecer quais são esses limites e o que se pode saber, portanto, sobre a estrutura do conhecimento como tal.

Apesar de tal reconhecimento dos limites praxiológicos na estrutura do conhecimento talvez não parecer muito importante em si, ele de fato tem algumas implicações extremamente importantes. Primeiro, com esse *insight* se elimina uma dificuldade recorrente da filosofia racionalista. É um debate comum no racionalismo da tradição Leibniz-Kant que parece sugerir uma espécie de idealismo. Ao perceber que proposições aprioristicamente verdadeiras não podem surgir de observações, o racionalismo explicou como o conhecimento apriorístico podia então existir a partir da adoção do modelo de uma mente ativa, ao contrário do modelo empirista de uma mente passiva, espelhada, na tradição de Locke e Hume. De acordo com a filosofia racionalista, proposições aprioristicamente verdadeiras se basearam na operação de princípios do pensamento que não podiam ser concebidos como funcionando de outra forma; eles se baseavam nas categorias de uma mente ativa. Mas, como os empiristas correram para afirmar, a crítica óbvia a tal posição é a de que, se esse fosse mesmo o caso, seria impossível explicar por que tais categorias mentais se adequariam à realidade. Em vez disso, seríamos obrigados a aceitar a suposição idealista absurda de que a realidade teria de ser concebida como uma criação da mente a fim de afirmar que o conhecimento apriorístico poderia incorporar qualquer informação sobre a estrutura da realidade. Claramente, tal afirmação parece justificada quando se está diante de afirmações programáticas de filósofos racionalistas como a seguinte, de Kant: *"Até agora se supôs que nosso conhecimento teve de se adequar à realidade".* Em vez disso, dever-se-ia supor que *"a realidade observacional deveria se adequar à nossa mente"*[17].

Reconhecer o conhecimento como algo estruturalmente limitado por seu próprio papel na estrutura das categorias da ação fornece uma solução para tal reclamação, pois, tão logo se percebe isso, todas as sugestões idealistas da filosofia racionalista desaparecem, e uma epistemologia alegando que proposições aprioristicamente verdadeiras existem se transforma, ao contrário, numa epistemologia realista. Compreendida como algo limitado pelas categorias da ação, a aparentemente intransponível lacuna entre o mundo mental, de um lado, e o mundo físico, externo e real, é transposta. Assim limitado, o conhecimento apriorístico deve ser tanto uma coisa mental quanto um reflexo da estrutura da realidade, pois é somente por meio das ações que a mente entra em contato com a realidade, por assim dizer. Agir é um ajuste cognitivamente orientado de um corpo físico na realidade física. Assim, não pode haver dúvidas de que o conhecimento apriorístico, concebido como um *insight* com relação aos limites estruturais impostos sobre o conhecimento na condição de conhecimento de atores, deve mesmo corresponder à natureza das coisas. O caráter realista de tal conhecimento se manifestaria não apenas no fato de que

---

[17] KANT, Immanuel. *Kritik der reinen Vernunft. Op. cit.*, p. 25. Se tal interpretação da epistemologia de Kant é realmente correta ou não é outra questão. No entanto, esclarecer este problema não é o objetivo aqui. Para uma interpretação ativista ou construtivista da filosofia kantiana, veja: KAMBARTEL, Friedrich. *Erfahrung und Struktur. Op. cit.*, cap. 3. Ver, também: HOPPE, Hans-Hermann. *Handeln und Erkennen*. Bern: Lang, 1976.

não se poderia *pensar* nele de outra forma, mas também no fato de que é impossível *desmentir* sua verdade.

Mas há implicações ainda mais específicas envolvidas no reconhecimento das bases praxiológicas da epistemologia, além da implicação geral de que, ao substituir o modelo da mente de um ator que age por meio do corpo físico pelo modelo racionalista tradicional da mente ativa, o conhecimento apriorístico imediatamente se transforma em conhecimento realista (de fato tão realista que não pode ser perdido). Sendo mais específico, à luz desse *insight*, dá-se um apoio decisivo aos poucos e deploráveis filósofos racionalistas que – ao contrário do *Zeitgeist* empirista – cismam em sustentar, em vários *fronts* filosóficos, que proposições aprioristicamente verdadeiras sobre o mundo real são possíveis[18]. Além disso, com o reconhecimento dos limites praxiológicos à estrutura do conhecimento, essas várias iniciativas racionalistas tornam-se sistematicamente integradas a um corpo unificado de filosofia racionalista.

Quando se entende que o conhecimento, como demonstrado na argumentação, é uma categoria peculiar da ação,

---

[18] Além das obras mencionadas anteriormente, ver: BLANSHARD, Brand. *The Nature of Thought*. London: Allen and Unwin, 1921; COHEN, Morris. *Reason and Nature*. New York: Harcourt, Brace, 1931; Idem. *Preface to Logic*. New York: Holt, 1944; PAP, A. *Semantics and Necessary Truth*. New Haven: Yale University Press, 1958; KRIPKE, Saul. "Naming and Necessity". *In:* DAVIDSON, Donald & HARMAN, Gilbert (Ed.). *Semantics of Natural Language*. New York: Reidel, 1972; DINGLER, Hugo. *Die Ergreifung des Wirklichen*. Frankfurt: Suhrkamp, 1969; Idem. *Aufbau der exakten Fundamentalwissenschaft*. München: Eidos, 1964; KAMLAH, Wilhelm & LORENZEN, Paul. *Logische Propädeutik*. Mannheim: Bibliographisches Institut, 1968; LORENZEN, Paul. *Methodisches Denken*. Frankfurt: Suhrkamp, 1968; Idem. *Normative Logic and Ethics*. Mannheim: Bibliographisches Institut, 1969; APEL, Karl Otto. *Transformation der Philosophie*. Op. cit.

a validade da alegação racionalista perene de que as leis da lógica – começando aqui com as mais básicas da lógica propositiva e dos conectivos ("e", "ou", "se-então", "não") e indefinidos ("há", "tudo", "algum") – são proposições aprioristicamente verdadeiras sobre a realidade, e não apenas estipulações verbais quanto às regras de transformação de sinais arbitrariamente escolhidos, como querem os empiristas-formalistas, se torna clara. Elas são tanto leis do pensamento quanto da realidade porque são leis que em última instância se baseiam na ação e não podem ser desfeitas por qualquer ator. Em toda ação, um ator identifica alguma situação específica e a classifica de uma forma e não de outra a fim de poder fazer uma escolha. É isso o que em última instância explica a estrutura até da mais elementar das proposições (como "Sócrates é um homem") como algo que consiste de um substantivo próprio ou de alguma expressão identificadora para nomear ou identificar algo, e um predicado para afirmar ou negar alguma propriedade específica do objeto nomeado ou identificado. É isso o que explica os alicerces da lógica: as leis da identidade e contradição. E é essa característica universal da ação e da escolha o que também explica nossa compreensão das categorias "há", "tudo", "algum", "e", "ou", "se-então" e "não"[19]. Pode-se dizer, é claro, que algo pode ser "um"

---

[19] Sobre interpretações racionalistas da lógica, ver: BLANSHARD, Brand. *Reason and Analysis. Op. cit.*, Cap. VI, X; LORENZEN, Paul. *Einführung in die operative Logik und Mathematik*. Frankfurt: Akademische Verlagsgesellschaft, 1970; LORENZ, Kuno. *Elemente der Sprachkritik*. Frankfurt: Suhrkamp, 1970; Idem. "Die dialogische Rechtfertigung der effektiven Logik". *In*: KAMBARTEL, Friedrich & MITTELSTRASS, Jürgen (Ed.). *Zum normativen Fundament der Wissenschaft*.

e "não-um" ao mesmo tempo, e que "e" significa isso, e não aquilo. Mas não se pode *revogar* a lei da contradição e

---

Frankfurt: Athenaum, 1973.
Sobre o caráter propositivo da linguagem e da experiência, ver: KAMLAH, Wilhelm & LORENZEN, Paul. *Logische Propädeutik*. *Op. cit.*, Cap. 1; LORENZEN, Paul. *Normative Logic and Ethics*. *Op. cit.*, Cap. 1. Lorenzen escreve:

> Chamo uma prática de convenção se conheço outra prática que eu poderia aceitar em vez dela. Mas não conheço outro comportamento que poderia substituir o uso de frases elementares. Se eu não aceitasse substantivos próprios e predicadores, eu sequer saberia como falar [...]. Cada substantivo próprio é uma convenção [...] mas usar substantivos próprios não é uma convenção: é um padrão singular de comportamento linguístico. Portanto, vou chamá-lo de "lógico". O mesmo é verdadeiro com relação aos predicadores. Cada predicador é uma convenção. Isso é demonstrado pela existência de mais de uma linguagem natural. Mas todas as linguagens usam predicadores. (Idem. *Ibidem.*, p. 16).

Ver, também: MITTELSTRASS, Jürgen. "Die Wiederkehr des Gleichen". *Ratio*, 1966.
Sobre a lei da identidade e da contradição, ver, especialmente: BLANSHARD, Brand. *Reason and Analysis*. *Op. cit.*, p. 276 *et seq.*, 423 *et seq.*
Para uma análise crítica da lógica trivalente ou mais como um formalismo simbólico sem sentido ou como algo que logicamente pressupõe um entendimento da tradicional lógica bivalente, ver: STEGMÜLLER, Wolfgang. *Hauptströmungen der Gegenwartsphilosophie*. Stuttgart: Kröner, 1975. Vol. 2, p. 182-91; BLANSHARD, Brand. *Reason and Analysis*. *Op. cit.*, p. 269-75. Quanto à lógica multivalente ou de textura aberta proposta por Friedrich Waismann, diz Blanshard:

> Só podemos concordar com o dr. Waismann – e com Hegel – que as distinções binárias da lógica formal são muito inadequadas para o pensamento vivo. Mas por que alguém deveria dizer, como diz o dr. Waismann, que ao adotar uma lógica mais diferenciada se está adotando um sistema alternativo que é incompatível com a lógica binária? O que ele de fato fez foi reconhecer várias gradações *dentro* do antigo significado da palavra "não". Não duvidamos da existência de tais gradações, e. de fato, de quantas mais ele se der o trabalho de identificar. Mas um aperfeiçoamento da velha lógica não significa um abandono dela. Ainda é verdade que a cor que vi ontem era de um determinado tom de amarelo ou não, apesar de o "não" abranger uma infinidade de cores aproximadas, e apesar de eu jamais saber qual tom exato eu vi. (Idem. *Ibidem.*, p. 273-74).

a definição real de "e". Simplesmente por agir com o corpo físico no espaço físico invariavelmente afirmamos a lei da contradição e invariavelmente exibimos nosso conhecimento verdadeiramente construtivo do sentido de "e" e "ou".

De forma semelhante, a justificativa em última instância para a aritmética ser uma disciplina empírica mas aprioriorística, como os racionalistas sempre a compreenderam, agora também se torna discernível. A ortodoxia empirista-formalista dominante concebe a aritmética como a manipulação de sinais arbitrariamente definidos de acordo com regras de transformação arbitrariamente estipuladas e, assim, como algo totalmente desprovido de significado empírico. Para esta visão, que evidentemente transforma a aritmética em nada além de uma brincadeira, por mais habilidosa que ela seja, a aplicabilidade bem-sucedida da aritmética na física é um constrangimento intelectual. Na verdade, empiristas-formalistas teriam de explicar esse fato como sendo simplesmente um acontecimento milagroso. O fato de isso não ser um milagre, contudo, fica aparente uma vez que o caráter praxiológico, ou – para usar aqui a terminologia do mais notável filósofo-matemático racionalista, Paul Lorenzen (1915-1994), e sua escola – operacional ou construtivista, da aritmética é compreendido. A aritmética e seu caráter como uma disciplina intelectual aprioristicamente sintética se baseia em nossa compreensão da repetição – a repetição da ação. Mais precisamente, jaz em nossa compreensão do sentido de "faça isso... e faça isso novamente, começando a partir do resultado atual". A aritmética também lida com as coisas reais: com unidades construídas ou construtivamente identificadas de algo. Ela demonstra que relações há entre tais unidades porque elas são construídas de acordo com a regra da repetição. Como Paul Lorenzen demonstrou detalhadamente, nem tudo o que atualmente se passa por matemática pode ser construtivamente fundamentado – e essas partes então deveriam, é claro, ser reconhecidas pelo que são: jogos simbólicos epistemologicamente inúteis. Mas todos os instrumentos matemáticos realmente empregados na física (isto é, os instrumentos da análise clássica) podem ser derivados construtivamente. Eles não são simbolismos empiricamente vazios, mas proposições verdadeiras sobre a realidade. Eles se aplicam a tudo, desde que isso consista de uma ou mais unidades distintas, e desde que essas unidades sejam construídas ou identificadas como unidades por um procedimento de "faça de novo, construa ou identifique outra unidade repetindo a operação anterior"[20]. Mais uma vez,

---

[20] Sobre uma interpretação racionalista da aritmética, ver: BLANSHARD, Brand. *Reason and Analysis. Op. cit.*, p. 427-31. Sobre a base construtivista da aritmética, ver em particular: LORENZEN, Paul. *Einführung in die operative Logik und Mathematik. Op. cit.*; Idem. *Methodisches Denken. Op. cit.*, Caps. 6, 7; Idem. *Normative Logic and Ethics. Op. cit.*, Cap. 4. Sobre a base construtivista da análise clássica, ver: LORENZEN, Paul. *Differential und Integral – Eine konstruktive Einführung in die klassische Analysis*. Frankfurt: Akademische Verlagsgesellschaft, 1965. Para uma crítica brilhante e generalizada do formalismo matemático, ver: KAMBARTEL, Friedrich. *Erfahrung und Struktur, op. cit.*, Cap. 6, esp. p. 236-42. Sobre a irrelevância do famoso teorema de Gödel para uma aritmética baseada construtivamente, ver: LORENZEN, Paul. *Metamathematik*. Mannheim: Bibliographisches Institut, 1962. Ver, também: THIEL, Charles. "Das Begründungsproblem der Mathematic und die Philosophie". *In*: Kambartel and Mittelstrass (ed.), . *In*: KAMBARTEL, Friedrich & MITTELSTRASS, Jürgen (Ed.). *Zum normativen Fundament der Wissenschaft. Op. cit.*, esp. p. 99-101. A prova de Kurt Gödel, que, como prova, incidentalmente apoia e não prejudica a afirmação racionalista da

pode-se dizer que dois mais dois às vezes é quatro, mas às vezes são duas ou cinco unidades, e que na realidade observacional, para leões e cordeiros ou para coelhos, isso talvez seja verdade[21], mas na realidade da ação, ao identificar ou construir essas unidades em operações repetitivas, a verdade de que dois mais dois nunca é nada além de quatro não pode ser revogada.

Além disso, as antigas afirmações racionalistas de que a geométrica euclidiana é um conhecimento apriorístico que ao mesmo tempo incorpora o conhecimento empírico quanto ao espaço ganham apoio também, tendo em vista o nosso *insight* sobre os limites praxiológicos do conhecimento. Desde a descoberta de geometrias não euclidianas, e sobretudo desde a teoria relativista da gravitação de Einstein, a posição dominante quanto à geometria voltou a ser empirista e formalista. Essa posição concebe a geometria como algo que faz parte da física empírica aposteriorística ou como formalismos empiricamente sem sentido. Considerar

---

possibilidade do conhecimento apriorístico, só demonstra que o programa formalista anterior de Hilbert não pode ser levado a cabo com êxito porque, a fim de demonstrar a consistência de certas teorias axiomáticas, é preciso ter uma metateoria com meios ainda mais sólidos do que os formalizados na teoria-objeto em si que, de modo interessante, muitos anos antes da prova de Gödel, de 1931, as dificuldades do programa formalista levaram o velho Hilbert a reconhecer a necessidade de reintroduzir uma interpretação substantiva da matemática *à la* Kant, o que daria a seus axiomas uma base e justificativa completamente independentes de quaisquer provas formais de consistência. Ver: KAMBARTEL, Friedrich. *Erfahrung and Struktur, op. cit.*, p. 185-187.

[21] Exemplos desse tipo são usados por Popper para "refutar" a ideia racionalista das regras aritméticas como leis da realidade. Ver: POPPER, Karl. *Conjectures and Refutations*. London: Routledge and Kegan Paul, 1969. p. 211.

a geometria como um simples jogo ou como algo para sempre sujeito a testes empíricos parece irreconciliável com o fato de que a geometria euclidiana é a base da engenharia e da construção, e ninguém nesses setores pensa em tais proposições como algo apenas hipoteticamente verdadeiro[22]. Reconhecer o conhecimento como algo praxiologicamente limitado explica por que a visão empirista-formalista é incorreta e por que o sucesso empírico da geometria euclidiana não é mero acidente. O conhecimento espacial também está incluído no significado da ação. A ação é o emprego de um corpo físico no espaço. Sem a ação não poderia haver conhecimento das relações espaciais e tampouco medições. As medições relacionam algo a um padrão. Sem padrões, não há medidas, e não há medida capaz de contradizer o padrão. Evidentemente, o padrão final deve ser ditado pelas normas subjacentes à construção dos movimentos corporais no espaço e à construção de instrumentos de medição por meio do corpo de alguém e de acordo com os princípios da construção espacial nele incorporados. A geometria euclidiana, como mais uma vez Paul Lorenzen, em especial, explicou, é nada mais, nada menos, do que a reconstrução das normais ideais subjacentes à nossa construção de tais formas básicas hegemônicas como pontos, linhas, planos e distâncias, que são, de uma forma mais ou menos perfeita, mas sempre aperfeiçoável, incorporadas ou percebidas até mesmo por nossos mais primitivos instrumentos de medição

---

[22] Sobre isso, ver: MISES, Ludwig von. *The Ultimate Foundation of Economic Science. Op. cit.*, p. 12-14.

espacial, como a haste de medição. Naturalmente, essas normas e implicações normativas não podem ser falseadas pelo resultado de nenhuma medição empírica. Ao contrário, a validade cognitiva delas é corroborada pelo fato de que são elas que tornam a medição física do espaço possível. Qualquer medição real deve sempre pressupor a validade das normas que levam à criação de padrões de medida. É nesse sentido que a geometria é uma ciência apriorística e deve ser ao mesmo tempo considerada uma disciplina empiricamente expressiva porque ela não só é precondição para qualquer descrição espacial empírica, como também é precondição para qualquer orientação ativa no espaço[23].

---

[23] Sobre o caráter apriorístico da geometria euclidiana, ver: LORENZEN, Paul. *Methodisches Denken. Op. cit.*, Cap. 8 e 9; Idem. *Normative Logic and Ethics. Op. cit.*, Cap. 5; DINGLER, Hugo. *Die Grundlagen der Geometrie*. Stuttgart: Enke, 1933. Sobre a geometria euclidiana como uma pressuposição necessária de medidas objetivas e intersubjetivamente comunicáveis, sobretudo de qualquer verificação empírica de geometrias não euclidianas (afinal, as lentes dos telescópios usados para confirmar a teoria de Einstein quanto à estrutura não euclidiana do espaço físico devem ser construídas de acordo com princípios euclidianos), ver: KAMBARTEL, Friedrich. *Erfahrung und Struktur. Op. cit.*, p. 132-33; JANICH, Peter. *Die Protophysik der Zeit*. Mannhein: Bibliographisches Institut, 1969. p. 45-50; Idem. "Eindeutigkeit, Konsistenz und methodische Ordnung". *In*: KAMBARTEL, Friedrich & MITTELSTRASS, Jürgen (Ed.). *Zum normativen Fundament der Wissenschaft. op. cit.* Acompanhando Hugo Dingler, Paul Lorenzen e outros membros da chamada Escola de Erlangen elaboraram um sistema de protofísica que contém todas as pressuposições apriorísticas da física empírica, incluindo, exceto pela geometria, a cronometria e a hilometria (ou seja, mecânica clássica sem gravitação ou mecânica racional). A geometria, a cronometria e a hilometria são teorias apriorísticas que tornam as medições empíricas do espaço, do tempo e dos materiais "possíveis". Elas têm de ser estabelecidas antes que a física, no sentido moderno de uma ciência empírica, com hipotéticos campos de força, possa ter início. Portanto, gostaria de chamar essas disciplinas por um nome comum: proto-

Diante do reconhecimento do caráter praxiológico do conhecimento, esses *insights* quanto à natureza da lógica, aritmética e geometria se integram e se incorporam a um sistema de dualismo epistemológico[24]. A justificativa final para essa posição dualista (a afirmação de que há dois reinos de investigação intelectual que podem ser compreendidos *a priori* como algo que exige métodos categoricamente distintos de tratamento e análise) também se encontra na natureza praxiológica do conhecimento. Ela explica por que devemos distinguir um reino de objetos categorizados de modo causal e, de outro lado, um reino categorizado teleologicamente.

Já mencionei rapidamente, durante minha discussão da praxeologia, que a causalidade é uma categoria da ação. A ideia de causalidade – de que há causas constantes e temporalmente invariáveis que permitem que alguém projete no futuro observações pretéritas quanto às relações dos acontecimentos – é algo (como tem notado o empirismo desde Hume) sem qualquer base observacional. Não se pode observar a conexão entre observações. Mesmo que isso fosse possível, tal observação não se provaria como uma conexão temporalmente invariável. Em vez disso, o princípio da causalidade deve ser compreendido como algo implícito em nossa compreensão da ação e como uma interferência no mundo observacional feita com o objetivo de desviar o curso natural dos acontecimentos a fim de produzir um estado de

---

física. Ver: LORENZEN, Paul. *Normative Logic and Ethics. Op. cit.*, p. 60.

[24] Sobre o caráter fundamental do dualismo epistemológico, ver, também: MISES, Ludwig von. *Theory and History. Op. cit.*, p. 1-2.

coisas diferente e preferido (de realizar coisas que de outra forma não se realizariam), e, assim, ele pressupõe a ideia de acontecimentos relacionados uns com os outros por meio de causas operantes temporalmente invariáveis. Um ator pode se equivocar quanto às suas suposições sobre que interferência anterior gerou uma consequência posterior. Mas, bem-sucedida ou não, qualquer ação, alterada ou não à luz do sucesso ou fracasso anteriores, pressupõe a existência de acontecimentos constantemente conectados como esses, ainda que nenhuma causa específica de qualquer acontecimento específico possa ser conhecida de antemão por um ator. Sem tal suposição, seria impossível caracterizar dois ou mais experimentos empíricos como falseando ou confirmando um ao outro em vez de interpretá-los como acontecimentos logicamente incomensuráveis. Somente porque já se supõe a existência de causas operantes temporalmente invariáveis *como essas* é que se pode encontrar casos específicos de evidências observacionais confirmadoras ou desconfirmadoras, ou pode haver um ator capaz de aprender qualquer coisa das experiências passadas classificando suas ações como bem-sucedidas e confirmadoras de algum conhecimento anterior, ou como fracassos que desconfirmam esse conhecimento. É somente graças à ação e à distinção entre sucessos e fracassos que uma validade apriorística do princípio da causalidade é estabelecida; mesmo que se tentasse, seria impossível refutar com sucesso sua validade[25].

---

[25] Sobre o caráter apriorístico da categoria da causalidade, ver: MISES, Ludwig von. *Human Action. Op. cit.*, Cap. 5; HOPPE, Hans-Hermann. *Kritik der kau-*

Entendendo assim a causalidade como um pressuposto necessário da ação, está também imediatamente implícito que a abrangência de sua aplicabilidade deve ser então delimitada *a priori* a partir da abrangência da categoria da teleologia. Na verdade, as duas categorias são rigorosamente exclusivas e complementares. A ação pressupõe uma realidade observacional causalmente estruturada, mas a realidade da ação que podemos entender como algo que exige tal estrutura não é ela própria causalmente estruturada. Ao contrário, é uma realidade que deve ser teleologicamente caracterizada, como um comportamento que tem sentido e é guiado por um objetivo. Na verdade, não é possível negar ou desfazer essa visão de que há dois reinos categoricamente diferentes dos fenômenos, pois tais tentativas teriam de pressupor que acontecimentos causalmente relacionados como ações que ocorrem dentro na realidade observacional, assim como a

---

salwissenschaftlichen Sozialforschung. Op. cit.; Idem. "Is Research Based on Causal Scientific Principles Possible in the Social Sciences?". *In: The Economics and Ethics of Private Property: Studies in Political Economy and Philosophy*. Auburn: Ludwig von Mises Institute, 2nd ed., 2006. Sobre o princípio da causalidade como pressuposto necessário sobretudo também do princípio da indeterminação da física quântica e o equívoco fundamental envolvendo a interpretação do princípio de Heisenberg como algo a invalidar o princípio da causalidade, ver: KAMBARTEL, Friedrich. *Erfahrung and Struktur. Op. cit.*, p. 138-40. Ver, também: HOPPE, Hans-Hermann. "In Defense of Extreme Rationalism". *Op. cit.*, nota de rodapé 36. Na verdade, é precisamente o inquestionável fato praxiológico de que medições distintas só podem ser realizadas em sequência o que explica a possibilidade das previsões probabilísticas irredutíveis – e não deterministas –, características da física quântica; mas a fim de realizar quaisquer experiências no campo da mecânica quântica, e sobretudo para repetir dois ou mais experimentos e fazer uma afirmação, a validade do princípio da causalidade deve evidentemente já ser um pressuposto.

existência de fenômenos intencionalmente, e não causalmente, relacionados, a fim de interpretar tais acontecimentos observacionais como tendo a intenção de negar algo. Nenhum monismo causal ou teleológico poderia ser justificado sem que se deparasse com uma contradição aberta: ao fisicamente defender qualquer uma das posições e ao alegar estar dizendo algo expressivo ao fazê-lo, na verdade se está defendendo a complementaridade inquestionável tanto de um reino dos fenômenos causais *quanto dos* teleológicos[26].

Tudo o que não é ação deve ser necessariamente caracterizado causalmente. Não há nada a se saber *a priori* sobre essa gama de fenômenos, exceto que ela é causalmente estruturada de acordo com as categorias da lógica, aritmética e geometria propositivas[27]. Tudo o mais que há para saber sobre essa gama de fenômenos deve advir de observações acidentais, e, portanto, representa um conhecimento aposteriorístico. Em especial, todo o conhecimento sobre dois ou mais acontecimentos observacionais específicos como algo causalmente relacionado ou não é um conhecimento aposteriorístico.

---

[26] Sobre a complementariedade necessária das categorias da causalidade e da teleologia, ver: MISES, Ludwig von. *Human Action. Op. cit.*, p. 25; Idem. *The Ultimate Foundation of Economic Science. Op. cit.*, p. 6-8; HOPPE, Hans-Hermann. *Kritik der kausalwissenschaftlichen Sozialforschung. Op. cit.*; Idem. "Is Research Based on Causal Scientific Principles Possible in the Social Sciences?" *Op. cit.* Ver, também: WRIGHT, Georg Henrik von. *Norm and Action*. London: Routledge and Kegan Paul, 1963; Idem. *Explanation and Understanding*. Ithaca: Cornell University Press, 1971; APEL, Karl Otto. *Die Erklären: Verstehen Kontroverse in transzendental-pragmatischer Sicht*. Frankfurt: Suhrkamp, 1979.

[27] Sendo ainda mais preciso, está estruturado de acordo com as categorias de lógica, aritmética e protofísica (incluindo a geometria).

Obviamente, a gama de fenômenos descrita assim coincide (mais ou menos) com o que é geralmente considerado o campo de estudo das ciências naturais empíricas.

Em contraste, tudo o que é uma ação deve ser categorizado teleologicamente. Esse reino de fenômenos também está limitado pelas leis da lógica e aritmética. Mas não está limitado pelas leis da geometria do modo como elas estão incorporadas em nossos instrumentos de medição de objetos que se estendem no espaço, porque ações não existem separadas das interpretações subjetivas das coisas observáveis. Portanto, elas devem ser identificadas por meio de uma compreensão reflexiva e não por medições espaciais. As ações tampouco são acontecimentos causalmente conectados, mas acontecimentos que estão significativamente conectados dentro de uma estrutura categórica de meios e fins.

Não se pode saber *a priori* quais são ou serão os valores *específicos*, escolhas e custos de algum ator. Isso cairia completamente no reino do conhecimento empírico e aposteriorístico. Na verdade, qual ação específica um ator realizará depende de seu conhecimento quanto à realidade observacional e/ou a realidade das ações de outros atores. Seria claramente impossível conceber tais estados de conhecimento como previsíveis com base nas causas temporalmente invariáveis em operação. Um ator ciente não pode prever seu conhecimento futuro antes de tê-lo realmente adquirido, e ele demonstra, simplesmente ao distinguir entre previsões bem-sucedidas ou não, que deve se conceber como um ente capaz de aprender a partir de experiências desconhecidas de formas ainda desconhecidas. Assim, o conhecimento quanto ao curso específico das ações é apenas um conhecimento aposteriorístico. Como tal conhecimento teria de incluir o próprio conhecimento do ator – como um ingrediente necessário de toda ação da qual qualquer mudança pode ter uma influência sobre o fato de uma ação específica ter sido escolhida –, o conhecimento teleológico deve também ser necessariamente reconstrutivo ou histórico. Ele só daria explicações *ex post* que não teriam influência sistemática sobre a previsão das ações futuras porque estados futuros do conhecimento jamais poderiam ser previstos com base em causas empíricas em constante operação. Obviamente, tal delineação de um ramo de ciência reconstrutiva e aposteriorística da ação se encaixa na descrição comum de disciplinas como história e sociologia[28].

O que *se sabe* verdadeiro *a priori* quanto ao campo da ação e o que, então, teria de limitar qualquer explicação histórica ou sociológica é isto: primeiro, qualquer explicação do tipo, que essencialmente teria de reconstruir o conhecimento de um ator, invariavelmente teria de ser uma reconstrução em termos de conhecimento de meios e de fins, de escolhas e custos, de lucros e prejuízos, e assim por diante. Em segundo lugar, como estas são evidentemente as categorias da praxiologia tal como Mises as concebeu, qualquer explicação do tipo deve também estar limitada pelas leis da praxiologia. Como essas leis são aprioristicas, elas também devem operar como limites lógicos a qualquer curso futuro de ação. Elas

---

[28] Sobre a lógica da história e sociologia como disciplinas reconstrutivas, além das obras de Mises mencionadas no começo deste capítulo, ver: HOPPE, Hans-Hermann. *Kritik der kausalwissenschaftlichen Sozialforschung*, *Op. cit.*, Cap. 2.

são válidas independentemente de qualquer estado específico do conhecimento que um ator possa ter adquirido, simplesmente porque, seja qual for este estado, ele deve ser descrito em termos de categorias de ação. E como se referem às ações tais como são, as leis da praxiologia devem, então, ser coextensivas com todo o conhecimento previsível que pode haver no campo da ciência da ação. Na verdade, ignorando por um instante que o *status* da geometria como uma ciência apriorística está em última instância baseado em nossa compreensão da ação, e contanto que a praxiologia deva ser considerada a disciplina cognitiva mais fundamental, o papel peculiar da praxiologia propriamente dita dentro de todo o sistema da epistemologia pode ser entendido como algo semelhante ao da geometria. A praxeologia é, para o campo da ação, o que a geometria euclidiana é para o campo das observações (não ações). Assim como a geometria incorporada aos nossos instrumentos de medição limita a estrutura espacial da realidade observacional, a praxiologia limita a gama de coisas que podem ser vivenciadas no campo das ações[29].

---

[29] Sobre a peculiaridade categórica da teoria e história (sociologia) praxiológicas e os limites lógicos que a praxiologia impõe sobre as pesquisas históricas e sociológicas, assim como sobre as previsões econômicas e sociais, veja: MISES, Ludwig von. *Human Action. Op. cit.*, p. 51-59, 117-18. Ver, também: HOPPE, Hans-Hermann. "In Defense of Extreme Rationalism". *Op. cit.*; Idem. *Praxeology and Economic Science. Op. cit.*

IV

Ao estabelecer o lugar da praxiologia propriamente dita, delimitar completamente o sistema da filosofia racionalista como algo baseado em última instância no axioma da ação. Meu objetivo aqui foi o de reafirmar a afirmação de Mises de que a economia é praxiologia; que a justificativa da praxiologia é inquestionável; e que as interpretações empiristas ou historicista-hermenêuticas da economia são doutrinas autocontraditórias. Meu objetivo também foi o de indicar que o *insight* misesiano sobre a natureza da praxiologia fornece as próprias bases sobre as quais a filosofia racionalista tradicional pode ser reconstruída com êxito e sistematicamente integrada.

Para o filósofo racionalista, isso pareceria querer dizer que ele deve levar em consideração a praxiologia, pois é justamente o *insight* sobre os limites praxiológicos da estrutura do conhecimento que fornece o elo perdido em uma defesa intelectual contra o ceticismo e o relativismo. Para o economista que segue a tradição de Mises, isso significa que ele deveria explicitamente vir a reconhecer o lugar de Mises dentro da ampla tradição do racionalismo ocidental; e que ele deveria incorporar os *insights* dessa tradição a fim de elaborar uma defesa ainda mais impressionante e profunda da praxiologia e da economia da Escola Austríaca do que a criada pelo próprio grande Mises.

Índice Remissivo e Onomástico

A

Ação Humana ver *Human Action*
Academia de Ciências de Berlim, 274
Alemanha, 215, 303
Alighieri, Dante (1265-1321), 182, 248
Ancien régime, 256, 261, 294
Aristóteles (384-322 a.C.), 63, 253, 298
Arquimedes de Siracusa (287-212 a.C.), 290
Áustria, 307
Avenarius, Richard (1843-1896), 296

B

Bacon, Francis (1561-1626), 1º Visconde de Alban, 19, 86
Batalha de Canas, em 216 a.C., 152
Beethoven, Ludwig van (1770-1827), 182
Bentham, Jeremy (1748-1832), 100
Bergson, Henri (1859-1941), 86
Bernstein, Eduard (1850-1932), 160, 296
Bíblia Sagrada, 168
Birmingham, 124
Bohr, Niels (1885-1962), 86
Bolyai, János (1802-1860), 95
Buckle, Thomas Henry (1821-1862), 175

C

Capital, O, de Karl Marx, 133
Carnap, Rudolf (1891-1970), 53, 86
Cassirer, Ernst (1874-1945), 160
César, Caio Júlio (100-44 a.C.), 179
Ciência Unificada, 145-46, 148, 279, 283, 287, 293
Ciências Morais, 55, 100
Círculo de Viena, 86, 105, 305
Civilização Ocidental, 77, 242, 287, 291, 299
Collingwood, R. G. [Robin George] (1889-1943), 145, 159
Comte, Auguste (1798-1857), 83, 86, 146, 160, 190, 276, 283, 292, 296, 298
Contexto Histórico da Escola Austríaca de Economia, O ver *Historical Setting of the Austrian School of Economics, The*
Copérnico, Nicolau (1473-1543), 276
Cruzar o Rubicão, 179

D

Descartes, René (1596-1650), 129-30
Dewey, John (1859-1952), 86
Dilthey, Wilhelm (1833-1911), 42, 159

Du Bois-Reymond, Emil (1818-1896), 274
Durkheim, Émile (1858-1917), 37, 43, 55, 61, 65

E

Einleitung in die Geisteswissenchaften, de Wilhelm Dilthey, 159
Einstein, Albert (1879-1955), 17, 333, 335
Elementos, Os, de Euclides, 22
Empédocles de Agrigento (c. 495/490-435/430 a. C.), 151
Enciclopedia Internacional de Ciência Unificada, de vários autores, 86, 146
Enfants de France (filhos da França), 257
Enfants de la patrie (filhos da pátria), 257
Engels, Friedrich (1820-1895), 292
Enquiry Concerning Human Understanding, An [*Uma Investigação sobre o Entendimento Humano*], de David Hume, 28
Epistemological Problems of Economics [*Problemas Epistemológicos da Economia*], de Ludwig von Mises, 21, 44, 303
Escola Alemã do Sudoeste, 41
Escola de Baden, 160
Escola de Marburgo, 160
Escola Historicista, 307
Espanha, 232
Estado de Nova York, 224
Estados Unidos da América, 224-25
Euclides de Alexandria (?- c. 300 a. C.), 20, 22, 25, 95, 106
Europa, 232, 280
Evangelhos, 239
Exeter, 124

F

Fausto, de Goethe, 212
Fedra, de Racine, 129
Fernando VII (1772-1833), rei da Espanha, 232
Feuerbach, Ludwig (1804-1872), 272
França, 256-57
Freud, Sigmund (1856-1939), 231
Fundamentos Últimos da Ciência Econômica, Os ver *Ultimate Foundation of Economic Science, The*

G

Galilei, Galileu (1564-1642), 17, 86, 201, 276
Geisteswissenschaften, 19, 100
Geschichtswissenschaft, 145
Gestalt, 200
Gleichschaltung, 293
Goethe, Johann Wolfgang von (1749-1832), 212
Grundprobleme der Nationalökonomie [*Problemas Básicos da Economia*], de Ludwig von Mises, 21, 303

H

Habsburgo, casa de, 181
Haeckel, Ernst (1834-1919), 272, 276
Hayek, F. A. [Friedrich August von] (1899-1902), 55
Hegel, Georg Wilhelm Friedrich (1770-1831), 160, 330
Hempel, Carl Gustav (1905-1997), 32
Heráclito de Éfeso (c. 535-475 a. C.), 88
Histoire de la litérature anglaise, de Hyppolyte Taine, 159
Historical Setting of the Austrian School of Economics, The [*O Contexto Histórico da Escola Austríaca de Economia*], de Ludwig von Mises, 75

Hitler, Adolf (1889-1945), 237
Homo agens, 24, 94
Homo sapiens, 90, 108, 111, 190, 241, 278
Human Action [*Ação Humana*], de Ludwig von Mises, 86, 303
Humanidades, 100
Hume, David (1711-1776), 28, 104, 233, 315, 326, 336

I

Idea of History, The, de R. G. Collingwood, 145, 159
Ignorabimus, de Du Bois-Reymond, 274
Igreja Católica, 214, 276
Iluminismo, 140, 232, 255, 257, 282
Império Romano tardio, 276
Inglaterra, 261
International Encyclopedia of Unified Science [*Enciclopédia Internacional de Ciência Unificada*], de vários autores, 146

J

Jukov, Geourgui Konstantinovitch (1896-1974), 257

K

Kant, Immanuel (1724-1804), 22, 27-30, 47, 86, 104, 150, 160, 315-16, 327, 333
Kotarbinski, Tadeusz (1886-1981), 152
Kriegwissenshaft, 146
Kritik der Reinem Vernunft, de Immanuel Kant, 27
Kunstwissenschaft, 146

L

Laplace, Pierre-Simon (1749-1827), 82, 292

Lavoisier, Antoine-Laurent (1743-1794), 86
Lebensewelt (Mundo da Vida), 59
Leibniz, Gottfried Wilhelm von (1646-1716), 104, 315, 326
Lei da transitividade, 29
Lei de associação de Ricardo (ou "lei de custos comparativos"), 87
Lei do rendimento (ou "lei dos rendimentos decrescentes"), 87
Leis da gravitação de Newton, 292
Lenin, [Vladimir Ilych Ulianov (1870-1924)], 296
Leonardo da Vinci (1452-1519), 290
Liberalismo, 232, 282
Lilienfeld, Paul de (1829-1903), 93
Literaturwissenschaft, 146
Lobachevsky, Nikolai (1792-1856), 95
Locke, John (1632-1704), 84, 104, 315, 326
Logik de Forschung, de Karl Popper, 197
Lorenzen, Paul (1915-1994), 331-32, 334-35

M

Mach, Ernst (1838-1916), 296
Maine, Henry Sumner (1822-1888), 260
Maomé (571-632), 129
Marx, Karl (1818-1883), 98, 131-34, 153, 180, 215, 231, 276, 283, 292, 295, 298
Methodenstreit, 17, 35
Mettrie, Julien Offray de la (1709-1751), 272
Mill, John Stuart (1806-1873), 41, 55, 100, 311
Mises, Ludwig von (1881-1973), 55, 74, 77, 79, 320, 343
Morris, Charles W. (1901-1979), 86

N

Naturphilosophie, 291
Naturwissenschaften, 19
Neurath, Otto (1882-1945), 53, 56, 86, 146, 279, 297
Newton, Isaac (1643-1727), 17, 86, 292
Nietzsche, Friedrich Wilhelm (1844-1900), 90
Notwendigkeit eines Naturprozesses, "profecia"de Karl Marx, 180

O

Of the First Principles of Government [*Sobre o Primeiro Princípio do Governo*], ensaio de David Hume, 233

P

Paddington, 124
País da Cocanha, 91
Panta rei [Πάντα ρεῖ], 88
Pensamentos sobre as Ciências Sociais do Futuro, de Paul de Lilienfeld, 93
Platão (427-347 a. C.), 26, 63, 237, 242, 283, 298
Pneumatology [pneumatologia], 100
Ponte George Washington, 106, 163
Popper, Karl Raimund (1902-1994), 20, 32-33, 52, 197-98, 277, 306, 333
Positivismo Lógico, 21, 26-28, 31-33, 38, 41, 44, 46, 53, 77, 83, 86, 94-95, 105, 120, 146, 173, 198, 274, 283, 286, 293, 297, 299
Primeira Guerra Mundial, 98, 181
Princípio de Heisenberg, 186, 338
Princípio do *laissez-faire*, 234, 290
Problema razão-corpo, 28, 114

R

Racine, Jean-Baptiste (1639-1699), 129
Reichenbach, Hans (1891-1953), 106-07, 128
Renascença, 282
Ressurgimento italiano, 214
Restauração inglesa, 261
Revolução Gloriosa de 1688, 261
Revolução Industrial, 260
Revolução Russa, 181
Ricardo, David (1772-1823), 87, 211
Rickert, Heinrich (1863-1936), 41, 160
Rio Hudson, 106
Robinson Crusoe, personagem de Daniel Defoe, 162
Rothbard, Murray N. (1926-1995), 41, 50
Rouvroy, Claude Henri de, Conde de Saint-Simon (1760-1825), 292
Russell, Bertrand Arthur William (1872-1970), 86, 124-25
Rússia, 236, 240

S

Sarajevo, 181
Schutz, Alfred (1899-1959), 61
Segunda Guerra Mundial, 21
Sexta-Feira, personagem de Daniel Defoe, 162
Shakespeare, William (1564-1616), 182
Somatology [somatologia], 100
Sorokin, Pitirim Alexandrovich (1899-1968), 38, 60
Sprachwissenschaft, 146
Stalin, Josef Vissarionovitch (1878-1953), 237
Stuart, casa de, 261
Südwestdeutsche Schule, 160
Suíça, 307

T

Taine, Hippolyte Adolphe (1828-1893), 159
Teologia Natural, 91

Teologia Revelada, 91
Teorema de Pitágoras, 112
Theorie des Geldes und der Umlaufsmittel [*Teoria da Moeda e dos Meios Fiduciários, A*], de Ludwig von Mises, 75
Theory and History [*Teoria e História*], de Ludwig von Mises, 21, 86, 303
Timologia, 159
Troeltsch, Ernst (1865-1923), 160
Tudor, casa de, 261

U

Ultimate Foundation of Economic Science, The [*Os Fundamentos Últimos da Ciência Econômica*], de Ludwig von Mises, 12, 21, 74, 303
Universidade de Chicago, 21

V

Verdade primeira fundamental, 23, 52
Verstehen, 160

Viena, 105, 305-06
Von Wright, Georg Henrik (1916-2003), 39

W

Waismann, Friedrich (1896-1959), 330
Weber, Max [Maximilian Karl Emil] (1864-1920), 17, 42, 160
Wertfreiheit, 78-79
Whitehead, Alfred North (1861-1947), 64
White Plains, 224
Wicksteed, Philip (1844-1927), 212
Windelband, Wilhelm (1848-1915), 42, 160
Wissenschaft, 146
Wittgenstein, Ludwig (1889-1951), 173

Z

Zeitgeist empirista, 328
Zôion politikòn [ζῷον πολιτικόν], o animal político, 253

A trajetória pessoal e o vasto conhecimento teórico que acumulou sobre as diferentes vertentes do liberalismo e de outras correntes políticas, bem como os estudos que realizou sobre o pensamento brasileiro e sobre a história pátria, colocam Antonio Paim na posição de ser o estudioso mais qualificado para escrever a presente obra. O livro *História do Liberalismo Brasileiro* é um relato completo do desenvolvimento desta corrente política e econômica em nosso país, desde o século XVIII até o presente. Nesta edição foram publicados, também, um prefácio de Alex Catharino, sobre a biografia intelectual de Antonio Paim, e um posfácio de Marcel van Hattem, no qual se discute a influência do pensamento liberal nos mais recentes acontecimentos políticos do Brasil.

Liberdade, Valores e Mercado são os princípios que orientam a
LVM Editora na missão de publicar obras de renomados autores
brasileiros e estrangeiros nas áreas de Filosofia, História, Ciências Sociais e Economia. Merecem destaque no catálogo da LVM
Editora os títulos da Coleção von Mises, que será composta pelas
obras completas, em língua portuguesa, do economista austríaco
Ludwig von Mises (1881-1973) em edições críticas, acrescidas de
apresentações, prefácios e posfácios escritos por especialistas, além
de notas do editor.

Acompanhe a LVM Editora nas Redes Sociais

https://www.facebook.com/LVMeditora/

https://www.instagram.com/lvmeditora/

Esta obra foi composta pela Spress em
Fournier (texto) e Caviar Dreams (título) e impressa em Pólen 80g.
pela Gráfica Viena para a LVM em fevereiro de 2024.